老婆鬼腕を持去る図

A Faint Cold Fear Thrills Through My Veins
William Shakespeare

Zu diesem Buch

«Auch die Japaner sind recht gut darin, das Böse zu analysieren. Haben Sie schon einmal gestohlen? Ich schon. Und als ich es tat, hatte ich ganz gewiß fernöstliche Ängste.»

Dieses Geständnis stammt von Janwillem van de Wetering, jenem kosmopolitischen Kriminalschriftsteller, der zwei Jahre in einem Zen-Kloster in Kioto verbrachte. Offensichtlich hat er sich nicht nur dem Studium fernöstlicher Meditation hingegeben, sondern auch weltlichen Genüssen gefrönt. Das Ergebnis seiner kriminalliterarischen Spurensuche liegt nun in einer ersten Anthologie japanischer Krimi-Stories vor, die er exklusiv für die Reihe rororo thriller zusammengestellt hat. Er präsentiert neun «düstere Geschichten» japanischer Kollegen und eine eigene Story, ergänzt von biographischen Essays und einem Vorwort. Das Spektrum reicht von Yukio Mishimas klassischer Erzählung «Tod im Hochsommer» bis zu der mystischen Schauergeschichte «Der Höllenschirm» des Altmeisters Ryunosuke Akutagawa.

Nicht nur als Autor weltberühmter Kriminalromane, sondern auch als Herausgeber bleibt Janwillem van de Wetering seinem literarischen Credo treu:

«Kriminalschriftsteller sind Psychoanalytiker der menschlichen Schattenseite.»

Janwillem van de Wetering, 1931 in Rotterdam geboren, reiste fünfzehn Jahre durch die Welt. – In der Reihe rororo thriller liegen vor: Outsider in Amsterdam (Nr. 2414), Eine Tote gibt Auskunft (Nr. 2442), Der Tote am Deich (Nr. 2451), Tod eines Straßenhändlers (Nr. 2464), Ticket nach Tokio (Nr. 2483), Der blonde Affe (Nr. 2495), Massaker in Maine (Nr. 2503), Ketchup, Karate und die Folgen (Nr. 2601), Der Commissaris fährt zur Kur (Nr. 2653), Der Schmetterlingsjäger (Nr. 2646), Die Katze von Brigadier de Gier (Nr. 2693), Rattenfang (Nr. 2744), Inspektor Saitos kleine Erleuchtung (Nr. 2766), Der Feind aus alten Tagen (Nr. 2797), So etwas passiert doch nicht! (Nr. 2915) und Kuh fängt Hase (Nr. 3017). Außerdem hat Janwillem van de Wetering 1991 das rororo thriller-Magazin 6 «Schwarze Beute» (Nr. 3000) herausgegeben.

Janwillem van de Wetering (Hg.)

Drachen und tote Gesichter

Japanische Kriminalstories I

Aus dem Amerikanischen von
Robert Brack

rororo

Rowohlt

rororo thriller
Herausgegeben von Bernd Jost

Die Erzählung von Junichiro Tanizaki «Der Dieb»
wurde aus dem Amerikanischen von Jürgen Bürger und die Erzählung
von Yukio Mishima «Tod im Hochsommer» wurde von
Ulla Hengst aus dem Amerikanischen übersetzt

Originalausgabe
Veröffentlicht im Rowohlt Taschenbuch Verlag GmbH,
Reinbek bei Hamburg, April 1992

Redaktion Peter M. Hetzel
Umschlagfoto TAKE
Umschlagtypographie Peter Wippermann/Britta Lembke
Satz Sabon (Linotronic 500)
Gesamtherstellung Clausen & Bosse, Leck
Printed in Germany
980-ISBN 3 499 43036 3

Inhalt

Janwillem van de Wetering
9 Eine Art Vorwort

Junichiro Tanizaki
13 Der Dieb

Masako Togawa
29 Der Vampir

Ryunosuke Akutagawa
57 Der Höllenschirm

Edogawa Rampo
87 Die verspiegelte Hölle

Yasushi Inoue
99 Vollmond

Yukio Mishima
123 Tod im Hochsommer

Janwillem van de Wetering
161 Schuld und Sühne im zeitlosen Japan

Kyotaro Nishimura
171 Der freundliche Erpresser

Tohru Myoshi
193 Der Brief aus dem Jenseits

Tadao Sohno
225 Rekonstruktion eines Gesichts

251 Bildnachweis

Janwillem van de Wetering
Eine Art Vorwort

Gutes führt zu Gutem
Böses führt zu Bösem
Bedenke dies nur für einen Moment
und alles wird dir richtig erscheinen

Feng Meng-Long (1574–1664, ein in Japan vielgelesener chinesischer Erzähler von Kriminalgeschichten)

Haben Sie jemals auf einem düsteren Dachboden herumgestöbert, wo sich geisterhafte Erscheinungen (nicht unbedingt solche, die aus der Unterwelt hervorgegangen sind) in Winkeln und Rissen herumtreiben?

Ich war früher der Jüngste einer großen Familie (sie hat inzwischen riesige Ausmaße angenommen), die in einem großen Haus lebte. In diesem wurden die Treppenhäuser immer enger und knarrten immer lauter, je höher man hinaufstieg. Meine Schwestern vergaßen ständig Puderdosen und Lippenstifte in ihren Zimmern, und da ich der letzte in der Hackordnung war, schickten sie mich nach oben, um diese wichtigen Utensilien zu apportieren. Die Winkel und Risse unseres alten Hauses waren von Geistern und Gespenstern aller Art bevölkert. Ich hörte sie flüstern und kichern oder einfach nur schwer atmen, und wenn ich an ihnen vorbeischlich, bewies ich ihnen mit Pfeifen und Summen, daß sie mir egal waren. Ich hätte mich natürlich nicht in dieses Abenteuer einlassen müssen – sogar kleine Kinder haben einen freien Willen und sind in der Lage zu singen, während man sie quält –, aber vielleicht gefiel es mir ja, erschreckt zu werden.

Millionen von Lesern fasziniert dies ebenfalls, besonders in Japan, wo Geschichten von der dunklen Seite des Lebens seit langem sehr beliebt sind, und besonders heutzutage. Warum wohl? Möglicherweise, weil die Angestellten der großen Betriebe, die «Gehaltsempfänger», viele Stunden in öffentlichen Verkehrsmitteln verbringen. In den japanischen Großstädten sind Immobilien so teuer geworden, daß ein kleines Appartement in der Innenstadt von Tokio mittlerweile eine Million Dollar kostet. Zwar haben die Hypotheken, wenn nötig, eine Laufzeit von 100 Jahren, aber wer will schon das Einkommen seiner Urenkel pfänden? Deshalb wohnen viele Arbeitnehmer weit von ihrem Arbeitsplatz entfernt. Es ist nicht ungewöhnlich, daß man jeden Tag fünf Stunden stehend in einem überfüllten Zug verbringt. In so einem Bummelzug gibt es nicht viel zu tun, aber die Gedanken können in jene grenzenlosen Bezirke der Phantasie vordringen, wo wir dem festgefahrenen Alltag neue Möglichkeiten eröffnen, indem wir die Moral wechseln, Tabus brechen, uns mit intelligenten und mutigen Verbrechern identifizieren, alles tun, alles sind, während die Wirklichkeit nach Fahrplan weiterrollt.

Ich verbrachte also viel Zeit in den dunklen Gewölben meines Elternhauses, wo 15-Watt-Birnen lange Schatten warfen, während ich gegen modrige Möbel stieß oder über zusammengerollte Teppiche stolperte, wo ein eisiger Windhauch auf meine jugendlichen Pausbacken traf und ich mir jederzeit mit einem hysterischen Aufschrei Erleichterung verschaffen konnte, wo ich jedenfalls nach einem Grund suchte, warum Neugier immer nur Katzen zum Verhängnis wird. Vielleicht ist ja alles in Ordnung, denkt der Knirps mutig, wahrscheinlich haben die Erwachsenen recht: Der liebe Gott ist brav wie ein Sonntagsschüler und zählt die Spatzen, die von den Dächern fallen und die Haare auf den Köpfen mutiger kleiner Entdecker, aber möglicherweise... möglicherweise... Wie war das noch mit diesen schleimigen Monstren, diesen Kreaturen der Sünde? Oder wie ist das mit diesen allmächtigen Racheengeln, die nur darauf warten, dich und mich wegen wiederholten Mißbrauchs der Keksdose zu verhaften? Polizei-Engel? Als ich klein war, trugen unsere Polizisten kupferbeschlagene Helme und schoben chromglänzende Fahrräder neben sich her. Man durfte sie mit «Onkel» anreden, aber es traf zu, was Bhagwan Sri Rajneesh über Gott sagte, der Gesetzesvollstrecker war kein netter Mensch, er war nicht wirklich dein Onkel. Möglicherweise warten ein paar dieser Nicht-Onkel auf mich in den oberen Stockwerken meines dunklen und düsteren Vaterhauses. Würden sie vielleicht aus einem knarrenden Korridor oder Wandschrank treten und mich schlagen?

Sowohl Freud als auch Jung hatten stapelweise Kriminalromane auf ihrem Nachttisch liegen. Moderne Psychologen konfrontieren ihre Patienten mit einem Dilemma: Sie lassen sie eine Wahl treffen zwischen zwei Möglichkeiten, die beide *gleich schlecht* sind. Welche davon ist die schlimmere? Welchem Dämon unterwerfen wir uns? Können wir uns von den allmächtigen Prinzipien befreien, die wir uns selbst auferlegt haben? Wird der Drache uns verspeisen, oder werden wir uns hinter einem toten Gesicht verstecken?

Die Kriminalliteratur schneidet mit ihrer Klinge tief in das alltägliche Dasein ein. Japanische Kriminalliteratur ist exotisch und deshalb zweischneidig.

Seit Jahren sammle ich düstere Geschichten aus Japan. In diesem Band stelle ich Ihnen neun dieser Geschichten vor. Ich habe eine eigene hinzugefügt, denn früher lebte ich nicht als Tourist, sondern als Zen-Schüler in Japan. Damals versuchte ich, die Mauern meines Egos von innen heraus niederzureißen, und das auf die harte Art, eben im Samurai-Stil. Meine Geschichte basiert auf einer Zen-Legende.

Die neun japanischen Kriminalgeschichten sind alle anerkannte und mit Preisen ausgezeichnete Meisterwerke ihres Genres. Tanizaki und Mishima besitzen Nobelpreis-Qualitäten. Alle anderen Schriftsteller sind ebenfalls weltweit oder zumindest in Japan berühmt. Aber das ist nicht wichtig. Diese Auswahl besteht aus interessanten und typischen Beispielen beziehungsweise einfach aus guten Stories.

Wie sagen die Kellnerinnen in Amerika immer: «Enjoy...»

[illegible] Cambridge [illegible]

[illegible]

[illegible]

[illegible] auf das [illegible]

[illegible]

Junichiro Tanizaki
Der Dieb

Junichiro Tanizaki (1886–1965) stand unter dem Einfluß von Edgar Allan Poe und Oscar Wilde. Angetrieben von Ängsten und sexuellen Frustrationen und besessen von einer innigen Liebe zur japanischen Tradition, nutzte Tanizaki sein bedeutendes Talent, um Konfliktsituationen zu beschreiben. Im Gegensatz zu vielen östlichen Autoren bietet er jedoch keine Lösungen an, sondern analysiert Fragen der menschlichen Existenz, wohl wissend, daß eine gut gestellte Frage ihre Antwort bereits enthält.

Sein Roman «Das Tagebuch eines alten Narren» beschreibt die Leidenschaft eines langsam sterbenden alten Mannes für eine junge Frau. Amerikanische Kritiker haben diese faszinierende Geschichte mit Nabokovs «Lolita» verglichen: Tanizakis zweitem berühmtem Roman «Der Schlüssel» liegt eine geniale Konstruktion zugrunde: Die intimen Tagebücher eines verheirateten Paares sind so quälend

ineinander verzahnt, daß schließlich nur der Tod des Mannes zur Befreiung der Frau führen kann. Tanizaki ist ein brillanter Autor, und er gehört zu den Mitbegründern der japanischen Literatur.

Für die folgende Kurzgeschichte «Der Dieb» wurde Tanizaki mit dem Kaiserlichen Japanischen Literaturpreis ausgezeichnet. Sie besitzt jene eindringliche poetische Kraft, die dazu beitrug, die Werke des Autors weltweit zu verbreiten.

Es war vor vielen Jahren auf der Schule, wo ich mich auf die kaiserliche Universität in Tokio vorbereitete.

Meine Zimmergenossen im Wohnheim und ich verbrachten immer eine Menge Zeit mit dem, was wir «Studium bei Kerzenlicht» nannten (die ganze Sache hatte aber nur sehr wenig mit studieren zu tun), und eines Nachts, lange nachdem das Licht gelöscht worden war, taten wir vier genau das, kauerten uns um eine Kerze und redeten und redeten.

Ich erinnere mich, daß wir eine unserer wirren hitzigen Diskussionen über die Liebe führten – ein Problem, mit dem wir uns damals sehr beschäftigten. Dann kamen wir im Verlauf unserer Unterhaltung auf das Thema Verbrechen: Wir redeten plötzlich über Dinge wie Betrug, Diebstahl und Mord.

«Von allen Verbrechen ist Mord dasjenige, das wir am ehesten begehen werden.» Es war Higuchi, der Sohn eines bekannten Professors, der dies verkündete. «Aber ich glaube nicht, daß ich jemals stehlen würde – ich könnte es einfach nicht. Ich glaube, ich könnte mich mit jedem anderen Menschen anfreunden, aber ein Dieb scheint mir doch zu einer anderen Spezies zu gehören.» Ein Schatten des Abscheus verdunkelte sein hübsches Gesicht. Irgendwie betonte dieses Stirnrunzeln sein gutes Aussehen noch mehr.

«Wie ich höre, kam es in letzter Zeit zu einer Serie von Diebstählen im Wohnheim.» Dieses Mal war es Hirata, der sprach. «Stimmt das nicht?» fragte er, drehte sich um zu Nakamura, unserem vierten Zimmergenossen.

«Ja, und man sagt, es wäre einer der Schüler.»

«Woher wissen Sie das?» fragte ich.

«Nun, ich habe nicht sämtliche Einzelheiten gehört...» Nakamura senkte seine Stimme zu einem vertraulichen Flüstern. «Aber es ist so oft passiert, es muß einfach ein Insider gewesen sein.»

«Nicht nur das», warf Higuchi ein, «einer der Burschen im Nordflügel wollte neulich in sein Zimmer gehen, als plötzlich jemand von innen die Tür aufstieß, ihm einen harten Schlag ins Gesicht verpaßte und dann den Korridor hinunterlief. Er verfolgte ihn natürlich sofort, doch als er das Fußende der Treppe erreicht hatte, war der andere schon nicht mehr zu sehen. Wieder in seinem Zimmer, stellte er fest, daß sein Koffer und seine Bücherregale durchwühlt worden waren, was beweist, daß es der Dieb war.»

«Hat er sein Gesicht gesehen?»

«Nein, es passierte alles viel zu schnell, aber er sagt, er würde wie einer von uns aussehen, so, wie er angezogen war. Anscheinend hatte er sich wohl die Jacke über den Kopf gezogen, als er den Flur hinunter flüchtete – sicher ist nur soviel, daß seine Jacke offenbar das Wappen einer Glyzinie trug.»

«Das Wappen einer Glyzinie?» sagte Hirata. «Damit kann man nichts beweisen.» Vielleicht bildete ich es mir ja nur ein, aber ich meinte, er hätte mir einen mißtrauischen Blick zugeworfen. Gleichzeitig merkte ich, daß ich instinktiv das Gesicht verzog, da mein eigenes Familienwappen das Muster einer Glyzinie trug. Es war reiner Zufall, daß ich an diesem Abend nicht meine Jacke mit dem Glyzinienwappen trug.

«Wenn er wirklich einer von uns ist, wird es nicht leicht sein, ihn zu erwischen. Keiner will glauben, daß wir einen Dieb unter uns haben.» Ich versuchte wegen dieses Augenblickes der Schwäche über meine Verlegenheit hinwegzukommen.

«Nein, sie werden ihn bestimmt in ein paar Tagen schnappen», sagte Higuchi energisch. Seine Augen funkelten. «Ich verrate euch jetzt ein Geheimnis, aber man sagt, daß er meistens immer im Umkleideraum des Badehauses stiehlt, und die Aufsicht hält jetzt schon seit zwei oder drei Tagen Wache. Sie verstecken sich hinter der Decke und beobachten den Raum durch ein kleines Loch.»

«Ach? Wer hat dir das denn erzählt?» fragte Nakamura.

«Einer der Aufsichtslehrer. Aber erzählt das jetzt nicht weiter.»

«Wenn *du* es weißt, dann wird es der Dieb höchstwahrscheinlich auch schon wissen!» meinte Hirata mit einem empörten Blick.

An dieser Stelle muß ich erklären, daß Hirata und ich uns nicht besonders verstehen. Genaugenommen konnten wir uns zu diesem Zeitpunkt kaum ertragen. Ich sage «wir», aber es war Hirata, der eine starke Abneigung gegen mich entwickelt hatte. Wie ein Freund von mir erzählte, hat er einmal die verächtliche Bemerkung fallenlassen, daß ich nicht wäre, was jeder von mir zu denken schien, daß er Gelegenheit gehabt hätte, mich zu durchschauen. Und wieder: «Er widert mich an. Ich könnte niemals sein Freund sein. Es ist reines Mitleid, daß ich überhaupt etwas mit ihm zu tu habe.»

Solche Dinge sagte er allerdings immer nur hinter meinem Rücken; solche Sätze habe ich nie direkt aus seinem Mund gehört, auch wenn es nicht zu übersehen war, daß er mich nicht ausstehen konnte. Aber es lag nicht in meiner Natur, eine Erklärung von ihm zu verlangen. «Wenn mit mir irgendwas nicht in Ordnung ist, dann soll er es klipp und klar sagen», sagte ich mir. «Wenn er nicht die Höflichkeit besitzt, mir zu sagen, was es ist, oder wenn er meint, ich wäre es nicht wert, sich mit mir abzugeben, dann ist er für mich ebenfalls kein Freund.» Ich fühlte mich ein wenig einsam, wenn ich an seine Verachtung mir gegenüber dachte, aber wirklich Sorgen machte ich mir deswegen nicht.

Hirata hatte eine bewundernswerte Statur und verkörperte den Typus von Männlichkeit, dessen sich unsere Schule rühmte, während ich andererseits mager, blaß und nervös war. Es gab etwas grundsätzlich Unvereinbares zwischen uns: Ich mußte mich mit der Tatsache abfinden, daß wir in verschiedenen Welten lebten. Außerdem war Hirata ein Judo-Experte hohen Ranges und zeigte seine Muskeln, als wollte er sagen: «Paß auf, oder du kriegst eine ordentliche Abreibung!» Vielleicht wirkte es feige von mir, ihm gegenüber eine solch duldsame Haltung einzunehmen, und ganz ohne Frage *hatte* ich Angst vor seiner körperlichen Stärke; aber glücklicherweise waren mir solche belanglosen Dinge wie Stolz oder Prestige völlig gleichgültig. «Es ist mir egal, wie verächtlich sich der andere mir gegenüber verhält. Solange ich an mich selbst glauben kann, brauche ich ihm gegenüber nicht verbittert zu sein.» Zu dieser Einstellung hatte ich mich entschieden, und so war ich auch in der Lage, Hiratas Arroganz mit meinem eigenen distanzierten Großmut zu begegnen. Ich sagte sogar zu einem der anderen Jungs: «Ich kann nichts dafür, wenn Hirata mich nicht versteht, aber seine guten Argumente weiß ich trotzdem zu schätzen.» Und ich glaube das auch wirklich. Ich habe mich selbst nie für einen Feigling gehalten. Ich war sogar ziemlich eingebildet, hielt mich für einen Menschen mit einem edlen Charakter, wenn ich Hirata aus tiefstem Herzen loben konnte.

«Ein Glyzinien-Wappen?» Als Hirata mir an diesem Abend plötzlich einen schrägen Blick zuwarf, machte mich sein boshafter Blick äußerst nervös. Was konnte dieser Blick nur bedeuten? Wußte er, daß mein Familienwappen eine Glyzinie war? Oder verstand ich es nur wegen meiner eigenen Gefühle so? Wenn Hirata *mich* verdächtigte, wie sollte ich die Sache dann anpakken? Vielleicht sollte ich gutmütig lachen und sagen: «Dann stehe ich also auch unter Verdacht, denn ich habe das gleiche Wappen.» Wenn die anderen mit mir lachten, würde alles in Ordnung sein. Aber angenommen, einer von ihnen, sagen wir Hirata, würde anfangen, mich grimmiger und immer grimmiger anzustarren – was dann? Als ich mir diese Szene vorsellte, konnte ich schlecht meine Meinung aussprechen.

Es klingt dumm, sich über so etwas den Kopf zu zerbrechen, aber während dieser kurzen Stille rasten mir alle möglichen Gedanken durch den Kopf. «In einer Situation wie dieser, welcher Unterschied besteht da schon wirklich zwischen einem Unschuldigen und einem wirklichen Verbrecher?» Aber dann spürte ich, daß ich die Ängste und die Isoliertheit eines Kriminellen am eigenen Leib erlebte. Noch bis vor einem Augenblick war ich einer ihrer Freunde gewesen, einer der Elite unserer berühmten Schule. Aber jetzt, wenn auch nur in meinem Kopf, war ich ein Außenseiter. Es war absurd, aber ich litt unter meiner Unfähigkeit, mich ihnen anzuvertrauen. Hiratas geringste Laune vermittelte mir ein beklommenes Gefühl – Hirata, der mir doch eigentlich ebenbürtig sein sollte.

«Ein Dieb scheint zu einer völlig anderen Spezies zu gehören.» Wahrscheinlich hatte Higuchi das völlig beiläufig gesagt, aber jetzt hallten seine Worte bedrohlich in mir nach.

«Ein Dieb gehört zu einer anderen Spezies...» Ein Dieb! Was für eine abscheuliche Bezeichnung für einen Menschen! Ich nehme an, daß es nicht so sehr die kriminelle Handlung als solche ist, die einen Dieb von anderen Menschen unterscheidet, sondern vielmehr sein Bemühen, es um jeden Preis zu verbergen, die Anstrengung, es aus seinem Kopf zu verbannen, die dunklen Ängste, die er niemals zugeben kann. Und jetzt begann genau diese Dunkelheit auch mich einzuhüllen. Ich versuchte nicht zu glauben, daß sie mich verdächtigten; ich machte mir Sorgen um Ängste, die ich meinem besten Freund nicht eingestehen konnte. Natürlich mußte Higuchi mir vertraut haben, sonst hätte er uns nicht erzählt, was er von der Aufsicht erfahren hatte. «Erzählt das jetzt aber nicht weiter», hatte er gesagt, und ich war froh. Aber warum sollte ich froh sein? dachte ich. Denn immerhin hat Higuchi mich nie verdächtigt. Irgendwie begann ich mich zu fragen, warum er es uns erzählt hatte.

Außerdem kam mir in den Sinn, daß wenn selbst der tugendhafteste Mensch kriminelle Tendenzen hatte, ich vielleicht nicht der einzige war, der die Möglichkeit in Erwägung zog, ein Dieb sein zu können. Vielleicht erlebten die anderen jetzt ein wenig genau das gleiche Unbehagen, genau die gleiche Begeisterung. Wenn dem so war, dann mußte sich Higuchi, der von dem Aufseher ausgewählt worden war, sein Geheimnis mit ihm zu teilen, sehr stolz gefühlt haben. Von uns vieren war er derjenige, der das meiste Vertrauen genoß, er, von dem man am wenigsten vermutete, daß er zu dieser «anderen Spezies» gehörte. Und wenn er dieses Vertrauen gewonnen hatte, weil er aus einer wohlhabenden Familie stammte und der Sohn eines berühmten Professors war, dann konnte ich kaum umhin, ihn zu beneiden. Genau wie sein sozialer Status seine Tugendhaftigkeit erhöhte, so minderte meine Herkunft – ich war mir schmerzlich bewußt, nur durch ein Stipendium hier zu sein, der Sohn eines armen Bauern zu sein – die meine. Daß ich in seiner Gegenwart so etwas wie Respekt empfand, hatte nichts damit zu tun, ob ich nun ein Dieb war oder nicht. Wir gehörten *tatsächlich* unterschiedlichen Spezies an. Ich spürte, daß je mehr er mir mit seiner ehrlichen offenen Haltung vertraute, die Kluft zwischen uns nur desto tiefer wurde. Je freundschaftlicher wir miteinander umzugehen versuchten, in scheinbarer Vertrautheit miteinander Späße machten, tratschten und lachten, desto mehr nahm die Entfernung zwischen uns zu. Es gab nichts, was ich dagegen unternehmen konnte.

Lange Zeit nach diesem Abend zermarterte ich mir den Kopf, ob ich die Jacke mit dem Glyzinien-Wappen tragen sollte oder nicht. Wenn ich sie vielleicht ganz lässig trug, würde kein Mensch weiter darauf achten. Aber angenommen, sie würden mich ansehen, als wollten sie sagen: «Aha, er trägt sie!» Einige würden mich verdächtigen oder versuchen, ihre Zweifel mir gegenüber zu unterdrücken oder Mitleid mit mir haben, weil ich jetzt verdächtigt wurde. Wenn ich mich nicht nur in Hiratas und Higuchis Anwesenheit verlegen und beklommen zu fühlen begann, sondern bei allen Schülern, und wenn ich mich verpflichtet fühlte, meine Jacke fortzuhängen, würde das doch nur noch verdächtiger wirken. Was ich befürchtete war nicht so sehr die Tatsache, verdächtigt zu werden, sondern vielmehr all die unangenehmen Gefühle, die in den anderen wachgerufen würden. Falls ich Zweifel bei anderen weckte, würde ich eine Barriere zwischen mir und denen errichten, die bislang immer meine Freunde gewesen waren. Selbst Diebstahl war nicht so häßlich wie die Zweifel, die dadurch geweckt wurden. Niemand würde mich für einen Dieb halten: Solange es nicht bewiesen war, würden sie genauso frei mit mir verkehren wollen wie immer, würden sich zwingen, mir zu vertrauen. Denn andernfalls, was bedeutete dann noch Freundschaft? Dieb oder nicht, ich mochte mich einer schlimmeren Sünde schuldig gemacht haben als einen Freund zu bestehlen: Die Sünde, eine Freundschaft zu zerstören. Zweifel über meine Person zu säen war kriminell. Es *war* schlimmer als zu stehlen. Wenn ich ein schlauer, gerissener Dieb wäre – nein, so sollte ich das nicht ausdrücken –, wenn ich ein Dieb mit einem Funken Gewissen und Rücksicht auf andere Menschen wäre, würde ich doch versuchen, meine Freundschaften unbefleckt zu halten, versuchen, meinen Freunden gegenüber offen zu sein, ihnen mit einer Aufrichtigkeit und Herzlichkeit gegenübertreten, für die ich mich nie zu schämen brauchte, während ich gleichzeitig meine Diebstähle im geheimen durchführte. Vielleicht würde ich sein, was man einen «dreisten Dieb» nannte, aber wenn man es vom Standpunkt des Diebes aus betrachtete, dann ist es die ehrlichste Haltung, die man annehmen kann. «Es ist wahr, daß ich stehle, aber es ist ebenfalls wahr, daß ich meine Freunde achte und schätze», würde ein solcher Mann sagen. «Das ist typisch für einen Dieb, genau deshalb gehört er ja auch einer anderen Spezies an.» Wie auch immer, als ich anfing, so zu denken, konnte ich einfach nicht umhin, mir mehr und mehr der Distanz zwischen mir und meinen Freunden bewußt zu werden. Bevor ich mich versah, fühlte ich mich wie ein richtiggehender Dieb.

Eines Tages nahm ich all meinen Mut zusammen und trug auf dem Schulgelände die Jacke mit dem Wappen. Zufälligerweise lief ich Nakamura über den Weg, und wir gingen zusammen weiter.

«Übrigens», bemerkte ich, «wie ich höre, haben sie den Dieb immer noch nicht erwischt.»

«Stimmt», antwortete Nakamura, schaute dann fort.

«Warum nicht? Ist es ihnen denn nicht gelungen, ihm im Badehaus eine Falle zu stellen?»

«Er ist nie wieder dort aufgetaucht, aber man hört immer noch von vielen Dingen, die an anderen Stellen gestohlen werden. Man erzählt sich, daß die Aufsicht neulich Higuchi zu sich gerufen und ihm die Hölle heiß gemacht, weil er ihren Plan durchsickern ließ.»

«Higuchi?» Ich spürte deutlich, wie ich kreidebleich wurde.

«Ja...» Er seufzte gequält, und eine Träne rollte über seine Wange. «Du mußt mir verzeihen! Ich habe es dir bislang verschwiegen, aber ich finde, du solltest die Wahrheit erfahren. Es wird dir nicht gefallen, aber du bist derjenige, den die Aufsicht verdächtigt. Ich spreche wirklich nur äußerst ungern darüber... Ich habe dich nie auch nur eine Sekunde verdächtigt. Ich habe Vertrauen zu dir. Und weil ich Vertrauen zu dir habe, mußte ich es dir einfach sagen. Ich hoffe, du wirst es mir nicht übelnehmen.»

«Danke, daß du es mir gesagt hast. Ich bin dir wirklich sehr dankbar.» Fast weinte ich selbst, aber gleichzeitig dachte ich: «Also ist es schließlich doch noch passiert!» So große Angst ich auch davor hatte, ich hatte damit gerechnet, daß dieser Tag kommen würde.

«Laß uns über was anderes reden», sagte Nakamura, um mich zu trösten. «Nachdem ich es dir jetzt erzählt habe, fühle ich mich gleich besser.»

«Aber wir können es nicht aus unseren Köpfen verbannen, nur weil wir nicht gern darüber sprechen. Ich weiß deine Freundlichkeit zu schätzen, aber ich bin nicht der einzige, der beschämt worden ist – ich habe auch dir Schande gemacht, als meinem Freund. Allein schon die Tatsache, daß ich unter Verdacht stehe, macht aus mir jemanden, der deiner Freundschaft nicht wert ist. Wie auch immer man es betrachtet, mein guter Ruf ist ruiniert. Ist es nicht so? Ich denke, auch du wirst dich von mir abwenden.»

«Ich schwöre dir, das werde ich niemals tun... und ich glaube auch nicht, daß du mir Schande gemacht hast.» Nakamura schien über meinen vorwurfsvollen Tonfall beunruhigt zu sein. «Und auch Higuchi nicht. Man sagt, er hätte sich die größte Mühe gegeben, dich vor den Aufsehern zu verteidigen. Er hat ihnen gesagt, eher würde er sich selbst verdächtigen, bevor er Zweifel an dir hätte.»

«Aber sie verdächtigen mich immer noch, oder? Es hat keinen Sinn zu versuchen, meine Gefühle zu schonen. Sag mir alles, was du weißt. So ist es mir lieber.»

Und dann erklärte Nakamura zögernd: «Nun, wie es scheint, erhalten die Aufseher alle möglichen Tips. Seit Higuchi in dieser Nacht zuviel geredet hat, gab es keine weiteren Diebstähle mehr im Badehaus, und deswegen verdächtigen sie dich jetzt.»

«Aber ich war doch nicht der einzige, der ihm zugehört hat!» – Das sagte ich nicht, aber dennoch kam mir dieser Gedanke sofort in den Sinn. Dadurch fühlte ich mich nur noch einsamer und unglücklicher.

«Aber woher wußten sie denn überhaupt, daß Higuchi es uns erzählt hat? Nur wir vier waren an diesem Abend zusammen. Wenn also sonst niemand davon wußte, und wenn du und Higuchi mir vertraut habt...»

«Du mußt deine eigenen Schlußfolgerungen ziehen», sagte Nakamura mit flehendem Blick. «Du weißt, wer es ist. Er hat dich falsch beurteilt, aber ich will ihn nicht kritisieren.»

Plötzlich durchfuhr mich ein eiskalter Schauer. Ich fühlte mich, als würden Hiratas Augen mich zornig durchbohren.

«Hast du mit ihm über mich gesprochen?»

«Ja... Aber ich hoffe, dir ist klar, daß es nicht leicht ist, da ich sowohl sein als auch dein Freund bin. Higuchi und ich hatten gestern abend eine lange Diskussion mit ihm, und er sagt, er würde das Wohnheim verlassen. Also verliere ich einen Freund wegen eines anderen.»

Ich nahm Nakamuras Hand und drückte sie fest. «Ich bin dankbar für Freunde wie dich und Higuchi», sagte ich, während mir Tränen aus den Augen strömten. Nakamura weinte auch. Zum ersten Mal in meinem Leben hatte ich das Gefühl, wirklich die Wärme menschlichen Mitgefühles zu erleben. Genau das war es, wonach ich gesucht hatte, als ich von meinem Gefühl der hilflosen Isolation gequält wurde. Gleichgültig, wie gemein ein Dieb auch immer sein mochte, Nakamura würde ich niemals bestehlen können.

Nach einer Weile sagte ich: «Um dir die Wahrheit zu sagen, ich bin all den Ärger nicht wert, den ich dir bereite. Ich kann nicht schweigend dabeistehen und zusehen, wie du wegen jemandem wie mir einen so guten Freund verlierst. Auch wenn er mir nicht traut, respektiere ich ihn trotzdem immer noch. Er ist ein viel besserer Mensch als ich. Ich erkenne seinen Wert genau wie jeder andere. Warum ziehe ich also statt dessen nicht aus, wenn es schon soweit gekommen ist? Bitte – laß *mich* gehen, und ihr drei könnt dann weiterhin zusammen wohnen. Selbst wenn ich dann allein bin, werde ich mich besser fühlen.»

«Aber es gibt keinen Grund, warum du gehen solltest», sagte Nakamura mit bewegter Stimme. «Ich erkenne seine guten Seiten ebenfalls, aber du bist derjenige, der verfolgt wird. Ich möchte nicht seine Partei ergreifen, wenn es so unfair ist. Wenn *du* gehst, sollten *wir* auch gehen. Du weißt, wie stur er sein kann – wenn er sich einmal entschlossen hat zu gehen, wird er seine Meinung nicht wieder ändern. Warum lassen wir ihn nicht einfach das tun, was er möchte? Wir könnten genausogut darauf warten, daß er wieder zur Vernunft kommt und sich entschuldigt. Was im übrigen nicht besonders lange dauern dürfte.»

«Aber er wird niemals zurückkommen, um sich bei mir zu entschuldigen. Er wird mich bis in alle Ewigkeit hassen.»

Nakamura schien anzunehmen, daß ich Ressentiments gegenüber Hirata hegte. «Ach, das glaube ich nicht», sagte er schnell. «Er wird zu seinem Wort stehen – das ist sowohl seine Stärke als auch seine Schwäche –, aber wenn er erst einmal erkennt, daß er sich geirrt hat, wird er kommen und sich entschuldigen und seinen Fehler zugeben. Das ist eine seiner sympathischen Eigenschaften.»

«Es wäre schön, wenn er das täte...» sagte ich nachdenklich. «Zu dir wird er ja vielleicht auch kommen, aber ich glaube einfach nicht, daß er sich jemals wieder mit mir anfreunden wird... Aber du hast recht, er ist wirklich sympathisch. Ich wünschte mir nur, er würde mich auch mögen.»

Nakamura legte seine Hand auf meine Schulter, wie, um seinen armen Freund zu beschützen, während wir lustlos über den Rasen trotteten. Es war Abend, und ein leichter Nebel hing über dem Schulgelände: Wir schienen auf einer Insel umgeben von einem endlosen grauen Meer zu sein. Hin und wieder warfen mir ein paar andere Schüler, die in die entgegengesetzte Richtung gingen, einen verstohlenen Blick zu. Sie wissen es schon alle, dachte ich; sie schneiden mich. Ich empfand ein überwältigendes Gefühl der Einsamkeit.

An diesem Abend schien Hirata es sich doch noch anders überlegt zu haben; er zeigte keinerlei Anstalten, auszuziehen. Aber er weigerte sich auch, mit uns zu sprechen – nicht einmal mit Higuchi und Nakamura. Doch für mich war es einfach unmöglich, so beschloß ich, zu diesem Zeitpunkt zu gehen. Nicht nur würde ich die Höflichkeit meiner Freunde mißachten, sondern ich würde mich durch einen solchen Schritt nur noch schuldiger aussehen lassen. Ich sollte noch ein bißchen warten.

«Keine Angst», sagten meine zwei Freunde mir immer wieder. «Sobald sie ihn geschnappt haben, wird sich die ganze Sache aufklären.» Doch selbst als eine weitere Woche verstrichen war, befand sich der Verbrecher immer noch auf freiem Fuß, und die Diebstähle ereigneten sich mit der gleichen Häufigkeit wie zuvor. Schließlich verloren sogar Higuchi und Nakamura etwas Geld und ein paar Bücher.

«Tja, da hat's euch beide also auch noch erwischt, was? Aber ich habe so ein Gefühl, daß uns anderen nichts abhanden kommen wird.» Ich erinnere mich noch genau an Hiratas spöttischen Blick, als er diese sarkastische Bemerkung machte.

Nach dem Abendessen gingen Nakamura und Higuchi normalerweise immer in die Bibliothek, und Hirata und ich blieben allein zurück. Diese Situation empfand ich als so unbehaglich, daß auch ich begann, meine Abende nicht im Wohnheim zu verbringen, ging entweder ebenfalls in die Bibliothek oder machte lange Spaziergänge. Eines Abends kehrte ich gegen halb zehn von einem dieser Spaziergänge zurück und warf einen Blick in unser Arbeitszimmer. Merkwürdigerweise war Hirata nicht da, noch schienen die anderen schon zurück zu sein. Ich warf auch einen Blick in unser Schlafzimmer, doch auch hier war niemand. Dann kehrte ich in das Arbeitszimmer zurück und ging zu Hiratas Schreibtisch. Leise zog ich die Schublade auf und fand den Einschreibebrief, den er vor einigen Tagen von zu Hause erhalten hatte. In diesem Brief befanden sich drei Zahlungsanweisungen über je zehn Yen, von denen ich eine gemächlich herausnahm und in meine Tasche stecke. Ich schob die Schublade wieder zu und schlenderte auf den Korridor hinaus. Dann ging ich auf den Hof hinunter, nahm die Abkürzung über den Tennisplatz und marschierte auf die dunkle, mit Unkraut überwucherte Senke zu, wo ich immer die Dinge vergrub, die ich gestohlen hatte. Doch genau in diesem Augenblick brüllte jemand laut «Dieb!» und stürzte sich von hinten auf mich, warf mich mit einem Schlag gegen den Kopf zu Boden. Es war Hirata.

«Komm schon, zeig's jetzt! Laß mal sehen, was du da in deiner Tasche hast!»

«In Ordnung, in Ordnung, du brauchst wirklich nicht so laut zu brüllen», erwiderte ich ruhig und lächelte ihn dabei an. «Ich gebe zu, daß ich deine Zahlungsanweisung gestohlen habe. Wenn du mich darum bittest, werde ich sie dir zurückgeben, und wenn du mir sagst, daß ich mit dir kommen soll, werde ich dir wohin auch immer folgen. Also verstehen wir beide uns doch, oder? Was willst du noch?»

Hirata schien zu zögern, begann jedoch bald, einen Hagel von Schlägen auf mein Gesicht loszulassen. Irgendwie war der Schmerz nicht völlig unangenehm. Plötzlich fühlte ich mich von der erdrückenden Last befreit, die ich mit mir herumgeschleppt hatte.

«Es hat keinen Sinn, mich so zusammenzuschlagen, wo ich doch so mühelos in deine Falle gegangen bin. Ich habe diesen Fehler gemacht, weil du dir so sicher warst – ich dachte: ‹Wieso, zum Teufel, kann ich nicht auch *ihm* was stehlen?› Aber jetzt hast du mich erwischt, also war's das. Später werden wir beide darüber lachen.»

Ich versuchte, gutmütig Hiratas Hand zu schütteln, doch er packte mich am Kragen und schleppte mich zu unserem Zimmer. Das war der einzige Moment, in dem Hirata in meinen Augen verachtenswert wirkte.

«He, Leute, ich habe den Dieb erwischt! Ihr könnt nicht sagen, ich wäre auf ihn hereingefallen!» Hirata stolzierte in unser Zimmer und stieß mich vor Nakamura und Higuchi auf den Boden, die inzwischen aus der Bibliothek zurückgekehrt waren. Durch den Lärm aufmerksam geworden, kamen jetzt die anderen Jungs des Wohnheimes an unsere Tür.

«Hirata hat recht!» sagte ich meinen beiden Freunden, während ich wieder vom Boden aufstand. «Ich bin der Dieb.» Ich versuchte ganz normal zu sprechen, so beiläufig und ungezwungen wie immer, aber ich erkannte, daß mein Gesicht kreidebleich geworden war.

«Ich vermute, ihr werdet mich jetzt hassen», sagte ich ihnen. «Oder wenn nicht, so schämt ihr euch doch... Ihr seid beide ehrlich, aber ganz sicher seid ihr auch leichtgläubig. Habe ich euch nicht wieder und wieder die Wahrheit gesagt? Ich habe sogar gesagt: ‹Ich bin nicht der Mensch, für den ihr mich haltet. Hirata ist ein Mensch, dem man vertrauen kann. Er wird sich niemals hereinlegen lassen.› Aber ihr habt nicht verstanden. Ich habe euch gesagt: ‹Selbst wenn ihr euch wieder mit Hirata anfreundet, mit mir wird er niemals Freundschaft schließen!› Ich bin sogar soweit gegangen zu sagen: ‹Ich weiß besser als jeder andere, was für ein anständiger Bursche Hirata ist!› Na, stimmt das vielleicht nicht? Ich habe euch nie belogen, oder? Ihr fragt euch jetzt vielleicht, warum ich nicht damit herausgerückt bin und euch die ganze Wahrheit erzählt habe. Wahrscheinlich denkt ihr, ich hätte euch doch betrogen. Aber versucht es mal aus meiner Warte zu sehen. Es tut mir leid, aber das Stehlen ist etwas, das ich nicht beherrschen kann. Trotzdem, es gefiel mir nicht, euch zu täuschen, also habe ich euch auf Umwegen die Wahrheit gesagt. Ehrlicher als das konnte ich nicht sein – es ist allein eure Schuld, daß ihr meine Hinweise und Andeutungen nicht verstanden habt. Vielleicht meint ihr, ich wäre nur verstockt, aber ich habe noch nie etwas ernster gemeint. Wahrscheinlich werdet ihr euch fragen, warum ich nicht mit Stehlen aufhöre, wenn ich doch so versessen darauf bin, ehrlich zu sein. Aber das ist keine faire Frage. Wißt ihr, ich bin zum Dieb geboren. Unter den gegebenen Umständen habe ich versucht, zu euch so ehrlich und aufrichtig zu sein wie nur möglich. Mehr konnte ich nicht tun. Und selbst da plagte mich noch mein Gewissen – habe ich euch nicht gebeten, *mich* an Hiratas Stelle ausziehen zu lassen? Ich habe nicht versucht, euch zum Narren zu halten, ich wollte es wirklich um euretwillen tun. Ja, es ist wahr, daß ich euch bestohlen habe, aber es ist außerdem wahr, daß ich euer Freund bin. Ich appelliere an eure Freundschaft: Ich möchte, daß ihr versteht, daß sogar ein Dieb Gefühle hat.»

Nakamura und Higuchi standen schweigend da, blinzelten mich erstaunt an.

«Tja, ich sehe, daß ihr jetzt denkt, ich wäre ziemlich unverschämt. Ihr versteht mich nur einfach nicht. Ich schätze, ich werde wohl nichts dagegen tun können, da ihr zu einer anderen Spezies gehört.» Ich lächelte, um meine Verbitterung zu verbergen, und fügte hinzu: «Aber da ich euer Freund bin, warne ich euch, daß dies nicht das letzte Mal ist, daß so etwas passieren wird. Also seht euch vor! Ihr zwei habt euch wegen eurer Leichtgläubigkeit mit einem Dieb angefreundet. Höchstwahrscheinlich werdet ihr noch in ernste Schwierigkeiten geraten, wenn ihr hinaus in die Welt geht. Vielleicht bekommt ihr bessere Noten in der Schule, aber Hirata ist ein besserer Mensch. Hirata kann man nichts vormachen!»

Als ich ihn so ausdrücklich lobte, verzog Hirata das Gesicht und schaute fort. In diesem Augenblick schien er sich merkwürdig unbehaglich zu fühlen.

Seitdem sind viele Jahre vergangen. Ich wurde ein professioneller Dieb und bin schon oft hinter Gittern gewesen; und doch kann ich diese Erinnerungen einfach nicht vergessen – besonders nicht meine Erinnerungen an Hirata. Jedesmal, wenn ich drauf und dran bin, ein Verbrechen zu gestehen, sehe ich wieder sein Gesicht vor mir. Ich sehe ihn so überheblich wie immer herumstolzieren, mich spöttisch auslachen: «Genau wie ich's mir dachte!» Ja, er war ein vielversprechender Mann von Charakter. Aber die Welt ist voller Geheimnisse. Meine Prophezeiung, daß der naive Higuchi «in Schwierigkeiten geraten» würde, war falsch: Teils aufgrund des Einflusses seines Vaters machte er eine großartige

Karriere – reiste ins Ausland, machte seinen Doktor und bekleidet heute eine hohe Stellung im Eisenbahnministerium. Unterdessen weiß niemand, was aus Hirata geworden ist. Kein Wunder, daß wir das Leben für nicht vorhersehbar halten.

Ich versichere meinem Leser, daß dieser Bericht wahr ist. Ich habe kein einziges unehrliches Wort geschrieben. Und ich hoffe, genau wie ich es auch bei Nakamura und Higuchi gehofft habe, daß Sie diese empfindlichen moralischen Bedenken glauben, die im Herzen eines Diebes wie mir existieren können.

Aber vielleicht glauben Sie mir auch nicht. Außer natürlich (wenn man mir verzeiht, dies zu unterstellen), Sie gehören zufälligerweise zu meiner eigenen Spezies.

Masako Togawa
Der Vampir

Masako Togawa wurde 1933 unter einem guten Stern geboren. Sie singt als berühmte Musikerin ihre eigenen Kompositionen in den Nachtklubs von Tokio und ist seit 1962 eine Star-Autorin. Damals erschien ihr Roman «Extended Illusion» und wurde von Japans führenden Kritikern als «psychologische Detektivgeschichte» gefeiert. Im Erzählen von düsteren Geschichten ist Japan die Nummer eins auf diesem Planeten – Millionen gehen einer Arbeit weitab ihrer intellektuellen Fähigkeiten nach und verbringen einen Großteil ihres Lebens in öffentlichen Verkehrsmitteln. Sie möchten sich ihre Träume lenken lassen und betreten mit dem Taschenbuch in der Hand eine andere Ebene des Seins, wo die alltäglichen Gegebenheiten neu geordnet sind und sich exotische Perspektiven eröffnen.

Masako Togawa befriedigt diesen stark ausgeprägten und heftigen Drang auf zynische, aber keineswegs prosaische Weise mit ihren ausgezeichneten Produkten. Kritiker haben die auflagenstarken Romane und Geschichten von Togawa «Warnungen» genannt oder auch mögliche Beweise des Murphyschen Gesetzes: Falls sie sich (jene Mißgeschicke, die sie beschreibt) ereignen, irgendwo in den von uns konstruierten mechanischen Lebenszyklen dieser modernen Welt, werden sie tatsächlich stattfinden.

Er hörte ein Klopfen an den vorderen Fensterläden. Zuerst dachte Jiro, er würde träumen – aber er war wach; also war es Wirklichkeit. Der Vampir verlangte wieder nach jemandem. Möglicherweise nach einem aus der AB-Gruppe. Normalerweise trafen Jiros Vermutungen zu. Er war sich ziemlich sicher, daß er noch nie daneben getippt hatte. Aber es konnte auch sein, daß er sich nur noch an jene Fälle erinnerte, in denen er recht gehabt hatte, und die anderen sofort vergaß.

In der AB-Gruppe gab es nur zwei Personen: Jiro und Tatsuya Yamane. Jiro hoffte, daß Yamane nicht ausgegangen war. Denn wenn Yamane nicht da war, käme er wieder an die Reihe.

Das Klopfen an den Fensterläden klang fordernd. Der Vampir schien sehr hungrig zu sein. Wahrscheinlich wollte er gleich einige 200-Kubikzentimeter-Gläser aussaugen – ungefähr so viel, wie sich in zwei Viertelliter-Milchflaschen befindet.

Jiro schätzte den Hunger des Vampirs meist richtig ein. Ein wichtiger Mann sagte einmal, Ahnungen seien so etwas Ähnliches wie Nervenreflexe: Sie resultieren aus der Erfahrung.

Dann kam Jiro ein anderer Gedanke. Seit einem Monat ging er nun zum Vampir. Ein Monat ist eine lange Zeit. Wieviel Blut war Jiro wohl seitdem ausgesaugt worden? Wenn der Vampir pro Tag eine dieser Milchflaschen voll aussaugt, käme in einem Jahr die Menge von 73 000 Kubikzentimetern zusammen. Das dürfte genug sein, eine ganze Badewanne zu füllen. Ihm wurde schwindlig bei dem Gedanken, daß man ihm eine ganze Badewanne voller Blut abgezapft hatte. Wir sind gar keine Menschen mehr, dachte er. Wir sind nur noch Hautsäcke, gefüllt mit süßem Wein.

Ogata, der Schlafsaal-Aufseher, ging nach draußen, wahrscheinlich, um nach den Wünschen des Vampirs zu fragen. Jiro konnte ihn durch die Läden hindurch hören. Vor langer Zeit hatten sie die Vordertür vernagelt, und die Eingangshalle diente seitdem als Vorratskammer. Es sollte verhindert werden, daß die Leute andauernd rein und raus liefen. Wenn der Vampir sich meldete, klopfte jemand an die Holzverschläge des großen Fensters. Das Klopfen ließ einem das Herz stocken und trieb den Blutdruck nach oben. So war es einfacher, das Blut abzuzapfen.

Jiro vernahm die gellende Stimme von Miyota, der Assistentin des Vampirs. «Der Vampir hat es eilig! Zwei von euch, schnell, na los.» Miyota war über dreißig und alleinstehend. Sie schminkte sich die Augen mit einem grellen blauen Schatten und war sexbesessen. Wenn sie da war, wurde die Situation brenzlig.

Obwohl er noch halb schlief, schoß Jiro dieser Gedanke durch den Kopf, als er sich zum Treppenabsatz schleppte. So konnte er von oben herunter den Korridor überblicken. Es war genauso, wie er gedacht hatte. Ogata war losgegangen, um nachzusehen. Jiro konnte seinen mächtigen, schwankenden, fetten Körper sehen. So groß wie Ogata war, sollte der Vampir eigentlich *sein* Blut trinken. Aber Jiro wußte genau, daß Ogata nicht einmal bei dem Vampir gewesen war.

«Zwei auf einmal?» fragte Ogata. «Wie das? Ist der Vampir schlecht gelaunt? Hat sich ein Unfall ereignet?»

Verkehrsunfälle ereigneten sich sehr häufig auf der Nationalstraße Nummer 7, die nicht weit entfernt vorbeiführte. Sehr oft wurden blutüberströmte Opfer von dort eingeliefert. Wenn der Vampir all das Blut sah, konnte er sich nicht mehr beherrschen.

«Kein Unfall. Ein Doppelselbstmord aus Liebeskummer.»

Bei den Worten «Selbstmord aus Liebeskummer» wurde Jiro hellwach. Ihm war, als hätte ihn jemand in Eiswasser gestoßen.

Ogatas Stimme klang gelangweilt: «Mann und Frau?»

Miyota antwortete lebhaft: «Ja. Sie war nackt, und der Mann stach mehrere Male mit einem Fleischermesser auf sie ein. Dann stieß er es sich selbst in Brustkorb und Unterleib. Ich glaube, er ist nicht zu retten.» Als Assistentin des Vampirs sprach sie immer sehr deutlich, wenn sich das Gespräch um Blut drehte. Schließlich sagte sie: «Der Mann hat die Blutgruppe null. Aber die Frau hat AB-Rhesus-negativ. Das ist selten.»

Jiros hatte es geahnt. Seine Blutgruppe war AB-Rhesus-negativ. Sehr selten. Nur einer von 2000 Menschen besaß sie. Manchmal verlangte der Vampir nach Blut mit einem speziellen Geschmack. Möglicherweise hielt er diese Blutgruppe für sehr selten und teuer und verlangte deshalb nicht sehr häufig danach. Zuletzt war das vor einem Monat vorgekommen.

Damals hatte der Vampir das Blut eines Neugeborenen verlangt. Aber er trank grundsätzlich nur Blut von Rhesus-negativ-Babys. Also mußte Jiro den Wunsch nach Babyblut befriedigen.

Als Mitglied der Vampir-Blutspende-Gruppe lebte Jiro praktisch wie ein Gefangener. Wegen seiner besonderen Blutgruppe wurde sein Gesundheitszustand sorgfältig überwacht. Und er wurde weitaus weniger zum Vampir gebeten als die anderen der Gruppe. Sonst wäre Jiros Blut schon längst dünn und gelb geworden. Wenn der Vampir sich 200 Kubikzentimeter pro Tag bei jemandem abzapfte, war es nur eine Frage der Zeit, bis selbst der Gesündeste anämisch wurde und dem Tod nahe war.

Jiro humpelte zu seinem Bett zurück und schnallte sein künstliches Bein fest. Er hatte das linke Bein unterhalb des Knies bei einem Autounfall verloren. Doch es war für ihn längst zur Routine geworden. Der Vampir trank kein Blut von behinderten Menschen. Deshalb verbarg Jiro sein künstliches Gliedmaß so gut es ging.

«Nummer acht, Tokumoto!» rief Ogata. «Nummer 3, Yamane!» Seine Befehle klangen militärisch. Jeder, der darauf nicht laut und deutlich antwortete, wurde geschlagen.

Jiro antwortete laut: «Ich komme sofort.» Und Yamane, die Nummer drei, murmelte kaum hörbar vor sich hin. Seit kurzem zapften sie ihm das Blut täglich ab. Kein Wunder, daß sein Gesicht gelb und fahl aussah.

Stufe für Stufe stieg Jiro die Treppe hinab. Ogata und der stellvertretende Schlafsaal-Aufseher Kurashiki erwarteten ihn. Kurashiki, ein tätowierter Ex-Gangster, war eine Art Leibwächter.

Er trug stets deutlich sichtbar eine Pistole oder ein Messer, damit jeder Insasse es sehen konnte. Es war seine Aufgabe, jene Insassen zu verprügeln, die versuchen würden, wegzulaufen.

Mit so weit wie möglich vorgestrecktem Brustkorb meldete Jiro: «Nummer 8, Tokumoto. Einsatzbereit.» Immer wenn der Vampir nach ihnen verlangte, trugen sie weiße Jacken mit aufgestickten roten Herzen. Der Vampir liebte stilvolle Zeremonien.

Als Miyota Jiros Gesicht sah, lächelte sie und nickte. Ganz offensichtlich hatte sie etwas vor.

Der Vampir hatte einen langen Schnabel. An dessen Ende befand sich ein Röhrchen mit einem schmalen spitzen Ende. Um das Blut direkt aus den Venen saugen zu können, mußte der Vampir den Oberkörper beugen, um die richtige Haltung einzunehmen.

Der Vampir war überall mit langen, flaumigen, roten Haaren bedeckt. Wenn er Blut saugte, färbte sich sein Haar karmesinrot und wurde so durchsichtig wie Glas.

Um die Blutabnahme zu erleichtern, band Miyota einen breiten Gummiring um Jiros Arm. Dann vergewisserte sie sich, ob alles in Ordnung war, und saugte mit einer kleinen Kanüle, die dem Schnabel des Vampirs ähnelte, ein wenig Blut aus Jiros Handrücken.

Nachdem sie das Blut mit Hilfe eines Hydrometers untersucht hatte, streichelte sie Jiros Wange. «Dein Blut ist dick und ergiebig, wenn die anderen doch auch so ein Blut hätten. Der Vampir wird es köstlich finden und dich in den höchsten Tönen loben.» Ihre Stimme klang ernst. «Die anderen haben dünnes, gelbes Blut. Als sei es mit Wasser gepanscht.»

«Aber jeder versucht doch, sein Blut so ergiebig wie nur möglich zu machen», sagte Jiro. «Sie arbeiten nicht. Sie ruhen sich aus und eßen viel Eiweißhaltiges.» Er murmelte, als er den Körper auf dem weißen Tisch nebenan sah. Dort lag das Mädchen, das Selbstmord aus Liebeskummer begangen hatte. Ihr Körper wurde von einem weißen Laken verhüllt, aber einige Zeit zuvor mußte ihr Körper aus zahllosen Wunden geblutet haben.

Immer wenn der Vampir jemanden derart bluten sah, konnte

er sich nicht mehr beherrschen und beruhigte sich erst wieder, wenn er mindestens 200 bis 400 Kubikzentimeter von jemandem wie Jiro getrunken hatte.

Der Vampir trat ein und schleppte eine schwere Kette mit sich mit, die klirrte und schepperte. Jiro traute sich nicht, dem Vampir ins Gesicht zu sehen. Am gefährlichsten war ein Blick in die Augen.

Miyota eilte zum Vampir, um ihm zu schmeicheln.

Jiro ließ seine Hand unbemerkt unter das weiße Laken gleiten, um den Körper des Mädchens auf dem Tisch zu berühren. Er war kalt und klamm. Vielleicht war das gar nicht weiter schlimm; vielleicht fühlten sich alle weiblichen Körper wie kalte Leichen an. In dieser Hinsicht verfügte Jiro über keine Erfahrung. Er zog das Laken beiseite und sah einen breiten weißen Verband, der ihren Unterleib und die Brüste verhüllte. An diesen Stellen mußten die Verletzungen am schlimmsten sein. Zwischen ihren weichen, weißen Schenkeln sah er buschige schwarze Haare, die ihn an sanft bewegtes Seegras erinnerten. Ganz plötzlich spürte er das Bedürfnis, sie zu berühren. Manchmal überfielen ihn solche Sehnsüchte, aber er wußte nicht, wie er mit ihnen umgehen sollte.

«Was machst du denn da?» fragte Miyota mit scharfer Stimme und gab seiner Hand einen Klaps.

Dann sprach der Vampir. «Ich habe dir doch verboten, diesen Mann zu nehmen. Jetzt weiß du auch warum. Er ist gefährlich.» Der Vampir sagte äußerst selten etwas. Wenn überhaupt, erteilte er Miyota kurze, unverständliche Anweisungen.

Als er merkte, daß sie über ihn sprachen, erstarrte Jiro.

«Das ist schon in Ordnung», sagte Miyota zum Vampir. «Ich paß auf ihn auf. Vergiß nicht, sein Blut ist sehr ergiebig.»

Der Vampir antwortete nicht. Mit wogenden Haaren kam er näher, und mit einer plötzlichen Bewegung stieß er den Schnabel in Jiros Vene. Langsam füllte sich der glasähnliche Schnabel mit Jiros Blut.

Jiro schloß die Augen. Jedesmal wenn der Vampir sein Blut trank, wurden ihm die Knie weich. Manche Insassen verloren aus Schwäche das Bewußtsein. Aber sie mußten dem Vampir ihr Blut geben. Und letzten Endes waren sie froh darüber. Normalerweise gab ihnen der Vampir danach etwas Geld. Wenn der Vampir sie nicht benötigte, mußten sie den Schlafsaal verlassen. Miyota kam zu ihm und entfernte den Gummiring von Jiros Arm.

«Geh da rüber und erhol dich einen Moment», sagte sie.

Jiro konnte nur noch an das wächserne Gesicht des Mädchens neben ihm denken. Ein roter Schimmer glänzte nun auf ihren Wangen. Vielleicht konnte sie gerettet werden. Ihr rundes Gesicht war von jener Art, wie Jiro sie liebte.

Miyota brachte Jiro in einen kleinen Raum im zweiten Stock, wo sich die Assistenten des Vampirs entspannten. Jiro und die anderen Insassen ruhten sich normalerweise in einem größeren Raum aus.

Miyota war sehr nett. Sie gab ihm einen freundlichen Klaps auf die Schulter, während sie ihm half, sich aufs Bett zu legen. «Heute nacht bleibst du hier. Es gibt noch mehr für dich zu tun.» Ihre Stimme klang merkwürdig, wie sie das sagte. Niemand weiß es, aber sie wird mir auch Blut aussaugen, dachte Jiro.

Er mochte nicht, wenn Miyota sein Blut trank. Zwar tat es nicht so weh wie beim Vampir, aber er fühlte sich immer sehr seltsam.

Miyota ging in die Halle und kehrte bald zurück. An der Wand hing eine altmodische Uhr. Sie zeigte drei Uhr morgens an. Zu dieser Stunde dürften alle Vampire Japans unterwegs sein.

Miyotas kühle Hand berührte ihn. Sie verschwand, und als sie zurückkam, brachte sie ihm warme Milch und Toast mit viel Butter. Ihre Stimme klang sehr freundlich. «Fühlst du dich jetzt besser?»

Jiro verschlang das Essen, während Miyota sich auszog. Wenn sie sein Blut trank, benutzte sie keinen langen Schnabel wie der Vampir. Jiro vermutete, weil sie eine Frau war.

Sie beugte sich über ihn und umschloß sein Rohr mit ihren Lippen.

Zuerst kitzelte es nur, dann fühlte Jiro sich unwohl und fremdartig. Er wäre am liebsten davongelaufen. Aber er wußte, wenn er sich widersetzte, würde Miyota schrecklich wütend werden. Er entschied, daß es das Beste sei, ruhig zu bleiben und ganz still zu liegen.

Miyota senkte ihr Gesicht zwischen seine Schenkel und sah sehr ernst dabei aus. Ihre Lippen waren fest und unerbittlich, während sie an Jiros Rohr saugte. Es kam ihm so vor, als wären ihre Lippen überhaupt nicht weich. Zunächst beobachtete er sie eine Zeitlang, dann schloß er die Augen. Ihm schien, als würde sein ganzer Körper auf Wolken schweben.

Dann schrie er. Irgendwie fühlte es sich anders an, als wenn der Vampir seinen spitzen Schnabel in die Vene stieß.

Mit beiden Händen umschloß Miyota das untere Ende des Rohrs, und während sie schnurrende Laute von sich gab, saugte sie rasch das überschäumende weiße Blut auf. In diesem Moment wuchsen leuchtende, lange Zähne in den Winkeln ihres unnormal roten Mundes. Dann lächelte sie Jiro an.

Jiro war müde und schlief sofort ein. Am nächsten Morgen holten ihn Ogata und Kurashiki ab. Kurashiki war der Fahrer. Gelegentlich lud er Miyota ins Kino ein, aber sie wollte nichts mit ihm zu tun haben.

Miyota und Ogata begrüßten sich. «Er war sehr geschwächt letzte Nacht – aber ich habe gut auf ihn aufgepaßt», sagte sie fröhlich.

Jiro wußte, daß sie über ihn sprachen. Es war ein Geheimnis, daß sie ihm sein Blut aussaugte. Aber egal was passierte, er würde darüber nicht reden. Und sollte er es jemals tun, dann würden der Vampir und Miyota ihn sicherlich töten.

Ogata schlürfte an dem Tee, den sie ihm gegeben hatte, und fragte mit rauher Stimme: «Was ist mit dem Selbstmord-Pärchen?»

Miyotas Stimme klang müde: «Der Mann starb um vier Uhr heute morgen. Er hat sich die Schlagader mit einer Rasierklinge durchschnitten. Eigenartig, normalerweise sterben immer die Frauen.»

«Was ist mit ihr?»

«Sie wird es wohl schaffen. Natürlich ist ihr Zustand besorgniserregend, und vielleicht verschlechtert er sich sogar. Wer weiß?»

«Ich nehme an, ihre Familie wird sie besuchen wollen. Werden sie für das, was wir getan haben, bezahlen?» Ogata sprach über das Blut, daß der Vampir von Jiro bekommen hatte. Seine Blutgruppe war sehr selten, also auch sehr teuer. Ständig übertrieb er mit Äußerungen, wie zum Beispiel: Es kostet uns ein Vermögen, jemanden mit Rhesus-negativ-Blut zu finden.

«Keine Sorge. Wir werden früh genug von ihnen hören. Die Eltern des Mannes sind schon dagewesen. Es wird nicht lange dauern, und die andern bezahlen ebenfalls.» Miyota schürzte ihre Lippen, mit denen sie Jiros Blut gesaugt hatte, und sprach mit fester Stimme. Immer nachdem sie Jiros Blut getrunken hatte war sie guter Laune und wirkte wie ausgewechselt. Dann konnte man etwas Geheimnisvolles in ihren Augen entdecken und etwas Weiches, das neu in ihrem Gesicht war. Nachdem sie in den Wagen gestiegen waren und davonfuhren, sagte Kurashiki ängstlich: «Das Mädchen ist verrückt nach dir. Ich frage mich, was sie an so einem Versager findet. Vielleicht spielt sie irgend etwas Verrücktes mit dir?» Kurashiki war scharf auf Miyota, und deshalb mißfiel ihm die Aufmerksamkeit, die sie Jiro schenkte.

«Zwischen uns ist nichts passiert», sagte Jiro und versuchte, so aufrichtig wie möglich zu klingen.

«Sag lieber die Wahrheit», entgegnete Kurashiki barsch. Er drehte sich um und gab Jiro eine Ohrfeige.

«Hört auf, laßt das!» mischte sich Ogata ein.

Jiro spürte, wie sich Tränen in seinen Augen sammelten.

Eine Woche voll ruhiger Tage verging. Der Vampir verlangte kein einziges Mal nach Jiro, obwohl die anderen Insassen des Schlafsaals meist täglich aufgerufen wurden. So erfuhren sie, wie sich der Vampir fühlte, ließen sich Blut aussaugen und bekamen als Gegenleistung Geld dafür.

Eines Tages war der Schlafsaal-Aufseher sehr schlecht gelaunt. Jiro lag auf seinem Bett und starrte desinteressiert auf die nackten Frauenphotos in einer Wochenzeitung, deren Umschlag fehlte. Er hörte, wie Kurashiki Ogata mit zorniger, aber gedämpfter Stimme beschimpfte.

«Bist du etwa blind? Warum glaubst du wohl, ist hier ein Nachtwächter im Schlafsaal? Wenn die Zeitungen etwas erfahren, geraten wir in Schwierigkeiten. Und wenn der Vorsitzende etwas mitbekommt, bist du gefeuert.»

«Es war nicht meine Schuld. Ich habe aufgepaßt. Der Kerl, der davongelaufen ist, hat diese Geschichten den Zeitungen erzählt.»

«Wie konnte er überhaupt davonlaufen? Weil du so verflucht nachlässig bist! Du hast nur Augen für Miyota. Deshalb ist es passiert.»

Jiro hörte ein lautes Klatschen. Der Schlafsaal-Aufseher hatte Kurashiki offenbar eine Ohrfeige verpaßt.

Immer wenn der Aufseher Kurashiki ausschimpfte, ließ der es wiederum an seinen Untergebenen aus. Er war zwar nicht besonders intelligent, aber kräftig und muskulös. Den Insassen stand eine schwere Zeit bevor.

«Was liest du da?» rief Kurashiki.

Allen war klar, daß das kommen mußte.

«Eine Zeitschrift.»

«Welches Datum?»

Kurashiki fuhr Nummer 6 an, einen Blutgruppe-o-Typ, der im Bett neben Jiro lag und eine Zeitschrift las, die Jiro von Miyota bekommen hatte. Es gab jede Menge alte Zeitschriften im Haus des Vampirs, und Miyota verschenkte sie gerne heimlich, aber nur an Jiro. Sie glaubte nicht, daß diese Magazine Unheil anrichten könnten, da er ohnehin nur die Bilder und Cartoons betrachtete.

In Kurashikis Stimme schwang Angst mit und eine gewisse hinterhältige Vorfreude. Er sprach mit leiser Stimme. «Diese Zeitschrift ist von letzter Woche und trägt keinen Stempel vom Schlafsaal-Aufseher. Du weißt, was mit denjenigen pasisert, die ohne die Genehmigung des Aufsehers lesen.»

«Bitte, vergib mir. Ich dachte, er hätte es genehmigt.»

«Lüg mich nicht an. Wer hat dir erlaubt, dies zu lesen? Schließ jetzt die Augen, bleib ganz ruhig liegen und denk drüber nach. Denk drüber nach, wie gut es dir geht. Vielleicht erkennst du dann, wie wichtig es für dich ist, dem Vampir zu dienen.»

Kurashiki sprach laut, er wiederholte nichts weiter als die Worte des Schlafsaal-Aufsehers. Der Aufseher kam einmal im Monat vorbei und wiederholte ihnen gegenüber das, was er den Vorsitzenden hatte sagen hören: Wie nutzlos die Insassen doch wären und wie dankbar sie dafür sein müßten, der Welt dienen zu dürfen und wiedergeboren zu werden.

«Wer hat dir erlaubt, diese Zeitschrift zu lesen?» fragte Kurashiki knurrend, während er den Gürtel von seiner Hose abzog, dessen Leder knarrte. «Das wird dir jetzt zu denken geben.»

Jiro hielt sich die Ohren zu, als er hörte, wie das Leder auf die Haut des Blutgruppe-o-Typs klatschte. Er wollte nicht geschlagen werden. Wenn Kurashiki herausbekam, daß Miyota ihm die Zeitschriften zusteckte, würde er wilde Eifersuchtsanfälle bekommen. Jiro schob seine eigene Zeitschrift unter das Kopfkissen und hoffte, daß Kurashiki nichts bemerkt hatte.

Der Blutgruppe-o-Typ jammerte, aber es klang weder verzweifelt noch laut. Der Vampir hatte erst an diesem Morgen 200 Kubikzentimeter seines Blutes getrunken.

Kurashiki atmete schwer. Er hatte aufgehört, den Blutgruppe-o-Typen zu schlagen. Sein Blick wand sich nun dem großen Schrank zu, der an der einen Seite des Raums stand.

«Wo sind die beiden mit der Blutgruppe A?» fragte er laut mit vibrierender Stimme.

Die vier oder fünf Insassen schwiegen, als seien sie plötzlich sprachlos geworden.

«Ihr solltet nicht versuchen, sie zu schützen», sagte Kurashiki. «Ich weiß, wo sie sind. Die meisten A-Typen sind schmierige Würmer, die ständig herumschleichen...»

Kurashikis Grinsen zeigte deutlich, daß er sich eine teuflische Bestrafung ausgedacht hatte. Jiro begann innerlich zu zittern. Kurashiki ging zum Schrank und öffnete die Tür. Dort im tiefen Schatten saßen engumschlungen die beiden Vermißten. Der eine von ihnen lebte hier bereits seit sechs Monaten, der andere war erst vor einer Woche eingeliefert worden.

Kurashiki schlug zweimal mit dem Gürtel auf den Fußboden. «Haben wir euch nicht alles verboten, was euer Blut verdünnt?» sagte er. «Das wißt ihr doch. Also, was macht ihr da? Spielt ihr im Dunkeln Verstecken?» Dann stieß er seine Fingernägel in das dünne, nackte, bleiche Gesäßfleisch des Älteren.

Beide kamen aus einer Besserungsanstalt. Wie auch der Assistentin des Vampirs gefiel es dem Älteren, das Rohr anderer Leute in den Mund zu nehmen.

Kurashiki ließ seinen Gürtel knallen und befahl: «Kommt raus da, auf der Stelle!» Er lachte kurz. «Macht ruhig weiter mit dem, was ihr da drin getrieben habt, aber so, daß wir alle zusehen können.»

Die beiden stiegen langsam aus dem Schrank. Der Ältere tat, was man von ihm verlangte, und vergrub seinen Kopf zwischen den Beinen des anderen. Der Jüngere wußte nicht, wohin er blikken sollte. Er errötete, und sein Gesicht war mit Schweißtropfen übersät.

Kurashiki verschränkte die Arme über der Brust, während er sie musterte. Die anderen Insassen saßen stumm und wagten kaum zu atmen.

«Also, merkt euch folgendes. Wer sein Blut verdünnt, bekommt drei Tage lang kein Essen. Falls euch das nicht zur Einsicht bringt, übt euch zur Abwechslung mal in Enthaltsamkeit.» Kurashikis Worte hatten den Jüngeren deutlich verschreckt. Zu dem Älteren gewandt sagte er weiter: «Wie man hört, sollst du auf deine gut trainierte Zunge sehr stolz sein, du schwules Schwein! Na los, besorg's ihm. Versuch doch mal rauszufinden, wieviel Mumm der Kleine noch in den Knochen hat. Aber beeil dich damit, sonst bekommst du drei Tage lang kein Essen mehr. Dann hast du Zeit, über deinen leeren Magen nachzudenken.» Kurashikis Stimme war grausam.

Jiro schloß seine Augen und nahm nichts außer dunkelroter Leere wahr. Falls Kurashiki jemals herausfinden sollte, daß Miyota an seinem Rohr gesaugt hat, würde er ihn umbringen.

Aber selbst wenn sie ihn zerstückeln würden, er würde es niemandem erzählen. Niemals würde er erzählen, daß ihm Miyota sein weißes Blut ausgesaugt hat.

Der Schlafsaal-Aufseher hörte die Stimmen. Er eilte nach oben in den zweiten Stock und begann zu schreien: «Was geht hier vor? Hört auf mit diesem Unsinn.» Er setzte ein finsteres Gesicht auf. «Zwei neue Mädchen kommen heute dazu. Ihr solltet euch alle mehr an die Regeln halten. Kurashiki – wie oft hab ich dir schon gesagt, daß du die Insassen nicht bestrafen darfst. Es ist wichtig, daß alle in guter Verfassung sind, wenn sie zum Vampir gehen. Sie sollen nicht unnötig Energie verschwenden.»

Dann beruhigte er sich ein wenig. «Jeder darf zwei Stunden pro Tag lesen und hat das Recht, zweimal am Tag jeweils dreißig Minuten spazierenzugehen. Morgens und nachmittags. Die restliche Zeit sollt ihr im Bett liegen, bei geschlossenen Fensterläden – auch tagsüber. Ihr müßt eure Körper schonen und den Geist läutern.»

Jiro wußte, daß die Ankunft des Schlafsaal-Aufsehers ihn und die anderen vor Schlimmerem bewahrt hatte. Er fragte sich, wer die beiden neuen Mädchen wohl sein können. Früher waren schon einmal ein paar Mädchen dagewesen, aber normalerweise blieben die nicht länger als ein oder zwei Wochen. Gerüchten zufolge nahm der Vorsitzende alle jungen weiblichen Insassen mit nach Hause.

Der Schlafsaal-Aufseher ging rüber zu Jiro und sprach ihn mit einer ungewöhnlich freundlichen Stimme an: «Nummer 8? Das Mädchen, das den Selbstmordversuch überlebt hat, wird im Bett neben dir liegen. Um auszuruhen und zu genesen. Du achtest doch ein bißchen auf sie?»

Am Abend wurde das Mädchen hereingebracht. Sie trug einen dunkelblauen gestreiften Männerpyjama. Sie schien eine ganz andere zu sein als die, die nackt im Zimmer des Vampirs gelegen hatte.

Miyota begleitete sie, half ihr ins Bett und deckte sie sorgfältig mit der Bettdecke zu. Mit freundlicher Stimme sagte sie: «Jetzt ist alles in Ordnung. Wenn irgend etwas ist, was auch immer, kannst du mich rufen.»

Das Mädchen antwortete nicht.

Miyota senkte die Stimme und flüsterte zu Jiro: «Sie hat nicht ein Wort gesagt, seit dieser Mann auf sie eingestochen hat. Vielleicht versucht sie noch einmal, sich zu töten. Hör mir zu. Ich möchte, daß du alles beobachtest, was sie tut. Paß gut auf sie auf. Verstanden?»

Dann kam der Schlafsaal-Aufseher herein und sagte: «Wie geht es ihr? Sagt sie immer noch nichts?»

«Nein. Aber sie ist bei Bewußtsein, und es scheint ihr besser zu gehen.» Miyota neigte den Kopf zur Seite.

«Ob sie ihr Gedächtnis verloren hat?»

«Das werden wir so schnell nicht erfahren.»

«Jiro soll auf sie aufpassen. Wenn etwas geschieht, kann er uns Bescheid sagen.»

Ogata zog Jiro den weißen Krankenpfleger-Kittel über. Die andere Frau hatte Blutgruppe null und war ungefähr vierzig. Der Vampir hatte ihr so viel Blut ausgesaugt, daß sie schon leicht verwirrt war. Ogata sagte, sie sei nutzlos, ein ausgepreßter Körper, der nur noch für die Arbeit in der Küche tauge.

Im Vergleich zu ihr wurde das Mädchen, das den Selbstmord aus Liebeskummer überlebt hatte, geradezu fürsorglich behandelt. Jeden Tag bekam sei drei Flaschen Milch mit Honig. Ihr Brei wurde mit Butter vermischt, und manchmal kam Ogata selbst, um ihr Aufbauspritzen zu geben. Direkt vor Jiros Augen zogen sie ihr den Pyjama aus und stachen mit den Injektionsnadeln in die weichen, molligen Schenkel, an die er sich so gut erinnerte. Sie hatte so viele Stichwunden in ihrem Unterleib, dem Brustkorb und den Armen, daß nur noch die Schenkel für die Injektionen in Frage kamen.

Jiro sah Ogata an: «Wie heißt sie?»

«Keine Ahnung. Sie hat die Nummer 51. Du weißt ja, daß wir hier keine Namen brauchen. Du bist Nummer 8, stimmt's?»

Jiro nickte. Aber traurig dachte er: Mein wirklicher Name ist Jiro.

Vielleicht lag es an der Milch und dem Honig. Innerhalb von zwei Wochen bekamen die Wangen des Mädchens wieder Farbe. Sie hatte nicht mehr dieses blasse, wächserne Gesicht, das Jiro schockiert hatte, als er sie auf dem weißen Tisch im Zimmer des Vampirs liegen gesehen hatte. Eines Tages, als gerade niemand da war, wagte es Viro, ihre weichen Wangen mit seinen Fingerspitzen zu berühren. Mit sanfter Stimme fragte er: «Wer bist du? Eine schlafende Schönheit?»

Das Mädchen antwortete nicht. Sie schien bewußtlos zu sein. Ganz langsam ließ er seine Hand unter ihre Bettdecke gleiten. Er fand das ziemlich unanständig, aber er konnte nichts dagegen tun. Unter der Decke lag eine nackte Frau, so nackt wie jene in den Zeitschriften. Jiros Hand fühlte die Bettdecke, sie war weich und flaumig. Jiros eigene und die der anderen Patienten waren viel rauher und kratziger. Als ob sie aus Stroh wären. Jiro streichelte die weiche Decke und dachte daran, daß sich das Haar des Vampirs vielleicht so ähnlich anfühlte. Seine Vorstellungen stimmten meist. Vielleicht ist sie die Tochter des Vampirs.

Ganz vorsichtig ließ Jiro seine Hand unter den Pyjama von Nummer 51 gleiten. Er suchte nach den Schenkeln, wo sie ihr die Injektionen verabreichten, nachdem sie sie nackt ausgezogen hatten. Er dachte daran, wie er den fremdartigen, zitternden, schwarzen Busch zwischen ihren Schenkeln finden würde. Die Frauen in den Magazinen bedeckten diesen Teil des Körpers normalerweise mit ihren Händen oder einem Kleidungsstück.

Mutig ließ er seine Hand zwischen ihre Schenkel gleiten. Was er dort fühlte, schockierte ihn. Wo etwas Weiches und Feuchtes hätte sein sollen, befand sich ein harter metallener Gürtel. Mit einer plötzlichen Bewegung warf er die Bettdecke zurück.

Als er sie im Krankenhaus gesehen hatte, hatte er dieses Ding nicht bemerkt. Da war es noch möglich gewesen, ihren schwarzen Busch zu erkennen, der ihn an wogendes Seegras auf dem Meeresgrund erinnert hatte. Wer hatte ihr diesen eisernen Gürtel umgebunden? Und warum?

Er versuchte, sich die Bilder aus den Zeitschriften ins Gedächtnis zurückzurufen. Sein Gedächtnis funktionierte manchmal viel besser als das anderer Leute. Ja. Dieses Metallding nannten sie Keuschheitsgürtel. Er erinnerte sich an eine schöne Frau, die so etwas trug und ihren Körper in seltsamen Stellungen darbot. War es etwa notwendig, die Tochter des Vampirs mit einem Keuschheitsgürtel zu schützen? Mit offenem Mund und starren Augen blickte er das Mädchen an, deren Körper er mittlerweile ganz von der Bettdecke befreit hatte.

«Vielleicht hat sie auch so rotes Haar. Schließlich ist sie ja die Tochter des Vampirs.» Jiro beschloß, daß Nummer 51, diese große schöne Puppe, die Tochter des Vampirs war. Ganz langsam begann er, ihre Pyjamajacke aufzuknöpfen.

Ihre Wunden konnten noch nicht verheilt sein. Vielleicht konnte er einige lange rote Haare entdecken, die beweisen würden, daß sie die Tochter des Vampirs war. Während er darüber nachdachte, wuchs das Bedürfnis in ihm, die Verbände abzunehmen. Zuerst entfernte er den Verband an ihrer Schulter. Es ging ganz einfach. Er hatte erwartet, eine Wunde mit Blut, Eiter oder langen roten Haaren zu finden. Aber er entdeckte nichts weiter als weiche, fehlerlose, weiße Haut, die ebenso wunderbar zu sein schien wie die ihrer Schenkel. Er konnte es nicht glauben.

Mit zitternder Hand löste er den Verband an ihrer rechten Brust. Von dort, von ihrem Bauch und von überall entfernte er den weißen Verband, und überall entdeckte er nichts als schöne, reine, rosige Haut. Einen Moment lang, ohne daß er es bemerkte, liebkoste Jiro ihre Brüste und spürte, wie die Brustwarzen hart wie Beeren wurden. Sie stöhnte. Das war ihre erste Reaktion, das erste Mal, daß sie einen Laut von sich gab. Ihr Körper wand sich, sie streckte ihre Arme aus, als wolle sie nach etwas greifen. Jiro wußte nicht, wie er darauf reagieren sollte. Er beeilte sich, die Verbände wieder anzubringen, knöpfte ihren Pyjama zu und bedeckte sie mit der Bettdecke. Kaum war er fertig, trat Ogata, der Schlafsaal-Aufseher, herein.

«Was machst du da?» fragte er.

«Sie stöhnte aus irgendeinem Grund...» Jiros Stimme klang

gepreßt, er stammelte. Glücklicherweise entfuhr Nummer 51 ein weiterer Laut. Der Schlafsaal-Aufseher schüttelte den Kopf, aber er sagte nichts.

Eines Nachmittags, als er Ausgang hatte, begegnete Jiro einem Mann. Er war etwa 30 Jahre alt, trug einen Regenmantel mit aufgestelltem Kragen und hatte eine Kamera über der Schulter hängen. Er kam auf Jiro zu und begann eine Unterhaltung. Jiro hatte die Erlaubnis, einmal pro Woche in einem nahegelegenen Wäldchen zu zeichnen. Seine Bilder sahen immer gleich aus: Der Vampir, bedeckt mit weichen, roten Haaren, saß in einem dunklen und düsteren Wald. Doch heute hatte er keine Lust, den Vampir zu malen. Die Haut von Nummer 51 war so weiß und glatt wie Porzellan gewesen. Und er hatte Wunden erwartet. Er konnte es noch immer nicht fassen.

«Sind Sie einer von den neuen Insassen?» fragte der Mann und bot Jiro ein Stück Schokolade an.

Jiro sah ihn an. Der Mann lächelte freundlich, als wolle er einen Verdacht zerstreuen. Jiro konnte Menschen nicht leiden, die eine Kamera bei sich trugen. Kurz nach seinem Autounfall hatten viele Leute ihre Kameras auf ihn gerichtet, während sein Blut sich auf dem grauen Asphalt sammelte. Er haßte diese Leute.

«Ja, ich bin einer von den Neuen», sagte Jiro.

«Sie sind doch die Nummer 8, Jiro Tokumoto, richtig? Blutgruppe AB-Rhesus-negativ.»

«Das stimmt», antwortete Jiro zögernd. Er hatte die Schokolade genommen, also mußte er freundlich sein. Eigentlich durften die Insassen des Schlafsaals nicht mit Außenstehenden sprechen. Aber dieser Mann schien ohnehin bereits alles über ihn zu wissen.

«Wie viele offizielle Spender gibt es zur Zeit in Ihrem Schlafsaal?»

«Spender?» Jiro wäre am liebsten vor diesem Kerl davongelaufen, aber etwas hielt ihn zurück. Es gab da schlaue Typen im

Schlafsaal, die sich selbst als Spender bezeichneten, als professionelle Blutspender. Dazu gehörten auch die verletzten Insassen. Aber für Jiro gab es nur den Vampir und seine Assistenten.

«Wie dem auch sei», sagte der Mann. «Nach unseren Nachforschungen sind es 22. Vor zwei Wochen wurden zwei neue Frauen eingeliefert.»

Jiro sagte nichts.

«Dürfen Sie nicht darüber reden? Das ist schon in Ordnung, ich erzähl es niemandem weiter. Auf jeden Fall stimmen unsere Informationen. Sie leben nicht gern in diesem Schlafsaal, stimmt's? Sie möchten doch am liebsten so schnell wie möglich wieder ein normales Leben führen?»

«Nein. Ich mag den Schlafsaal», sagte Jiro. Er konnte zwar den Vampir und Miyota nicht besonders gut leiden, und er haßte Ogata und Kurashiki, weil sie ihn ängstigten. Aber draußen würde das Leben auch nicht besser sein. Wohin er auch ging, er würde auf Menschen treffen, die ihn quälten und mißhandelten. Im Schlafsaal gab es wenigstens etwas zu essen. Außerdem war es ihm erlaubt, zu zeichnen, das liebte er. Und Nummer 51, die Tochter des Vampirs, lag im Bett direkt neben seinem.

«Tatsächlich? Es gefällt Ihnen dort? Aber früher oder später werden Sie krank oder es einfach leid sein. Es gibt wohl eine Menge Anämie-Patienten hier, wenn sie jedem 200 bis 300 Kubikzentimeter pro Tag abzapfen.»

«Ich weiß nichts über die anderen.»

«Sie reden nicht gern, wie? Die Aufseher im Schlafsaal sind wohl sehr streng? Aber wir sind einflußreich, verstehen Sie? Wir sind dazu da, Sie und die anderen zu retten.»

Der Mann redete Unsinn.

«Tokumoto, da war doch noch ein anderer Rhesus-negativ-Spender im Schlafsaal?»

«Ein Spender?»

«Ist doch egal, wie man das nennt. Es gab doch noch einen anderen AB-Rhesus-negativ-Insassen, richtig?»

«Ich glaube schon», antwortete Jiro langsam. Wenn er darüber nachdachte, erinnerte er sich an jenen Tag, als die Tochter des Vampirs auf dem weißen Tisch gelegen hatte, und Yamane, der andere Rhesus-negativ-Patient, verschwunden war. Yamane wäre an der Reihe gewesen, den Vampir aufzusuchen, und Jiro mußte ihn vertreten. Normalerweise funktionierte Jiros Gedächtnis sehr langsam, zum Beispiel jetzt. Das gefiel ihm nicht, aber er konnte nichts dagegen tun. «Das stimmt. Es gab noch die Nummer 3, Yamane...» Jiro murmelte, als würde er nur zu sich selbst sprechen.

«Wann ist er verschwunden? Und versuchen Sie nicht, mir auszuweichen.»

Wenn ihm solche Fragen gestellt wurden, geriet Jiros Gedächtnis in einen Strudel. Sicher, das war der Tag gewesen, an dem der normale Ablauf der Vampir-Besuche durcheinandergeraten war. Aber vielleicht war Yamane dann am Abend oder am nächsten Morgen zum Vampir gegangen.

«Denken Sie scharf nach. Das war der Tag, an dem der Doppel-Selbstmord eingeliefert wurde. Das war doch der Tag, an dem Nummer 3 verschwand?»

Auf einmal hielt der Mann Jiro ein Mikrophon unter die Nase. Jiro stotterte.

«Äh, der Tag als der Doppel-Selbstmord...»

«Ja, genau. Wie viele Kubikzentimeter werden Ihnen täglich abgezapft?»

«Was meinen Sie mit Kubikzentimeter?» Jiro sah den Mann mit großen Augen an.

Der Mann war empört: «Jetzt verstehe ich. Sie wissen noch nicht mal, was Kubikzentimeter sind. Richtig? In Ordnung, Takumoto – wieviel Blut hat der Vampir an jenem Tag von Ihnen bekommen? Genausoviel wie immer? Oder sind Ihre Beine taub geworden? War es so viel Blut, daß alles um Sie herum schwarz wurde?»

«In dieser – in dieser Nacht, als ich bei ihm war..., wurde alles um mich herum schwarz. Ich weiß nicht warum. Ich mußte mich eine Weile hinlegen.»

Jiro erzählte, wie Miyota sein Rohr in den Mund genommen und sein weißes Blut getrunken hatte. Jedesmal, wenn Miyota das tat, wurde ihm schwarz vor den Augen, und er wurde ohnmächtig.

«Wovon reden Sie? Auf welcher Seite stehen Sie eigentlich? In den Krankenhaus-Unterlagen steht, Sie spenden 200 Kubikzentimeter pro Nacht. Ihr professionellen Spender werdet doch nicht von so einer kleinen Menge ohnmächtig. Abgesehen davon haben Sie eine seltene Blutgruppe. An dem Tag, an dem die Selbstmorde eingeliefert wurden, hatten sie bereits 70 Stunden nicht spenden müssen.»

Der Mann verlor die Geduld und schien verstört. Er sprach jetzt sehr laut. Jiro wurde ängstlicher und nervöser. Ich lüge nicht, dachte er. Die Assistentin des Vampirs hat wirklich mein Blut getrunken, und ich bin ohnmächtig geworden.

Der Mann schüttelte Jiro an der Schulter: «Reißen Sie sich zusammen. Ihr laßt euch das Blut vom Alpha Transfusionszentrum aussaugen. Die Leute, die dort arbeiten, erzählen euch irgendwelche Sachen, aber in Wahrheit sammeln sie euer Blut, um Geschäfte damit zu machen. Stimmt doch? Das sind Geschäftsleute. Sie zahlen ein Honorar von 400 Yen für 200 Kubikzentimeter Blut und verkaufen die gleiche Menge dann für 1300 Yen weiter. Die Aufzeichnungen des letzten Jahres belegen, daß sich 1,2 Millionen Menschen als Blutspender angeboten haben. Davon waren nur 680000 geeignet. Die anderen hatten zu wertloses Blut. Aber sogar wenn das Blut zu dünn ist, zapfen es diese professionellen Blutbanken ab, und zwar aus rein kommerziellen Gründen. Aber dieses Alpha Transfusionszentrum ist noch schlimmer. Die halten Leute wie Sie in Schlafsälen gefangen und füttern sie. Wenn dann Unfallopfer eingeliefert werden, benutzen sie gar nicht erst ihre Vorräte. Statt dessen schickt das Zentrum euch ins Krankenhaus. Im letzten Jahr gab es zwei Fälle, in denen von Spendern zuviel Blut abgezapft wurde. Sie starben an akuter Blutarmut. Warum tun Sie so, als wüßten Sie nichts davon? Sehen Sie denn nicht, was mit Ihnen passiert?»

Die Augen des Mannes füllten sich mit Tränen, und Speichel tropfte von seinen Lippen. Jiro hatte keine Ahnung, warum der Mann so wütend war und was er eigentlich von ihm wollte.

«Wir sind sehr glücklich, daß wir den Vampir haben. Er gibt uns Geld. Und wenn unser Blut gut ist, lobt er uns sogar.»

«Verdammt. Es hat keinen Zweck, mit Ihnen zu reden. Ihr seid alle asozial. Antworten Sie mir jetzt. In jener Nacht, wurden Ihnen da wirklich nur 200 Kubikzentimeter abgenommen?»

Jiro schwieg.

«Also, jetzt hören Sie mal zu. In dieser Nacht, als das Selbstmord-Pärchen eingeliefert wurde, ging es dieser Frau sehr schlecht. Keiner weiß, wer sie ist. Um sie zu retten, war eine Transfusion von mehr als 3000 Kubikzentimeter nötig. Ohne diese Menge wäre sie gestorben. In den Krankenhaus-Aufzeichnungen steht, daß Ihnen lediglich 200 Kubikzentimeter entnommen wurden. Diese unbekannte Frau hatte aber eine sehr seltene Blutgruppe. AB-Rhesus-negativ. Nur ein Mensch unter 2000 hat diese Blutgruppe. Es ist nahezu unmöglich, diese Menge Blut in einer Nacht bei einer Blutbank zu bekommen. Wenn das Blut für diese Frau aber nicht von einer Blutbank kam, woher kam es dann? Spender, nur professionelle Spender sind die einzige Antwort. Aber wenn man die Vorschriften befolgt hätte, wären 15 Personen mit der Blutgruppe AB-Rhesus-negativ nötig gewesen, um den Bedarf zu decken. Wie kann ein Krankenhaus innerhalb einer Nacht so viele Menschen mit dieser Blutgruppe ausfindig machen? Das ist unmöglich. Die einzige Antwort lautet: Die 3000 Kubikzentimeter wurden dem Insassen Nummer 3 abgenommen. O Gott, was für ein schrecklicher Gedanke!»

Der Mann zitterte, was Jiro reichlich übertrieben fand. Ohnehin verstand Jiro ihn kaum.

«Aber die Insassen schlafen unter weichen, flaumigen Decken und bekommen Milch mit Honig und Buttertoast zum Frühstück.»

«Ich kann das nicht glauben. Ihr lebt doch wie im Gefängnis.»

«Das Mädchen aber nicht...»

«Welches Mädchen? Die von dem Doppelselbstmord?»

«Ja. Ich glaube, sie ist die Tochter des Vampirs. Aber sie hat eine sehr weiche Haut und gar kein rotes Haar, so wie der Vampir.»

Als Jiro ihm von der Tochter des Vampirs erzählte, wuchs die Unruhe des Mannes. Bevor er sich verabschiedete, schrieb er ihm noch zwei Zahlenfolgen auf ein Blatt Papier. Das eine war die Telefonnummer des Büros für Menschenrechte, die andere die Durchwahl für die Redaktion einer TV-Nachrichtensendung.

«Lassen Sie die niemanden sehen. Sollte irgend etwas passieren, rufen Sie eine von diesen Nummern an – und zwar schnell. Sie sind jetzt die Person, die am stärksten gefährdet ist. Sie sind eine lebende Blutbank mit 4000 Kubikzentimetern einer seltenen Blutgruppe.»

Der Mann sprach hektisch, aber Jiro hörte nicht zu. Er haßte Menschen mit Kameras. Aber ganz besonders haßte er diesen Mann.

ANFRAGE DER AZUMA TV GESELLSCHAFT AN DEN ZUSTÄNDIGEN BEAMTEN IM GESUNDHEITSMINISTERIUM:

«Das Alpha Transfusionszentrum gehört dem Tahara Notaufnahme Hospital, das an der Nationalstraße Nummer 7 liegt, in Fukui, Bezirk Saitama. Genau in dieser Gegend ereignen sich sehr häufig Unfälle. Nachforschungen zufolge werden den Insassen des Alpha Transfusionszentrums regelmäßig zwischen 500 und 2000 Kubikzentimeter Blut abgenommen. Wie stehen Sie dazu?»

Die Antwort des Gesundheitsministeriums traf nach zwei Wochen ein:

«Das Gesundheitsministerium erlaubt nicht, mehr als 200 Kubikzentimeter Blut von einem Spender auf einmal zu entnehmen. Auch kommerzielle Blutbanken müssen sich im vollen Umfang an die Richtlinien des Gesundheitsministeriums halten. Das Ministerium überprüft selbstverständlich die Einhaltung dieser Richtlinien. Es ist allerdings durchaus möglich, daß bestimmte Mißstände noch nicht aufgedeckt wurden. Letzten Endes können wir uns nur auf die Gewissenhaftigkeit jener Menschen verlassen, die die medizinischen Apparaturen bedienen. Wir haben die in Frage stehende Institution überprüfen lassen und sind von der zuständigen Abteilung in Kenntnis gesetzt worden, daß alle Vorschriften betreffs der einmaligen Blutabnahme von nicht mehr als 200 Kubikzentimetern eingehalten wurden. Auch wurde darauf hingewiesen, daß die Qualität des Blutes gewissenhaft überprüft wird. Ebenso wurde mitgeteilt, daß die Insassen, deren Blut verwendet wird, sich in ausgezeichneter gesundheitlicher Verfassung befinden und all Ihre Anschuldigungen haltlos sind.»

AN DEN VORSITZENDEN DES BLUTSPENDEKOMITEES DES ROTEN KREUZES FERNOST. BITTE UM NACHFORSCHUNG. AZUMA TV GESELLSCHAFT.

Antwort:

«Den Vorfall, von dem Sie berichteten, fällt nicht in unseren Zuständigkeitsbereich, und es ist uns nicht möglich, Nachforschungen in solchen Institutionen durchzuführen, wie Sie sie beschrieben haben. Ich möchte Ihnen im folgenden erklären, welchen Standpunkt wir kommerziellen Blutbanken gegenüber vertreten.

Einer unserer Mitarbeiter, der kürzlich jene Kliniken besuchte, um Vorgehensweisen bei den Bluttransfusionen zu überprüfen, kam zu den folgenden Ergebnissen:

Verantwortungsbewußte Stationsärzte haben kein Vertrauen mehr in das Blut, das von Blutbanken kommt. Auch wenn sie sich der Risiken bewußt sind, die das Verfahren mit sich bringt, bevorzugen sie die direkte Transfusion nach der üblichen Methode. Der Grund für diese Entwicklung liegt darin, daß Blutbanken oft dünnes, gelbes Blut anbieten.

Deshalb ist es mittlerweile undenkbar, daß ein Stationsarzt mehr als 1000 Kubikzentimeter Blut von einem einzigen Spender des Alpha Transfusionszentrums genommen hat.»

AN DAS POLIZEIREVIER SAITAMA. BITTE UM NACHFORSCHUNG. AZUMA TV GESELLSCHAFT.

Antwort:

«Eine diesbezügliche Untersuchung wird zur Zeit durchgeführt.»

Jiro öffnete die Augen. Er lag im Bett. Das helle Licht, das durch ein Astloch der Fensterläden fiel, machte ihm klar, daß es bereits Tag sein mußte. Seine Augen wanderten weiter, und er sah, daß die Tochter des Vampirs und ihre weiche Bettdecke verschwunden waren. Er hörte Stimmen vom Hof, als sei dort ein Wettkampf im Gang. Doch keiner der Insassen hatte dort jemals Sport getrieben.

Er stand auf, um sich das Gesicht zu waschen. Wahrscheinlich würde ihm Ogata die Leviten lesen, weil er wieder mal länger als alle anderen geschlafen hatte. Das Leben in einer Gruppe verlangte von jedem die Einhaltung der Regeln. Glücklicherweise schienen unten im Aufenthaltsraum Gäste anwesend zu sein. Jiro hörte den Vorsitzenden langsam und würdevoll sprechen.

«Wir schätzen uns glücklich, den Geschäftsleiter der Beta Blutbank begrüßen zu dürfen. Wie Sie alle wissen, stehen wir miteinander in enger Verbindung. Wir freuen uns außerdem sehr, auch Ihnen, meine Herrschaften vom Fernsehen, alle Fragen zu beantworten. Aber, das möchte ich schon einmal vorausschicken, bedenken Sie bitte, daß unsere Arbeit ein Beitrag zur Förderung des Wohls der Gesellschaft ist. Sie haben einen langen Weg hinter sich. Lassen Sie uns also zunächst einmal anstoßen.»

Jiro hörte das Klirren von Gläsern.

«Da Sie uns gebeten haben, offen zu sein, würde ich gerne mit einer Frage beginnen, die sich auf die 200-Kubikzentimeter-Regelung bezieht. Können Sie bestätigen, daß diese Richtlinien eingehalten werden?»

«Selbstverständlich. Sollten Sie irgendwelche Zweifel haben, können Sie gerne den Gesundheitszustand unserer Insassen überprüfen. Sie treiben Sport, entspannen sich und haben viel Zeit, nachzudenken. Blut wird ihnen höchstens ein- oder zweimal die Woche entnommen. Dabei handelt es sich um eine soziale Dienstleistung. Es geht uns keineswegs darum, Geld zu verdienen.»

«Unseren Nachforschungen zufolge entnehmen Sie aber doch 300 Kubikzentimeter oder mehr von jedem Spender, und zwar täglich.»

«Unsinn. Das ist absurd. Sogar wenn wir einen Spender zur Blutbank schicken, überprüfen wir vorher die Qualität seines Bluts, um sicher zu sein, daß es allen Anforderungen entspricht.»

«Bei diesen Qualitätstests ist es aber doch möglich, die Ergebnisse zu fälschen, indem man das Blut von anderen benutzt.»

«Nun, es mag sein, daß manche Unternehmen so unvorsichtig sind, solche Dinge zu versuchen. Aber wir würden das niemals tun.»

«Wir haben Gegenteiliges in Erfahrung gebracht. Haben Sie, um den Bedarf an Blutkonserven für den Export zu decken, nicht Spender zweimal pro Woche zur Ader gelassen?»

Jiro erkannte die Stimme des Mannes, der diese Fragen zornig stellte. Es war der gleiche, mit dem er im Wäldchen gesprochen hatte.

«Sie sollten mit solchen Behauptungen vorsichtig sein. Mit derartig wüsten Anschuldigungen beweisen Sie von vornherein, daß Sie unrecht haben. Die Möglichkeit, Blut zu produzieren, ist beim menschlichen Körper natürlich begrenzt. Es ist unmöglich, täglich oder alle zwei Tage einem Menschen Blut zu entnehmen. Unsere Blutbank exportiert Blutkonserven in die Vereinigten Staaten seit nunmehr zehn Jahren. Und wir mußten bislang nie solche Methoden anwenden.»

Jiro war nun die Hälfte der Treppe hinabgestiegen, so daß er den Geschäftsführer der Blutbank sehen konnte. Auf seiner Stirn traten blaue Adern hervor. Das einzige, was Jiro interessierte, war, etwas über das Verschwinden der Tochter des Vampirs zu erfahren. Er wollte Ogata oder Kurashiki nach ihr fragen.

«Gut. Wir liefern Ihnen gerne die Beweise», sagte der zornige Mann. «Ein Spender verließ Ihre Institution und fand in einem Krankenhaus in Tokio Zuflucht. Er war gezwungen worden, jeden Tag Blut zu spenden. Sein Herz war zu doppelter Größe angewachsen. Er konnte nur noch schwer atmen. Er hatte ein Lungenödem, und das bedeutet, daß er so tief atmen konnte, wie er wollte, die Luft erreicht nie seine Lungen, weil sich dort Wasser angesammelt hatte. Er war seinen Wächtern in einem unbemerkten Moment entkommen.»

«Das ist eine Lüge! Irgend jemand hat sich das ausgedacht, um unsere Insassen in Panik zu versetzen. Wir würden gerne mit diesem Mann sprechen, wenn Ihnen das möglich ist.»

«Unglücklicherweise ist er gestorben. Er starb vor zwei Wochen nach schmerzhaften Krämpfen.»

«Na also. Sie lügen. Sie haben nicht den geringsten Beweis.»

«Wir haben noch mehr. Sie haben Experimente durchgeführt mit der Total-Auswechslung der seltenen Blutgruppe AB-Rhesus-negativ in einem Fall von Leukämie. Sie haben bereits einen Spender mit dieser Blutgruppe auf dem Gewissen.»

«Da bringen Sie etwas durcheinander. Wir haben nur einen Rhesus-negativ-Insassen, und der ist bei bester Gesundheit.»

Dann folgte ein lautes Krachen, als der Vorsitzende sein Glas nach dem Gesprächspartner warf. Jiro verzichtete darauf, den Raum zu betreten, um nach der Tochter des Vampirs zu fragen.

Zwei Monate vergingen. Die Leute von der Fernsehgesellschaft waren nicht mehr vorbeigekommen. Es schlichen keine verdächtigen Männer mehr durch den Schlafsaal. Die durchtrainierten Burschen, die im Hof Fußball gespielt hatten, waren nach Tokio zurückgekehrt, und die bleichen Insassen kamen wieder. Nur Nummer 3 kam nicht wieder zurück. Vor einer Nacht hatte man die Tochter des Vampirs auf einer Trage hereingebracht. Miyota war sehr oft da und war sehr freundlich.

«Heute nacht», sagte sie, «wird der Vampir selbst zu dir kommen, um dein Blut zu trinken.»

«Du meinst, ich muß nicht zu ihm hinüber gehen?»

«Nein. Du bleibst einfach hier liegen und wartest.»

«Aber warum ist die Tochter des Vampirs zurückgekommen?» fragte Jiro. «Sie ist doch die Tochter des Vampirs, oder? Als sie hier lag, habe ich unter ihre Verbände gesehen und keine roten Haare finden können.»

Lächelnd band Miyota den dicken Gummiring um Jiros Arm. Seine Venen traten hervor. Seit zwei Wochen hatte er kein Blut mehr gespendet, nun war es besonders ergiebig.

«In der letzten Zeit haben die Spender so oft geblutet, daß ihr Blut rosa oder gelb geworden ist», sagte Miyota mehr zu sich selbst. «Über dein gutes und ergiebiges Blut wird sich der Vampir sehr freuen.»

Die Vorbereitungen waren abgeschlossen. Dreißig Minuten später traten Ogata, der Vorsitzende und der Vampir herein.

«Laßt uns diesmal eine Total-Auswechslung versuchen. Wir saugen alles alte Blut raus und injizieren ausschließlich frisches Blut.»

«Diesmal wird doch alles glattgehen, oder? Bei Nummer 3 hat es nicht richtig funktioniert. Und nach der Transfusion hatten wir Probleme, den Körper zu verstecken. Die Leute von der Fernsehstation hätten uns fast hochgehen lassen.»

«Ihr werdet schließlich gut genug bezahlt, also haltet den Mund! Ob wir die Transfusion durchführen oder nicht, einer von beiden stirbt ohnehin. Wenn kein Blut vorhanden ist, müssen wir es eben mit der Salzlösung oder etwas Ähnlichem auswechseln. Auf jeden Fall müssen wir jetzt diesen Austausch durchführen.»

«Sie sollten besser mit diesen gefährlichen Dingen aufhören. Wir wissen auch, daß sie die Tochter eines hohen Tiers ist. Die Blutspender dagegen sind nichts weiter als irgendwelche Asozialen, die niemand kennt. Es interessiert niemanden, ob sie verbluten oder nicht. Trotzdem sollten wir uns eine Tarnung überlegen – wie dieser doppelte Selbstmord beispielsweise oder ein Autounfall. Dann gibt es für die Fernsehleute keinen Grund, rumzuschnüffeln. Ich gebe ja zu, daß unsere Wache versagt hat, als sie diesen Schwätzer weglaufen ließ. Diesmal dürfen wir uns keinen Fehler erlauben. Wir müssen uns beeilen.»

«Sind Sie sicher, daß wir ihn nicht betäuben müssen?»

«Ganz sicher. Der hier ist schwachsinnig. Total durchgedreht. Er glaubt tatsächlich, der Doktor sei ein Vampir, nur weil er einen langen Bart hat.»

«Gut. Ruhe jetzt. Bereitet die Total-Auswechslung vor. Wenn wir mehr als 1000 Kubikzentimeter entnommen haben, beginnt ihr, die Salzlösung nachzupumpen.»

Jiro konnte nur undeutlich hören, wie der Vampir neben seinem Bett mit den anderen sprach. Die Rückkehr der Tochter des Vampirs hatte ihn irgendwie glücklich gemacht. Miyota nahm seinen Arm, und der Vampir näherte sich mit seinem gläsernen Schnabel. Diesmal war der Schnabel länger als sonst. Er begann Jiros Blut zu saugen. Jiro brach der kalte Schweiß aus. Der untere Teil seines Körpers wurde taub. Ihm schwindelte. Er konnte nicht mehr atmen. Er spürte große Schmerzen. Aber diesmal war es nicht diese Art von Schwindel, die ihn ergriff, wenn Miyota sein weißes Blut saugte. Wenn sie es tat, spürte er keine Schmerzen. Wenn er wieder den Mann treffen würde, der ihm die Schokolade gegeben hatte, würde er ihm erzählen, wie weh es tat, wenn der Vampir sein Blut saugte. So weh, daß er nicht mehr atmen konnte. Als er darüber nachdachte, glitt Jiro in eine ferne, dunkle Welt, aus der er nie mehr zurückkehren würde.

AN DAS BÜRO FÜR MENSCHENRECHTE. BITTE UM NACHFORSCHUNG. DAS ALPHA TRANSFUSIONSZENTRUM BENUTZT GEISTIG BEHINDERTE PERSONEN ALS BLUTSPENDER. DIESE PERSONEN SIND UNFÄHIG, SELBSTÄNDIGE ENTSCHEIDUNGEN ZU FÄLLEN. BEDEUTET DIES NICHT, DASS DAS ALPHA TRANSFUSIONSZENTRUM DIE MENSCHENRECHTE VERLETZT? AZUMA TV GESELLSCHAFT.

Antwort des Büros für Menschenrechte:

«Uns wurde seitens des Alpha Transfusionszentrums sehr deutlich gemacht, daß, selbst wenn es sich bei Blutspendern um geistig Zurückgebliebene handelt, die Tätigkeit des Blutspendens als ein Dienst an der Gesellschaft betrachtet werden muß.

Es ist uns leider nicht möglich, Einfluß auf das Alpha Transfusionszentrum zu nehmen.»

Ryunosuke Akutagawa
Der Höllenschirm

Ryunosuke Akutagawa (1892–1927) schrieb zahlreiche Geschichten, Theaterstücke und Gedichte und wird nicht nur in Japan als «stilistischer Virtuose» angesehen.

Sie haben sicher von ihm gehört. Erinnern Sie sich an den Filmklassiker «Rashomon»? Ein Verbrechen wird nacheinander von Täter, Opfer und Zeugen beschrieben, und keine der Aussagen bestätigt die andere. Was passierte wirklich? Was ist Realität? Gibt es überhaupt eine Realität? Ein Koan (Meditationsrätsel) des Zen-Buddhismus im besten Sinne. Vielleicht gibt es nur Illusionen? Existieren Sie? Oder ich?

Ermutigt durch den weltweiten Erfolg von «Rashomon», studierte Akutagawa intensiv die japanische Tradition. Seine vielschichtigen Schauergeschichten beschreiben zwei Seiten einer Medaille: die Pracht und ihr Verderben. «Der Höllenschirm» ist ein prächtiges und verdorbenes Beispiel dafür.

Wie Mishima beging auch Akutagawa einen spektakulären Selbstmord, der sehr viel Verwirrung und Bestürzung auslöste. Wie konnte die Analyse der Angst in einen vorzeitigen selbst-zugefügten Tod münden? Nun, «Der Höllenschirm» ist eine unheimliche Geschichte – C.G. Jung mag recht gehabt haben: Es ist nützlich, die Schattenseite zu kennen, wer jedoch die Lichtseite verneint, verschließt sich dem Leben endgültig.

Ich bezweifle, ob es jemals wieder einen Mann wie den Fürsten von Horikawa geben wird. Jedenfalls gab es bis heute niemanden, der ihm glich. Man sagt, seine Mutter, die Fürstin, habe kurz vor seiner Geburt im Traum eine göttliche Erscheinung gehabt; auf jeden Fall steht fest, daß er seit dem Tag seiner Geburt ein außergewöhnlicher Mensch gewesen ist. Nichts, was er tat, war gewöhnlich; er wußte seine Mitmenschen zu beeindrucken. Sie müssen nur einen Blick auf die Landkarte von Horikawa werfen, um seine Größe zu erkennen. Kein gewöhnlicher Mensch wäre fähig gewesen, die Kühnheit und den Wagemut zu erträumen, mit denen sie geplant wurde.

Aber selbstverständlich wollte der Fürst nicht nur sich selbst glorifizieren, denn er war großzügig und vergaß keineswegs die niederen Schichten; er wollte, daß sich das ganze Land genauso freute, wie er es tat.

Betrachten wir beispielsweise die Geschichte, die sich im berühmten Kawara-Palast in Higashi Sanjo zutrug. Es hieß, der Geist von Toru, einem verstorbenen Minister, erschien dort Nacht für Nacht, bis der Fürst ihn vertrieb, indem er ihn zurechtwies. So groß war sein Ansehen in der Hauptstadt, daß jeder Mann, jede Frau und jedes Kind ihn als die Inkarnation eines Gottes ansahen. Einmal, als er in seinem Ochsengespann vom Fest der Pflaumenblüte zurückkehrte, riß sich eins der Zugtiere los und verletzte einen alten Mann, der gerade des Weges kam. Aber dieser, so heißt es, faltete nur ehrfürchtig die Hände, dankbar, von einem fürstlichen Ochsen verletzt worden zu sein.

Solche Episoden begleiten die gesamte Lebensgeschichte des Fürsten. Einmal, aus Anlaß eines Banketts, verschenkte er dreißig weiße Pferde; ein anderes Mal verzichtete er auf seinen liebsten Burschen, damit der ein menschlicher Pfeiler der Nagara-Brücke werden konnte. Würde ich versuchen, alle Geschichten zu erzählen, es nähme kein Ende. Zahllos sind die Anekdoten, aber ich bezweifle, ob irgendeine von ihnen den Schrecken verbreiten würde wie die Geschichte vom Bau des Höllenschirms, einem der wertvollsten Schätze im Hause. Seine Hoheit ist niemals aufgebraust, aber bei dieser Gelegenheit schien er doch die Fassung verloren zu haben. Wieviel entsetzter jedoch sind wir, die ihm dienten, gewesen, denn wir fürchteten um unser Seelenheil. Ich selbst hatte ihm bereits zwanzig Jahre gedient, aber als ich dieses grausige Schauspiel beobachtete, wußte ich, daß so etwas noch nie passiert sein konnte. Um aber der Reihe nach zu erzählen, muß ich zunächst von Yoshihide berichten, dem Maler des Höllenschirms.

An Yoshihide, so denke ich, werden sich auch heute noch viele erinnern. Zu seiner Zeit war er ein berühmter Maler, der von keinem Zeitgenossen übertroffen wurde. Ich verrate, daß er damals wohl um die fünfzig Jahre alt gewesen sein wird. Er war ein störrischer Mann und beileibe keine Schönheit: klein von Statur, nur aus Haut und Knochen bestehend, und seine jugendlichen roten Lippen verliehen ihm ein besonders böses Aussehen, er ähnelte fast einer Art Tier. Manche sagten, das käme daher, daß er seinen roten Pinsel immer wieder an die Lippen führte, aber ich bezweifle das. Andere, weniger freundliche Zeitgenossen, beschreiben sein Aussehen und seine Art sich zu bewegen als die eines Affen. Und das erinnert mich an folgende Geschichte: Yoshihides einzige Tochter Yuzuki, im Gegensatz zu ihrem Vater ein sehr charmantes Mädchen von fünfzehn Jahren, war zu dieser Zeit Dienstmädchen in Horikawa. Möglicherweise lag es daran, daß ihre Mutter starb, als sie noch sehr klein war, jedenfalls war Yuzuki einfühlsamer und gebildeter, als ihr Alter vermuten ließ, und die Fürstin und ihre Bediensteten verehrten sie sehr.

Zu jener Zeit schenkte jemand dem fürstlichen Haus einen zahmen Affen aus Tamba. Der übermütige junge Fürst nannte ihn Yoshihide. Der Affe war ein lustig aussehendes Tier, und nachdem er diesen Namen bekommen hatte, konnte niemand am Hof ein Lachen zurückhalten. Doch es blieb nicht beim Lachen. Ganz gleich, ob der Affe auf die Pinien im Garten kletterte oder die Fußmatten verdreckte, immer schrien sie hinter ihm her: «Yoshihide, Yoshihide!»

Eines Tages durchquerte Yuzuki einen der langen Flure, in der Hand einen Pflaumenzweig mit roten Blüten, als der Affe durch eine Schiebetür sprang und hastig davonlief. Anscheinend hatte er sich ein Bein verletzt, denn er hinkte und schien unfähig, einen Pfosten mit der gewohnen Geschicklichkeit zu erklettern. Hinter ihm her stürzte der junge Fürst, in der Hand eine Gerte, und rief: «Haltet den Dieb, den Orangendieb!» Yuzuki zögerte einen Augenblick, und schon hatte sich der ängstliche Affe an ihr Gewand geklammert und schrie fürchterlich. Da konnte sie ihr Mitleid nicht mehr unterdrücken. In der einen Hand den Pflaumenzweig haltend, hob sie mit der anderen den Affen vorsichtig hoch, wobei der Ärmel ihres Kimonos einen Halbkreis beschrieb. Dann verneigte sie sich vor dem jungen Fürsten und sagte mit zarter Stimme: «Ich flehe Sie an, mein Fürst, es ist doch nur ein Tier. Seien Sie so freundlich und verzeihen Sie ihm.»

Doch der Fürst konnte sein Temperament nicht zügeln. Er trat auf sie zu, runzelte die Stirn und stampfte zwei-oder dreimal mit dem Fuß auf: «Warum willst du ihn beschützen? Er hat Orangen gestohlen!»

«Aber es ist doch nur ein Tier», wiederholte sie. Dann lächelte sie traurig: «Und da Sie ihn Yoshihide nennen, ist es ganz so, als wollten Sie meinen Vater bestrafen. Das könnte ich nicht ertragen», sagte sie mutig. Der junge Fürst gab sich geschlagen.

«Nun, wenn du um deines Vaters Haut fürchtest, will ich ihm verzeihen», sagte er widerstrebend, «wider mein besseres Wissen.» Er senkte die Gerte, wendete sich ab und verschwand durch die Schiebetür, durch die er gekommen war.

Yuzuki und der Affe mochten einander seit diesem Tag sehr. Sie band ihm eine goldene Glocke um den Hals, die sie von der Prinzessin an einem roten Band bekommen hatte, und der Affe ließ sie nicht mehr aus den Augen. Einmal sogar, als sie sich erkältet hatte und im Bett liegen mußte, saß der Affe traurig und regungslos neben ihrem Kissen und knabberte an seinen Fingernägeln.

Seltsamerweise wurde der Affe ab diesem Zeitpunkt nicht mehr so gehänselt wie vorher. Im Gegenteil, alle begannen, ihn zu verwöhnen, und sogar der junge Fürst warf ihm gelegentlich eine Dattel oder eine Kastanie zu. Und einmal, als er einen Samurai dabei erwischte, wie er den Affen trat, wurde er sehr böse. Der alte Fürst wiederum hörte davon, daß sein Sohn den Affen vor Mißhandlungen in Schutz nahm und ließ Yuzuki zu sich kommen. Bei dieser Gelegenheit hat er wohl auch erfahren, warum sie den Affen so liebgewonnen hatte.

«Du bist ein pflichtbewußtes Mädchen. Ich werde dich dafür belohnen», sagte er, und schenkte ihr einen karmesinroten Kimono für besondere Anlässe, während der Affe mit größtem Geschick die Entgegennahme des Kimonos nachahmte. Das erfreute den Fürsten, und von diesem Tag an wurde das Mädchen, das einen Affen zum Freund hatte, ein Liebling des Fürsten, denn er bewunderte ihr kindliches Pflichtbewußtsein – und nicht etwa, wie später gemunkelt wurde, etwas anderes. Zwar gab es einigen Anlaß für diese Gerüchte, doch davon erzähle ich später. Es dürfte genügen, wenn ich sage, daß der Fürst von Horikawa nicht zu den Männern gehörte, die sich in die Tochter eines Künstlers verlieben, egal, wie hübsch sie auch gewesen sein mag.

Nachdem sie ihr Geschenk entgegengenommen hatte, zog sich Yoshihides Tochter zurück. Da sie klug und freundlich war, mißgönnte ihr niemand diese Ehre. Vielmehr waren sie und ihr Affe nun beliebter als zuvor, vor allem, wie es hieß, bei der Prinzessin, von der sie sich fast nie trennte. Sie begleitete sie sogar regelmäßig auf ihren Ausflügen.

Wie dem auch sei, wir müssen die Tochter nun für eine Weile verlassen und uns dem Vater zuwenden. Obwohl der Affe schon bald von allen verwöhnt wurde, mieden alle den großen Yoshihide. Und das beschränkte sich nicht nur auf die Menschen bei Hof. Der Abt von Yokogawa haßte ihn, und wenn Yoshihide in seiner Gegenwart erwähnt wurde, wechselte sein Gesicht die

Farbe, als ob er dem Bösen begegnet wäre. (Das war, nachdem Yoshihide eine Karikatur des Abts gezeichnet hatte, die sich auf Gerüchte seiner Bediensteten bezogen, die sicherlich nichts als Tratsch gewesen sind.) Trotz allem, der Künstler war unbeliebt bei jedermann. Falls es jemanden gab, der nicht schlecht über ihn sprach, waren das zwei oder drei Berufskollegen oder Sachverständige, die seine Bilder kannten, nicht aber ihren Urheber.

Yoshihide war nicht nur eine abstoßende Erscheinung, die Menschen haßten ihn auch wegen seiner Gewohnheiten. Er selbst hatte die Verantwortung für seine Unbeliebtheit zu tragen.

Er war geizig, er war aufbrausend, er war schamlos, er war träge, er war gierig, aber, und das war das Schlimmste, er war arrogant und verachtete seine Mitmenschen, denn er fühlte sich als der größte Künstler seines Landes.

Wäre er lediglich stolz auf sein Werk, wäre es nicht so schlimm gewesen, aber er verachtete alles, sogar die Bräuche und Sitten der Gesellschaft.

Es war typisch für ihn, daß er, wenn er zum Beispiel ein Bild der Göttin der Schönheit malte, als Modell das Gesicht einer bekannten Dirne wählte oder für ein Bild des Fudō* einen unverbesserlichen Verbrecher. Die Modelle, die er auswählte, waren schockierend. Als man ihn zur Rede stellte, antwortete er kühl: «Es wäre doch seltsam, wenn die Götter und Buddhas, die ich mit meinem Pinsel zum Leben erweckt habe, mich bestrafen sollten.»

Seine Lehrlinge waren entsetzt, wenn sie sich das grausame Schicksal ausmalten, daß ihn erwartete, und viele verließen seine Werkstatt. Es war Stolz – er glaubte, er sei der bedeutendste Mann in Japan.

Kurz gesagt, obwohl mit großer Begabung versehen, benahm er sich arroganter, als ihm erlaubt war. Unter den Künstlern, die ihn nicht verachteten, behaupteten viele, er sei ein Scharlatan,

* Der dritte der Fünf Großen Könige, die das Zentrum bewachen. In seiner rechten Hand hält er ein Schwert, mit dem er die Dämonen schlägt, in der linken ein Seil, mit dem er sie fesselt.

denn sein Pinselstrich und seine Farbgestaltung waren sehr ungewöhnlich. Sehen Sie sich nur mal die Tafelmalerei der berühmten Künstler der Vergangenheit an! Sie können beinahe den Duft der Pflaumenblüten in der mondhellen Nacht riechen; Sie können beinahe hören, wie der Höfling auf dem Wandschirm Flöte spielt. Mit diesen Werken begründeten jene Maler ihren Ruf, jede Schönheit noch übertreffen zu können. Yoshihides Bilder wurden oftmals als unheimlich und unangenehm empfunden. Zum Beispiel malte er «Die fünf Aspekte des Lebens und des Todes» auf das Tor des Ryugai-Tempels, und es hieß, man könne nachts, wenn man das Tor durchschreitet, das Stöhnen und Weinen der dort abgebildeten Gottheiten hören. Andere sagten, man könne den Geruch von Leichen riechen. Als er einmal auf Befehl des Fürsten Porträts der weiblichen Bediensteten anfertigte, erkrankten die Gemalten innerhalb der nächsten drei Jahre, all ihre Lebensenergie schwand, und sie starben. Für jene, die schlecht über Yoshihides Bilder urteilten, war dies der Beweis dafür, daß seine Bilder mit Hilfe der Magie entstanden.

Yoshihide ergötzte sich an seinem Ruf, das Abartige zu bevorzugen. Einmal, als der Fürst scherzte: «Du scheinst das Häßliche zu mögen», kräuselte Yoshihide seine unnatürlich roten Lippen zu einem bösen Lachen. «Allerdings», antwortete er mit verächtlicher Stimme. «Diese Farbkleckser verstehen eben nichts von der Schönheit häßlicher Dinge.»

Doch Yoshihide, der ungeheuerlich gewissenlose Yoshihide, hatte eine große menschliche Schwäche.

Und das waren die Gefühle, die er seinem einzigen Kind entgegenbrachte, das er leidenschaftlich liebte. Wie ich schon sagte, Yukuzi war sanft und verehrte ihren Vater sehr, aber er liebte sie nicht weniger, als sie ihn verehrte. Ist es nicht unglaublich, daß der gleiche Mann, der nie etwas in einem Tempel opferte, seine Tochter mit prächtigen Kimonos und kostbaren Haarnadeln beschenkte?

Aber Yoshihides Zuneigung Yuzuki gegenüber war nur ein Gefühl. Er verschwendete keine Gedanken daran, ihr einen guten Ehemann zu suchen. Eher hätte er irgendwelche Krieger bezahlt, um jeden umbringen zu lassen, der sich ihr unanständig näherte. Deshalb verkraftete Yoshihide es nur sehr schwer, daß sie als Bedienstete des Fürsten in Horikawa arbeitete. Und sogar als er vor dem Daimyo erschien, schmollte er eine Weile. Unter denen, die sich an Yoshihides Verdruß ergötzten, machte das Gerücht die Runde, daß der Fürst Yuzukis Schönheit verfallen sei und sich mit ihr vergnügt habe.

Selbst wenn diese Gerüchte falsch waren, bewirkten sie doch, daß Yoshihide seine geliebte Tochter aus dem Kreis der Frauen um den Fürsten entfernen wollte. Als Yoshihide den Auftrag bekam, Monju, den Gott der Weisheit, zu malen, nahm er sich den Lieblingspagen des Fürsten zum Modell, und dieser war darüber so erfreut, daß er ihn großzügig fragte: «Zur Belohnung sollst du erhalten, was immer du wünschst. Was möchtest du also?» Yoshihide wußte dieses Angebot zu schätzen, doch was glauben Sie wohl, welche dreiste Forderung er stellte? Daß seine Tochter den Dienst beim Fürsten aufgeben solle! Nun wäre es schon anmaßend genug, zu verlangen, daß seine Tochter in diesen Dienst aufgenommen wird; doch wer außer Yoshihide würde jemals um die Entlassung seiner Tochter bitten, wie sehr er sie auch lieben mochte! Als er dies hörte, schien sogar der weise Daimyo verärgert, und eine Weile betrachtete er schweigend Yoshihides Gesicht.

«Nein!» stieß er dann hervor und stand sofort auf. Dieses Schauspiel wiederholte sich noch vier- oder fünfmal bei verschiedenen Anlässen und, so wie ich es heute beurteile, wurde der Ausdruck in den Augen des Fürsten mit jedem Mal kälter. Möglicherweise war das der Grund, warum Yuzuki sich um das Wohlergehen ihres Vaters sorgte, denn oft, wenn sie allein in ihrem Zimmer auf dem Bett lag, vergrub sie das Gesicht in die Ärmel ihres Kimonos und weinte. Zweifellos war dies die Ursache dafür, daß sich die Gerüchte über die Liebe des Fürsten zu Yoshihides Tochter verbreiteten. Eines dieser Gerüchte behauptete sogar, die Existenz des Höllenschirms sei allein dem Umstand zu verdanken, daß das Mädchen sich den Wünschen des Fürsten verweigerte, aber das kann natürlich unmöglich wahr sein.

Wir glaubten dagegen, daß der Fürst sie nicht freigab, weil er sie bemitleidete. Ihre Lage stimmte ihn traurig, und bevor er sie mit ihrem verbitterten Vater allein ließ, behielt er sie lieber bei Hof, um ihr Unannehmlichkeiten zu ersparen. Dabei wurde er von nichts weiter als purer Freundlichkeit angetrieben. Natürlich war es offensichtlich, daß er das Mädchen verwöhnte, aber zu behaupten, sie sei seine Mätresse gewesen, wäre wirklich übertrieben. Nein, das wäre sogar eine unbegründete Lüge.

Wie dem auch sei, wegen seiner Tochter fiel Yoshihide beim Fürsten in Ungnade. Doch plötzlich ließ der Fürst von Horikawa den Maler zu sich bitten und befahl ihm, die Kreise der Hölle auf einen Wandschirm zu malen.

Wenn ich den Wandschirm mit den Kreisen der Hölle erwähne, taucht dieses erschreckende Gemälde wieder vor meinen Augen auf. Auch andere Künstler haben Höllenschirme gemalt, aber vom ersten Pinselstrich an war Yoshihides Gemälde anders. In die eine Ecke des ersten Flügels malte er ganz klein die Zehn Könige * und ihre Behausungen, der Rest sah aus wie ein furchtbarer Malstrom aus Feuer, der den Wald der Schwerter umgab, der fast selbst in Flammen aufging. Genaugenommen war alles bis auf die gelb und blau gepunkteten Gewänder des Höllengesindes in flammenden Farben gehalten, und aus der Mitte entsprang tanzender tiefschwarzer Rauch, und Funken stoben durcheinander wie umherfliegende Holzkohle.

Der Pinselstrich dieses Bildes allein genügte schon, den Betrachter in Erstaunen zu versetzen, aber die Art und Weise, wie hier die Peinigung der ins rachsüchtige Höllenfeuer geworfenen Sünder dargestellt wurde, sucht unter den üblichen Höllenbildern ihresgleichen. Alle erdenklichen Angehörigen der Gesellschaft, vom höchsten Edelmann bis zum niedersten Bettler, waren zu sehen. Höflinge in Dienstgewändern, reizende Hofdamen in Palast-Roben, Priester mit ihren Gebetskugeln, Lehrer mit hohen hölzernen Pantoffeln, kleine Mädchen in weißen Kleidchen, Gelehrte mit papierenen Zeigestäben – es ist unmöglich, sie alle

* Die Richter der Unterwelt

aufzuzählen. Da waren sie nun alle, eingeschlossen von Flammen und Rauch, gepeinigt von Wärtern mit Ochsen- und Pferdeköpfen: Hilflos durchschüttelt und zerstreut in alle Richtungen wie welke Blätter im Sturm wurden sie hin und her geworfen. Man sah dort Wahrsagerinnen, deren Haar von Forken aufgespießt war und deren Gliedmaßen fest zusammengebunden waren von einer Spinne. Junge Prinzen hingen da wie Fledermäuse, ihre Oberkörper gespickt mit Speeren. Sie wurden mit eisernen Peitschen geschlagen, von mächtigen Diamantgewichten zerschmettert, von wilden Vögeln zerhackt und von giftigen Drachen verschlungen. Ich weiß nicht, wie viele Sünder dort abgebildet waren, und ich kann auch nicht alle Folterungen benennen.

Aber ich muß ein scheußliches Detail erwähnen, das sich von den anderen unterschied. Indem er die Spitzen der Schwertbäume streifte, die so scharf aussahen wie Raubtierzähne und auf denen einige Seelen aufgespießt waren, fuhr ein Ochsengespann durch den freien Raum hinunter. Seine Plane wurde von den Höllenwinden aufgebläht, und in dem Gefährt befand sich der Liebling des Fürsten, prächtig zurechtgemacht, ihr langes schwarzes Haar flatterte in die Flammen, und ihr weißer Hals verbog sich und wand sich im Todeskampf. Nichts verlieh den grauenhaften Qualen der Hölle mehr Realismus als die Gegenwart dieser Frau in ihrem brennenden Wagen. Der Schrecken des ganzen Bildes konzentrierte sich in dieser einen Szene. Das ganze Bild strahlte perfekte Vollendung aus, so daß jene, die es betrachteten, die schmerzerfüllten Schreie in ihren Ohren zu hören glaubten.

Dieses Bild war daran schuld, daß schließlich etwas Schreckliches geschah! Ohne dieses Bild wäre es selbst Yoshihide unmöglich gewesen, die Agonien der Hölle so lebendig darzustellen. Um diese Szene beenden zu können, ergab sich Yoshihide einem so grausamen Schicksal, daß er sein eigenes Leben verwirkte. Denn diese Hölle, die er gemalt hatte, das war die Hölle, in die der größte Maler seines Landes eines Tages selbst stürzen würde...

Doch vielleicht erzähle ich die grausige Geschichte vom Höllenschirm viel zu schnell; vielleicht habe ich auch den falschen Teil der Geschichte zuerst erzählt. Kehren wir also noch einmal zurück zu Yoshihide, wie er vom Fürsten gebeten wird, ein Bild der Hölle anzufertigen.

Fünf oder sechs Monate lang arbeitete Yoshihide so intensiv an dem Schirm, daß ihn niemand am Hof mehr zu Gesicht bekam. Es war merkwürdig, er wurde so sehr von seiner Arbeit in Anspruch genommen, daß er trotz der großen Zuneigung zu ihr noch nicht einmal seine Tochter sehen wollte. Der Lehrling, von dem ich vorhin schon einmal erzählt habe, sagte mir, daß immer dann, wenn Yoshihide ein solches Werk beginnt, der Eindruck entsteht, er sei von einem Fuchs verhext worden. Gerüchten zufolge, die damals die Runde machten, hatte Yoshihide seinen Ruhm nur mit der Hilfe Schwarzer Künste erreicht, und zwar nachdem ihm ein großer Gott des Glücks ein Gelübde abgenommen hatte. Und zum Beweis dafür erzählte man sich, daß jeder, der zum richtigen Zeitpunkt in seine Werkstatt spähte, dort eine ganze Horde von Geisterfüchsen umherspringen sah. Außerdem vergaß er alles um sich herum, wenn er einmal begonnen hatte zu malen, bis er sein Bild vollendet hatte. Tag und Nacht schloß er sich in sein Zimmer ein und bemerkte kaum das Tageslicht. Als er den Höllenschirm malte, zog er sich noch viel mehr zurück.

Die Fensterläden blieben tagsüber verschlossen, und er mischte sich seine geheimen Farben beim Licht einer schummrigen Lampe. Seine Lehrlinge hatte er mit kostbaren Gewändern ausgestattet und malte jeden mit größter Sorgfalt. Das betraf jedoch nicht nur den Höllenschirm: So verhielt er sich jedesmal, wenn er an einem Bild arbeitete. Zu dem Zeitpunkt, als er in Ryugaiji «Die fünf Aspekte des Lebens und des Todes» malte, sah er eines Tages eine Leiche am Straßenrand liegen. Jeder gewöhnliche Mensch würde sein Gesicht abgewendet haben, doch Yoshihide verließ die Menge, hockte sich nieder und zeichnete naturgetreu das halbverweste Gesicht und die Gliedmaßen.

Wie kann ich Ihnen nur seine gewaltige Konzentrationsfähigkeit erklären? Einige von Ihnen werden es wohl nie begreifen.

Da ich es nicht im einzelnen beschreiben kann, will ich weiter ausholen.

Eines Tages, der Lehrling war gerade dabei, die Farben zu mischen, näherte sich Yoshihide und sagte: «Ich würde gern ein kurzes Nickerchen machen. Aber ich wurde in der letzten Zeit von vielen schlechten Träumen geplagt.»

Das war nichts Ungewöhnliches, weshalb der Lehrling kurz, aber freundlich antwortet: «Jawohl, Meister», ohne seine Arbeit zu unterbrechen. Daraufhin entgegnete der Künstler ungewohnt zurückhaltend und ängstlich: «Ich möchte, daß du neben mir wachst, während ich ruhe.» Der Lehrling fand es sehr ungewöhnlich, daß jemand so sehr von schlechten Träumen geplagt wird, doch es war ein klarer Befehl, und er kam ihm nach. Der verschüchterte Yoshihide bat ihn sofort zu sich. «Und wenn einer der anderen Lehrlinge kommt, laß ihn das Zimmer nicht betreten, solange ich schlafe», sagte er zögernd. Mit «Zimmer» meinte er den Raum, in dem er den Schirm bemalte. In diesem Zimmer waren normalerweise alle Türen geschlossen, und es brannte immer eine Lampe. Der Schirm stand seitlich an der Wand; bisher war lediglich eine Kohleskizze darauf zu sehen. Yoshihide legte seinen Arm auf das Kissen wie ein völlig erschöpfter Mann und fiel sofort in einen tiefen Schlaf. Aber noch bevor eine Stunde vergangen war, vernahm der Lehrling ein unbeschreibliches Geräusch.

Zuerst war es nichts weiter als eine Stimme, doch dann konnte man deutliche Worte unterscheiden, so, als würde ein Ertrinkender gegen das Wasser ankämpfen. «Warum... rufst du mich? Wohin? Wohin... zur Hölle? In die Höllenglut... wer ist das? Wer ist das? Wer ist dein Meister? Wer ist dein Meister? Wenn ich nur wüßte, wer...»

Unwillkürlich vergaß der Lehrling das Mischen der Farben, und während er spürte, daß er in eine fremde Sphäre eindrang, betrachtete er das Gesicht des Künstlers. Das runzelige Gesicht war blaß, von großen Schweißtropfen überzogen, die Lippen waren trocken, und der Mund mit seinen kleinen Zähnen weit geöffnet, so, als würde es nach Luft schnappen. Und dieses Ding, das sich wand, als würde es an einem Faden hängen, war das seine Zunge?

«Wenn ich nur wüßte, wer... Oh, das ist dein Meister, nicht wahr? Ich dachte es mir. Was! Du wolltest mich sehen. Also bin ich gekommen. Ich werde zur Hölle fahren! Meine Tochter erwartet mich dort!»

In diesem Augenblick schien ein fremdartiger dunstiger Schatten über die Oberfläche des Wandschirms zu gleiten, und dem Lehrling wurde es unheimlich. Und dann, mit einemmal, schüttelte er seinen Lehrer so heftig er konnte, doch Yoshihide blieb in seinem Alptraum gefangen und sprach weiter, unfähig, zu erwachen. Um dem ein Ende zu bereiten, griff der Lehrling nach dem Wasserglas, das für die Pinsel bereitstand, und goß den Inhalt über Yoshihides Gesicht.

«Es wartet auf dich, steig in den Wagen. Steig in den Wagen und fahr zur Hölle.» Während er sprach, veränderte sich Yoshihides Stimme, und er klang wie ein Mann, der erwürgt wird. Dann endlich öffnete er die Augen. Voller Entsetzen sprang er auf, als würde er von Nadeln durchbohrt: Die schlimmsten Bilder seines Traums schienen noch in ihm zu sein. Sein Gesichtsausdruck war fürchterlich, der Mund stand offen, er starrte in die Luft. Schließlich schien er sich erholt zu haben. «Es ist gut. Du kannst gehen», sagte er barsch.

Da der Lehrling streng getadelt worden wäre, wenn er nicht gehorcht hätte, verließ er sofort das Zimmer. Als er das freundliche Tageslicht wahrnahm, seufzte er erleichtert, als wäre er aus einem bösen Traum erwacht.

Doch es sollte noch schlimmer kommen. Einen Monat später wurde ein anderer Lehrling in das hintere Zimmer gerufen. Wie üblich knabberte Yoshihide an seinen Pinseln im dunklen Schein der Öllampe. Plötzlich drehte er sich zu dem Lehrling um: «Zieh dich noch einmal aus.»

Der Lehrling hatte dies schon mehrmals tun müssen und gehorchte deshalb sofort. Aber als der ungewöhnliche Künstler ihn splitternackt vor sich stehen sah, verzerrte sich sein Gesicht. «Ich möchte einen Mann sehen, der mit einer Kette gefesselt wurde.

Ich möchte, daß du alles tust, was ich dir jetzt sage», sagte er kalt und unfreundlich. Der Lehrling war ein stämmiger Bursche, der einmal gedacht hatte, es sei besser, das Schwert zu schwingen und nicht den Pinsel, doch dieser Befehl erstaunte ihn. Später wiederholte er öfter: «Ich fragte mich, ob der Meister nicht vielleicht verückt geworden war und mich umbringen wollte.» Yoshihide, der nun ungeduldig wurde, als der Lehrling zögerte, zog von irgendwoher eine rasselnde Eisenkette hervor. Und ohne eine Reaktion abzuwarten, warf er den Lehrling zu Boden, setzte sich auf seinen Rücken, drehte ihm die Arme herum und legte die Kette fester und fester um ihn. Die Schmerzen waren fast unerträglich, als er brutal an den Enden der Kette zog, so daß der Lehrling stöhnend zur Seite fiel und dort liegenblieb.

Er sagte später, er habe dort gelegen wie ein umgestürzter Weinkrug. Da seine Hände und Füße ganz fest zusammengebunden waren, konnte er nur den Kopf bewegen. Er war dick, und da seine Blutzirkulation behindert wurde, sammelte sich das Blut nicht nur in seinem Rumpf und seinem Gesicht, sondern überall direkt unter der Haut. Doch dies schien Yoshihide nicht zu stören; er ging um ihn herum und machte eine Skizze nach der anderen. Die Schmerzen des Lehrlings muß ich wohl nicht weiter schildern.

Wäre nicht doch etwas dazwischengekommen, hätte die Folter zweifellos noch viel länger gedauert. Glücklicherweise – oder unglücklicherweise – floß mit einemmal irgend etwas schwarzes Öliges, ein dünner Strom, hinter einem Krug in der Ecke des Zimmers hervor. Zuerst bewegte es sich wie eine klebrige Substanz, aber dann floß es immer schneller, bis es schließlich den Lehrling erreichte, wo es direkt vor dessen Nase schimmerte. Unwillkürlich hielt er den Atem an. «Eine Schlange! Eine Schlange!» schrie er. Ihm schien, als würde alles Blut in seinem Körper gefrieren. Es fehlte nur wenig, und die Schlange hätte ihn mit ihrer kalten Zunge am Kopf berührt, in den die Kette einschnitt. Sogar der gefühllose Yoshihide erschrak. Er ließ seinen Pinsel fallen, beugte sich blitzschnell nach unten, griff geschickt die Schlange am Schwanz und hob sie mit dem Kopf nach unten hoch. Die Schlange wand sich hin und her, verdrehte den Körper, konnte aber Yoshihides Hand nicht erreichen.

«Du hast mir den Strich verpfuscht.» Yoshihide beklagte sich wortreich und ließ die Schlange wieder in den Krug in der Ecke fallen. Dann löste er widerstrebend die Kette, die den Lehrling fesselte. Er tat nichts weiter, als ihn loszubinden, der Gequälte hörte kein Wort des Dankes. Offenbar verärgerte es ihn mehr, daß er einen Strich verpfuscht hatte, als daß sein Lehrling beinahe von einer Schlange gebissen worden wäre. Später wurde erzählt, er bewahre die Schlange dort auf, um sie zu malen.

Diese Geschichte dürfte Ihnen ein gutes Bild von Yoshihides Wahnsinn und seiner düsteren Veranlagung vermittelt haben. Trotzdem möchte ich von einer weiteren schrecklichen Begebenheit berichten, die beinahe einem jungen Lehrling das Leben gekostet hätte. Zu diesem Zeitpunkt war er dreizehn oder vierzehn Jahre alt, ein mädchenhafter, hellhäutiger Knabe. Eines Nachts wurde er unerwartet ins Zimmer seines Meisters gerufen. Im Schein der Lampe sah er, wie Yoshihide einen seltsamen Vogel, der ungefähr die Ausmaße einer Katze hatte, mit einem blutigen Stück Fleisch fütterte. Das Tier hatte große runde, bernsteinfarbene Augen und Ohren, die wie Federn aus dem Kopf ragten. Es hatte eine merkwürdige Ähnlichkeit mit einer Katze.

Yoshihide mißtraute jedem, der sich für seine Arbeit interessierte. Mit dem Vogel verhielt es sich wie mit der Schlange, von der auch niemand gewußt hatte, daß sie sich in seinem Zimmer befand. Gelegentlich standen auch silberne Dosen oder ein Schädel oder einstielige lackierte Ständer – verschiedene Dinge und Modelle, die er malte – auf seinem Tisch herum. Aber niemand wußte, wo er diese Dinge eigentlich aufbewahrte. Deshalb war ein Gerücht im Umlauf, daß irgendein großer Glücksgott ihm zur Seite stand.

Als nun der Lehrling den fremdartigen Vogel auf dem Tisch bemerkte, vermutete er, daß er für den Höllenschirm benötigt würde, verbeugte sich vor dem Künstler und sagte ehrfürchtig: «Was wünschen Sie, Meister?» Yoshihide fuhr sich mit der

Zunge über die Lippen, als habe er ihn nicht gehört, und deutete mit dem Kinn auf den Vogel: «Wie zahm er ist!»

Während er dies sagte, starrte der Lehrling den unheimlichen, katzenartigen Vogel an. «Was denn, hast du etwa noch nie so einen Vogel gesehen? Das ist das Traurige mit euch Stadtbewohnern. Das ist eine gehörnte Eule. Ein Jäger hat sie mir vor zwei oder drei Tagen mitgebracht. Aber ich glaube kaum, daß es viele gibt, die so zahm sind.»

Mit diesen Worten hob er langsam seine Hand und streichelte den Nacken des Vogels, der gerade zu Ende gefressen hatte, in die falsche Richtung. Die Eule stieß einen kurzen durchdringenden Schrei aus, flog vom Tisch auf, fuhr seine Klauen aus und stürzte sich auf das Gesicht des Lehrlings. Aus Angst hob dieser seinen Arm, um sich zu schützen. Hätte er nicht so schnell reagiert, hätte ihn das Tier schwer verletzt. Er schrie laut auf und versuchte, die Eule mit seinem Arm zu vertreiben, aber sie erkannte seine Schwäche und griff erneut an. Der Knabe vergaß den Meister und lief verzweifelt im Zimmer umher, um den Vogel abzuschütteln; im Stehen versuchte er ihn abzuwehren, im Sitzen ihn zu verscheuchen. Doch das bösartige Tier flatterte an seiner Beute hoch und runter und versuchte, die Augen zu verletzen. Das Geräusch der flatternden Flügel schien etwas Unheimliches zu wecken, etwas, das wie modriges Laub roch oder wie die Gischt eines Wasserfalls. Es war furchtbar und unglaublich. Der Lehrling hatte das Gefühl, als verwandle sich das Licht der Öllampe in den Schein des Mondes und das Zimmer in ein Tal, das ringsum von unheilvollen Bergen eingeschlossen wurde.

Doch der Lehrling fürchtete sich nicht so sehr wegen des Angriffs der gehörnten Eule. Was ihn weit mehr ängstigte war der Anblick, den Yoshihide bot. Der beobachtete kühl das Durcheinander, entrollte bedächtig sein Papier und begann, das phantastische Bild eines mädchenhaften Knaben zu zeichnen, der von einem gräßlichen Vogel zerfleischt wurde. Als der Lehrling dies aus den Augenwinkeln wahrnahm, wurde er von solch einer Panik überfallen, daß er dachte, er müsse nun für seinen Meister sterben.

Womöglich hätte dies tatsächlich passieren können. Zweifellos hatte Yoshihide den Lehrling in dieser Nacht zu sich gerufen, um die Eule auf ihn zu hetzen und die panische Flucht des Knaben zu zeichnen. Als der Lehrling bemerkte, um was es dem Meister ging, verbarg er unwillkürlich den Kopf zwischen seinen Armen, begann laut zu schreien und floh durch die Schiebetür nach draußen in den Korridor. Yoshihide schrie nun selbst wie ein Geisteskranker und stand auf, doch plötzlich wurde das Geräusch der schlagenden Flügel der Eule lauter, und dann hörte man das polternde Geräusch von Gegenständen, die zu Boden geworfen wurden. Obwohl er am ganzen Leib zitterte, wagte der Lehrling einen Blick zurück. Das Zimmer war nun schwarz wie die Nacht, und Yoshihide rief nach den anderen Lehrlingen.

Sofort antwortete einer von ihnen von weitem und lief herbei mit einer Lampe in der Hand. Er sah die umgefallene Öllampe und in dem rußigen Schimmer die Eule herumflattern, deren einer Flügel auf der öldurchtränkten Matte klebte. Yoshihide saß gekrümmt auf der anderen Seite des Tisches. Er schien verwirrt zu sein und murmelte Worte, die kein Sterblicher kennen konnte. Das ist keineswegs übertrieben. Eine tiefschwarze Schlange wand sich blitzschnell um die Eule und umringelte deren Nacken und den einen Flügel. Offenbar hatte der Lehrling, als er sich ducken wollte, den Krug umgestoßen, die Schlange war herausgekrochen, und die Eule hatte versucht, sie anzufallen. All das hatte den Lärm und das Chaos verursacht. Die beiden Lehrlinge sahen einander an und blickten unschlüssig auf das Durcheinander. Dann verbeugten sie sich ohne ein Wort zu sagen vor Yoshihide und verschwanden. Kein Mensch hat jemals erfahren, was aus der Eule und der Schlange geworden ist.

Aber es war nur ein Vorfall von vielen. Ich vergaß zu erwähnen, daß Yoshihide den Auftrag, den Schirm zu bemalen, im frühen Herbst bekam. Von diesem Zeitpunkt an lebten seine Lehrlinge bis zum Ende des Winters in ständiger Furcht vor seinem sonderbaren Verhalten. Doch gegen Ende des Winters schien ihn irgend etwas an seinem Bild zu beunruhigen, sein Umgangston wurde noch gereizter und grober. Die Skizze auf dem Schirm, die bereits fast vollendet war, kam nicht mehr voran. Tatsächlich sah es so aus, als würde das Bild niemals vollendet werden.

Niemand wußte, woran es lag, daß die Arbeit nicht voranschritt, und niemand versuchte es herauszufinden. Bis zu diesem Zeitpunkt hatten ihn die Lehrlinge fasziniert beobachtet. Es kam ihnen vor, als seien sie mit einem Raubtier eingesperrt, aber von nun an hielten sie sich mit Ausreden von ihrem Meister soweit wie nur möglich entfernt.

Dementsprechend wenig gibt es aus dieser Zeit zu berichten. Aber wenn jemand etwas erzählte, dann daß der eigensinnige Alte aus unbegreiflichen Gründen oftmals zu Tränen gerührt war und gelegentlich sogar zu weinen begann, wenn er glaubte allein zu sein. Eines Tages betrat einer der Lehrlinge den Garten, um etwas zu holen. Yoshihide stand geistesabwesend in einem der Pfade, starrte in den Himmel, in dem sich der Frühling bereits ankündigte, und seine Augen füllten sich mit Tränen. Der Lehrling war erschüttert und zog sich vorsichtig zurück, ohne ein Wort zu sagen. War es nicht merkwürdig, daß ein so egozentrischer Mann, der sogar verwesende Leichen als Modelle für «Die fünf Aspekte des Lebens und des Todes» benutzt hatte, wie ein Kind weinte?

Während nun Yoshihide in diesem, für Normalsterbliche unverständlichen Wahn an seinem Schirm arbeitete, fiel einigen auf, daß seine Tochter sehr verzagt wirkte und oftmals Mühe hatte, ihre Tränen zurückzuhalten. Bei einem Mädchen mit blassem Gesicht werden dann immer die Wimpern schwer, es bilden sich Schatten um ihre Augen, und ihr Gesichtsausdruck wird immer trauriger. Zuerst glaubten alle, sie wäre unglücklich verliebt und würde dafür ihren Vater verantwortlich machen. Doch bald wurde verbreitet, daß der Fürst von Horikawa sich für sie interessierte. Und sofort erstarb alles Gerede über das Mädchen, als ob alle sie vergessen hätten.

Etwa zu dieser Zeit lief ich eines Nachts einen Korridor entlang. Und plötzlich, wie aus heiterem Himmel, sprang der Affe namens Yoshihide auf mich zu und begann heftig an meinem Gewand zu zerren. Ich erinnere noch, es war eine laue Nacht, der

Mond schien blaß, und die Pflaumenblüten dufteten bereits. Der Affe bleckte seine weißen Zähne, zog seine Schnauze kraus und kreischte wild ins Mondlicht, als sei er verrückt geworden. Ich war verärgert, als ich sah, wie er mit meinem Gewand umging. Ich trat nach ihm, um ihn loszuwerden, doch dann fiel mir ein, daß einmal ein Samurai den Ärger des jungen Fürsten auf sich gezogen hatte, als er den Affen gezüchtigt hat. Auch wunderte ich mich über das Benehmen des Tiers und ließ mich schließlich doch einige Meter weit von ihm fortziehen.

Wir bogen um eine Ecke, und dort sah ich, unter den sanft gebogenen Zweigen einer Pinie, das Wasser des Teiches matt in der Dunkelheit glänzen. Aus einem Zimmer in der Nähe vernahm ich ein fremdartiges Geräusch, das so klang, als würden einige Menschen miteinander streiten. Ansonsten herrschte überall Schweigen. Im blassen Dämmerlicht horchend, hörte ich keine anderen Stimmen. Nichts außer dem Springen der Fische im Teich. Als ich nun dieses Geräusch hörte, blieb ich instinktiv stehen. Mein erster Gedanke war «irgendein Rüpel», und ich näherte mich leise der Schiebetür, mit angehaltenem Atem, bereit, meinen Mut zu beweisen.

Doch der Affe schien mich zurückhalten zu wollen. Er rannte zwei- oder dreimal hastig um mich herum und schrie, als wolle ihn jemand erwürgen. Dann sprang er vom Boden hoch direkt auf meine Schulter. Ich fuhr zurück aus Angst, er könne sich an meinem Kopf festkrallen, doch er klammerte sich an meine Ärmel, um nicht wieder hinunterzufallen. Ich taumelte zwei oder drei Schritte und stieß gegen die Schiebetür. Jetzt gab es keinen Grund mehr zu zögern: Augenblicklich öffnete ich die Tür und wollte schon in den Raum eintreten, der vom Mondlicht nicht erhellt wurde. Doch da sah ich etwas – was war es wohl? –, ein Mädchen sprang aus dem hinteren Teil des Zimmers hervor, als sei sie aus einer Falle entwischt. Beinahe wäre sie gegen mich gestoßen, lief an mir vorbei, stürzte zu Boden und sah keuchend hoch. Sie zitterte, als habe sie gerade etwas Schreckliches erlebt.

Muß ich noch sagen, daß es sich um Yuzuki handelte? In jener Nacht erschien sie mir wie eine Fremde. Ihre großen Augen strahlten, ihre Wangen leuchteten in flammendem Rot. Ihr Kimono war durcheinandergebracht worden, und von ihr ging eine Faszination aus, die sie sonst nicht ausstrahlte. War dies wirklich die sensible Tochter von Yoshihide? Ich lehnte mich gegen die Schiebetür und betrachtete ihre hübsche Figur im Schein des Mondes. Dann deutete ich in die Richtung, aus der das Geräusch davoneilender Schritte drang: Was war das? fragte ich mit den Augen.

Doch sie nagte nur an ihren Lippen, schüttelte den Kopf und sagte nichts. Sie erschien mir ungewöhnlich unterwürfig. Also beugte ich mich zu ihr hinunter und flüsterte die Frage in ihr Ohr: «Wer war das?» Doch das Mädchen schüttelte nur den Kopf. Ihre Augen füllten sich mit Tränen, die ihre langen Wimpern benetzten, und sie biß sich noch fester auf die Lippen.

Ich war schon immer ein wenig naiv, und wenn etwas nicht ganz offensichtlich ist, begreife ich es nicht sofort. Ich wußte nicht, was ich sagen sollte, und stand bewegungslos da, als wolle ich ihrem Herzschlag lauschen, und zwar nur, weil ich mich nicht traute, sie noch zu befragen.

Ich weiß nicht, wie lange es dauerte. Nach einer Weile schloß ich die Tür, die ich offengelassen hatte, blickte das Mädchen an, das sich wieder beruhigt hatte, und sagte so sanft wie möglich: «Du solltest besser in dein Zimmer gehen.» Dann, als mir bewußt wurde, daß ich etwas Verbotenes gesehen hatte, und obwohl mich niemand beobachtet hatte, wendete ich mich ab. Doch bevor ich zehn Schritte weit gehen konnte, zerrte wieder etwas am Saum meines Gewands, doch diesmal sehr ängstlich. Erstaunt blieb ich stehen und drehte mich um. Was glauben Sie, wer es war? Der Affe namens Yoshihide mit seinem Glöckchen: Die Hände zusammengefaltet wie ein Mensch verbeugte er sich mehrmals sehr höflich vor mir.

Ungefähr zwei Wochen später kam Yoshihide zu Hof und bat um eine sofortige Audienz beim Fürsten von Horikawa. Zwar gehörte er einer niederen Kaste an, doch er stand in besonderer Gunst, und der Fürst, der im allgemeinen schwer zugänglich war, ließ ihn sofort zu sich bitten. Der Künstler warf sich vor dem Daimyo zu Boden und begann mit heiserer Stimme zu sprechen.

«Vor einiger Zeit, mein Fürst, habt Ihr einen Höllenschirm bei mir bestellt. Tag und Nacht habe ich dran gearbeitet und große Leiden auf mich genommen, und nun könnt Ihr das Ergebnis bewundern: Der Entwurf ist fast vollendet.»

«Meine Glückwünsche. Ich bin zufrieden.» Doch die Stimme des Fürsten klang wenig überzeugend.

«Nein, Glückwünsche sind nicht angebracht.» Yoshihide senkte seine Augen und antwortete mit beinahe zornigem Unterton: «Er ist beinahe abgeschlossen. Es gibt etwas, das ich nicht zeichnen kann – noch nicht.»

«Was! Du kannst etwas nicht zeichnen?»

«Nein, mein Fürst. Ich kann nicht alles zeichnen, weil mir ein Modell fehlt. Sollte ich es versuchen, wird das Bild an Überzeugungskraft einbüßen. Und wäre das nicht genau so, als hätte ich es nicht gar gezeichnet?»

Als er das hörte, glitt ein höhnisches Lächeln über das Gesicht des Fürsten: «Um also einen Höllenschirm malen zu können, mußt du wohl die Hölle gesehen haben?»

«Das ist wahr, mein Fürst. Vor einigen Jahren sah ich bei einem großen Feuer Flammen emporschießen, die denen des wütenden Höllenfeuers glichen. Die Flammen auf meinem Gemälde sind genau diese Flammen. Ihr kennt sicherlich das Bild, von dem ich spreche.»

«Und was ist mit den Verbrechern? Und du hast doch auch keine Gefängniswärter besucht, oder?» Er fragte dies rasch und ohne auf die Worte des Künstlers geachtet zu haben.

«Ich habe Männer gesehen, die in Ketten gelegt waren. Ich habe Männer, die von seltsamen Vögeln angegriffen wurden, genau studiert. Deshalb kann ich behaupten, die Leiden von Verbrechern, die bestraft werden, gesehen zu haben. Was die Wärter betrifft» – Yoshihide grinste widerlich –, «ich sah sie schon oftmals in meinen Träumen. Kuhköpfe, Pferdeköpfe, dreiköpfige, sechsarmige Dämonen, mit lautlos klatschenden Händen, klaffenden lautlosen Mündern – sie alle kommen, um mich zu quälen. Ich übertreibe keineswegs, wenn ich behaupte, sie jeden Tag und jede Nacht zu sehen. Was ich zu zeichnen versuche, aber nicht kann, ist etwas ganz anderes.»

Der Fürst war darüber ziemlich erstaunt. Einen Moment lang blickte er irritiert auf Yoshihide: «Was ist das also, was du nicht malen kannst?»

«Im Mittelpunkt des Schirms soll sich ein Ochsengespann befinden, das vom Himmel herunterfällt.» Zum erstenmal sah dieser direkt in das Gesicht des Fürsten. Man hat mir gesagt, daß Yoshihide wie ein Verrückter aussah, wenn er von Bildern sprach. Er sah sicherlich wie ein Wahnsinniger aus, als er das folgende beschrieb: «In dem Wagen sitzt eine noble Hofdame, ihr wildes Haar flattert unordentlich ins wütende Feuer. Ihr Gesicht ist verzerrt, und sie blickt hinauf zum Dach des Wagens. Und indem sie an dem Bambusverschlag zerrt, versucht sie, sich vor den herabfallenden Funken zu schützen. Zehn oder zwanzig seltsame Raubvögel flattern um den Wagen herum und stoßen schrille Schreie aus. Das schöne Mädchen im Wagen, sie ist es, die ich nicht zeichnen kann.»

«Nun gut, und weiter?»

Aus irgendeinem Grund fand der Fürst ein Vergnügen daran, Yoshihide weiter zu drängen. Doch die roten Lippen des Künstlers bewegten sich fiebrig, und als er weitersprach, klang es wie im Traum: «Nein», wiederholte er, «ich kann sie nicht zeichnen.» Dann knurrte er beinahe: «Verbrennt einen Wagen für mich. Wenn Ihr das tun könntet...»

Das Gesicht des Fürsten verdüsterte sich. Dann brach er in plötzliches Lachen aus: «Ich werde tun, was du wünschst», sagte er, während er von seinem Gelächter geschüttelt wurde. «Und alle Fragen, ob es möglich ist oder nicht, schieben wir beiseite.»

Als ich davon hörte, erstarrte ich vor Schreck. Vielleicht war es eine Vorahnung. Der Fürst schien von der Verrücktheit Yoshihides angesteckt worden zu sein, weißer Schaum erschien auf seinen Lippen, in seinen Augen blitzte es grausam, und dann brach ein lautes Lachen aus ihm hervor: «Ich werde einen Wagen für dich verbrennen. Und darin wird eine wunderschöne Frau in feinsten Gewändern sitzen. Umzüngelt von Flammen und schwarzem Rauch wird diese Frau einen langsamen Tod sterben. Der Mann, der sich diese Szene ausgedacht hat, muß wahrhaftig der größte Maler in Japan sein. Ich muß ihn loben!»

Als er diese Worte des Fürsten vernahm, wurde Yoshihide blaß und bewegte seine Lippen, als würde er keine Luft mehr bekommen. Aber bald schon entspannte er sich wieder und verneigte sich höflich, indem er sich mit beiden Händen ordentlich auf dem Fußboden abstützte: «Das Schicksal meint es gut mit mir», sagte er so leise, daß es kaum zu hören war. Möglicherweise lag es daran, daß die Worte des Daimyo ihm das Schreckliche seines Plans vor Augen geführt hatten. Das war das einzige Mal in meinem Leben, daß Yoshihide mir leid getan hat.

Zwei oder drei Tage später teilte der Fürst Yoshihide mit, daß er nun bereit sei, sein Versprechen zu erfüllen. Natürlich wurde der Wagen nicht in Horikawa verbrannt, aber nahe der Hauptstadt bei einem Landhaus, das vom gemeinen Volk Yukige genannt wurde. Obwohl es früher der Wohnsitz der jüngeren Schwester des Fürsten gewesen ist, war es seit Jahren nicht mehr bewohnt. Es besaß einen großen Garten, den man wild wuchern ließ. Man schrieb diese Vernachlässigung verschiedenen Ursachen zu: Zum Beispiel hieß es, in mondlosen Nächten würde dort die tote Schwester des Daimyo erscheinen, in einem seltsamen scharlachroten Gewand, und durch die Flure wandern, ohne den Boden zu berühren. Das Anwesen sah schon bei Tag verwahrlost aus, doch in der Nacht, mit dem plätschernden Geräusch eines unsichtbaren Baches und den monströsen Schatten des Reihers, der durch den Sternenhimmel flog, wirkte es wirklich unheimlich.

In jener Nacht schien kein Mond, es war stockdunkel. Das Licht der Öllampen beleuchtete den Fürsten, der eine blaßgelbe Robe und einen purpurnen, wappenbestickten Rock trug. Er saß auf der Veranda auf einem geflochtenen Strohkissen, das von einer Seidenstickerei verziert wurde. Ich muß nicht erwähnen, daß vor und hinter ihm, genauso wie rechts und links, fünf oder sechs Bedienstete respektvoll Posten bezogen hatten. Einer von ihnen war extra ausgewählt worden: ein kräftiger Samurai, der einstmals Menschenfleisch verspeist hatte, um die Schlacht bei Michinoku zu überleben. Seitdem, so hieß es, konnte er die Hörner eines lebendigen Hirschs auseinanderbrechen. Sein langes Schwert stand von seinem Körper ab wie der Schwanz eines Vogels, und so stand er am Fuß der Veranda wie ein grausamer Wächter. Das Licht der Öllampen flackerte mal heller, mal dunkler, und wir fürchteten uns so sehr, daß wir nicht mehr genau wußten, ob wir wach waren oder träumten.

Der Wagen war in den Garten geschoben worden. Und dort stand er nun mit seinem schweren Dach in der Dunkelheit. Man hatte keine Ochsen angespannt, und das Ende der schwarzen Deichsel ruhte auf einem Ständer. Als wir die goldenen Verzierungen im Sternenlicht glitzern sahen, fühlten wir die Kälte der Frühlingsnacht in die Glieder kriechen. Die von Stickereien verzierte blaue Plane des Wagens war verschlossen, so daß wir nicht sehen konnten, was sich im Innern verbarg. Um ihn herum warteten besorgte Diener mit Fackeln in den Händen, deren Rauch auf die Veranda getrieben wurde.

Es muß gegen Mitternacht gewesen sein. Die Dunkelheit, die den Fluß bedeckte, schien uns zu beobachten. Nur ein leichtes Säuseln des Nachtwindes trug den rußigen Duft der Fackeln zu uns herüber. Eine Zeitlang beobachtete der Fürst schweigend diese Szene. Schließlich beugte er sich ein wenig vor und rief mit lauter Stimme: «Yoshihide!»

Der mußte wohl irgendwie geantwortet haben, doch das, was ich hörte, klang eher wie ein Stöhnen.

«Yoshihide, du hast mich darum gebeten, und heute nacht werde ich diesen Wagen für dich verbrennen.»

Der Fürst blickte seine Begleiter an und schien mit dem einen oder anderen ein bedeutungsvolles Lächeln auszutauschen, aber vielleicht habe ich mir das auch eingebildet. Yoshihide, der sich hingehockt hatte, hob ängstlich den Kopf und sah hinauf zur Veranda, doch er sagte nichts und bewegte sich nicht.

«Sieh her, das ist der Wagen, den ich stets benutzt habe. Du erkennst ihn doch? Ich werde ihn nun verbrennen, um dir zu zeigen, wie sehr das Höllenfeuer lodern kann.»

Und wieder machte der Fürst eine Pause und blinzelte seinen Bediensteten zu. Plötzlich wurde seine Stimme scharf: «In dem Wagen befindet sich auf meinen Befehl ein weiblicher Verbrecher. Und weil das Feuer ihr Fleisch verbrennen wird und ihre Knochen versengen, wird sie in tausend Qualen sterben. Du wirst niemals mehr ein solches Modell für die Beendigung deines Schirmes finden. Also, sieh nicht fort, wenn ihre schneeweiße Haut in Flammen aufgeht. Sieh genau hin, wenn die Funken durch ihr schwarzes Haar sprühen.»

Der Fürst erhob seine Stimme zum drittenmal. Ich weiß nicht, woran er dachte, aber seine Schultern schüttelten sich, als würde er heimlich lachen: «Die Nachwelt wird nie mehr etwas Derartiges sehen können. Ich beobachte das Schauspiel von hier aus. Also los! Öffnet die Plane und zeigt Yoshihide die Frau, die darin sitzt!»

Kaum waren die Worte des Daimyos verklungen, lief ein Diener mit einer Fackel in der Hand zum Wagen und hob die Plane an. Die flackernde Fackel brannte mit einem knackenden Geräusch. Sie erleuchtete das ganze Innere des Wagens, wo, grausam mit Ketten gefesselt, eine Frau saß. Wer war es wohl? O nein, das konnte nicht sein! Sie trug einen wunderbaren, mit einem Kirschmuster versehenen Mantel; ihr schwarzes, geöffnetes Haar hing lose herunter; glänzende goldene Haarnadeln waren in den verschiedensten Winkeln angebracht worden, aber über ihren Mund hatte man einen Knebel geschlungen, der im Nacken zusammengebunden worden war. Der kleine schlanke Körper, das sittsame Profil – kein Zweifel, es war Yuzuki. Ich hätte beinahe laut aufgeschrien.

In diesem Moment stand der Samurai, der mir gegenüberstand, hastig auf und legte die Hand auf sein Schwert. Er muß wohl Yoshihide beobachtet haben. Erschrocken blickte ich auf den Künstler. Er schien von dem, was er sah, betäubt. Plötzlich sprang er auf, streckte beide Arme aus und begann auf den Wagen zuzulaufen. Unglücklicherweise war er zu weit entfernt und im Schatten, so daß ich seinen Gesichtsausdruck nicht erkennen konnte. Doch einen Augenblick später sah ich, daß es vollkommen farblos war. Seine ganze Gestalt schien von der Dunkelheit umschlossen zu werden, und als wir ihn dort im Halbdunkel sahen, schien es, als würde ihn eine unsichtbare Kraft vom Boden heben. Dann gab der Fürst den Befehl: «Zündet es an!» Auf den Wagen und seine Insassin prasselten zahllose brennende Fackeln, und er ging in Flammen auf.

Wir sahen zu, wie die Flammen den Wagen einhüllten. Die purpurnen Quasten, die in den Ecken des Daches herabhingen, begannen zu schwingen, als würden sie von einem Wind bewegt, und gleichzeitig wirbelte darunter der weiße Rauch in die schwarze Nacht. Es sah so furchterregend aus, daß man den Eindruck hatte, der Bambusverschlag, das Gehänge und die Metallverzierungen auf dem Dach würden sich erheben und durch einen Funkenregen stürzen. Die Flammenzungen, die unter der Plane hervorleckten, und die zackigen Flammen, die in den Himmel schossen, sahen aus, als würden sie von der Sonne zur Erde hinunterfahren. Zuerst wollte ich aufschreien, doch nun fühlte ich mich überwältigt und sprachlos. Mit offenem Mund beobachtete ich das schreckliche Schauspiel. Doch was war mit dem Vater, mit Yoshihide…

Ich erinnere mich noch genau an seinen Gesichtsausdruck. Unwillkürlich hatte er versucht, zum Wagen zu gelangen, doch als das Feuer ausbrach, blieb er mit ausgestreckten Armen stehen und betrachtete den Rauch und das Feuer, das den Wagen einschloß, und es schien, als würde er hineingezogen. Das lodernde Feuer beleuchtete sein runzeliges Gesicht, und sogar auf diese Entfernung konnte man sein Haar deutlich erkennen. Tief in seinen gebannt starrenden Augen, in seinen verzerrten Lippen, seinen verkrampften Wangen stand alles Elend, aller Schrecken und alles Erstaunen geschrieben, das seine Seele erlitt. Ein Verbrecher, der wegen unaussprechlicher Taten verurteilt worden war und nun zum Henker geführt wurde oder zu den Zehn Königen, hätte kaum verstörter aussehen können. Sogar der mächtige Samurai erblaßte und sah angstvoll zu seinem Fürsten hin.

Doch der starrte unverwandt auf den brennenden Wagen, biß sich auf die Lippen und lachte von Zeit zu Zeit hämisch auf. Was den Wagen und seine Insassin betrifft – ich bin nicht fähig, alles zu erzählen, was ich dort sah. Ihr weißes Gesicht, wegen des Rauchs vom Husten geschüttelt, sah nach oben, ihr langes loses Haar flatterte im Rauch, ihr kirschroter Mantel – wie schön das alles aussah! Was für ein grausames Spektakel! Aber als der Nachtwind sich drehte, wurde der Rauch zur anderen Seite geblasen, und es schien, als würde goldener Staub über den roten Flammen aufsteigen, dort, wo das Mädchen an seinem Knebel nagte und sich so heftig wand, daß man glaubte, die Ketten würden zerbersten. Alle, sogar der mächtige Samurai, fragten sich, ob wir hier nicht tatsächlich den wirklichen Qualen der Hölle beiwohnten, und wir erschauderten.

Noch einmal glaubten wir, den Wind in den Baumwipfeln des Gartens rauschen zu hören. Und als dieses Geräusch verklungen war, erhob sich etwas Schwarzes, das weder den Boden berührte noch durch den Himmel flog, tanzte wie eine Kugel und sprang vom Dach des Hauses auf den brennenden Wagen. Es stürzte durch die zerbröselnde Plane und schlang seine Arme um das sich aufbäumende Mädchen und schrie schrill und lange in den Rauch hinein, und es klang, als würde man Seide zerreißen. Das wiederholte sich zwei- oder dreimal, bis wir alles um uns vergaßen und selbst zu schreien begannen. Denn dort inmitten des Vorhangs aus züngelnden Flammen, festgeklammert an der Schulter des Mädchens, erkannten wir Yoshihide, den Affen, den wir festgebunden am Hof zurückgelassen hatten.

Doch wir sahen ihn nur für einen Augenblick. Wie goldene Blätter auf einem braunen Schirm flogen die Funken in den Himmel. Der Affe und Yuzuki wurden von dem schwarzen Rauch verdeckt, während der ganze Wagen allmählich im Garten verbrannte. Es war eine Säule aus Feuer – die schrecklichen Flammen schienen den Himmel zu durchbohren.

Yoshihide stand wie angewurzelt vor dieser Feuersäule. Dann, man wagt es kaum zu glauben, huschte über das Gesicht von Yoshihide, der schon die Qualen der Hölle erlitten hatte, ein unbeschreiblicher Ausdruck von Entrückung. Und er vergaß sogar die Anwesenheit des Fürsten, verschränkte seine Arme und beobachtete das Geschehen. Es schien so, als würde er gar nicht bemerken, daß es seine Tochter war, die sich dort im Todeskampf quälte. Vielmehr schien er sich an den wunderbaren Farben und der Gestalt der leidenden Frau zu ergötzen.

Das Bemerkenswerte daran war nicht, daß er ungerührt dem Tod seiner Tochter beiwohnte. Es war eher diese unmenschliche Härte, die ihn wie einen haßerfüllten stolzen Löwen aus einem Traum aussehen ließ. Vom Feuer überraschte Vögel umschwärmten seinen Kopf – aber das mag ich mir nur eingebildet haben. Vielleicht zog diese Vögel ja der Glanz des Bösen an, der den Kopf dieses Mannes umgab. Die Vögel waren aufgestört, aber wir Zuschauer noch viel mehr, und wir fühlten ein seltsames Gefühl der Verehrung gegenüber Yoshihide. Wir erbebten, wir hielten den Atem an, wir starrten ihn an wie einen entschleierten Buddha. Das Prasseln des Feuers erfüllte die Luft, und Yoshihides Seele wurde davon eingefangen – und wir wurden von einer Ehrfurcht erfaßt und einem seltsamen Glücksgefühl. Nur der Fürst saß auf der Veranda, als wäre er eine andere Art Mensch. Er wurde blaß, Schaum bildete sich auf seinen Lippen, und er umklammerte mit beiden Händen seine purpurn verhüllten Knie, und er schnaufte wie ein durstiges Tier.

Die Nachricht, daß der Fürst einen Wagen hatte verbrennen lassen, verbreitete sich schnell – obwohl es natürlich niemand von uns weitererzählt hatte –, und die unterschiedlichsten Meinungen darüber wurden geäußert. Das naheliegendste Gerücht war natürlich, daß Yoshihides Tochter verbrannt wurde, weil sie seine Liebe verschmäht hatte. Trotzdem ließ niemand einen Zweifel daran, daß der Daimyo das Recht habe, einen abartigen Künstler zu bestrafen, der in Kauf nahm, daß ein Menschenleben für seinen Höllenschirm geopfert wurde. Dies hat mir auch der Fürst selbst so erklärt.

Über den gefühllosen Yoshihide, der mitansah, wie seine Tochter vor seinen Augen verbrannte, und trotzdem seinen Schirm zu Ende malen wollte, wurde natürlich auch gesprochen.

Einige nannten ihn ein Ungeheuer in Menschengestalt, das sein Herz für ein Bild fortgegeben hat. Der Abt von Yokogawa sagte immer wieder: «Ein Mann mag eine große Begabung besitzen, und seine Werke mögen großartig sein, aber nur, wenn er die Fünf Tugenden * beherzigt, wird er vor der Hölle sicher sein.»

Wie dem auch sei, einen Monat später war der Höllenschirm vollendet. Yoshihide brachte ihn sofort zu Hof und führte ihn mit großer Ehrerbietung dem Fürsten von Horikawa vor. Zufällig besuchte gerade der Abt den Fürsten, und als er den Schirm betrachtete, verstörte ihn der Feuersturm, der auf dem seitlichen Flügel wütete. Er machte ein schiefes Gesicht, blickte Yoshihide streng an und sagte: «Gut gemacht.» Ich werde nie vergessen, mit was für einem grimmigen Lachen der Fürst diese Worte kommentierte.

Danach gab es niemanden mehr, der schlecht von Yoshihide sprach, schon gar nicht bei Hof. Und jeder, der den Wandschirm sah, schwieg betreten, selbst wenn er den Künstler vorher gehaßt hatte, denn er fühlte, daß er dafür die schlimmsten Qualen der Hölle hatte erleiden müssen.

Doch da weilte Yoshihide schon nicht mehr unter den Lebenden. In der Nacht, nachdem er den Wandschirm beendet hatte, hängte er sich an einem Balken in seiner Werkstatt auf. Da seine Tochter ihm vorangegangen war, fühlte er, daß er nicht auf seine nutzlose Art weiterleben durfte. Seine sterblichen Überreste liegen noch immer in den Ruinen seines Hauses. Der Regen und der Wind vieler Jahre haben seinen Grabstein gebleicht, und das Moos des Vergessens ist längst darüber gewachsen.

* Die Fünf Tugenden des Konfuzius: Menschlichkeit, Selbstlosigkeit, Rechtschaffenheit, Weisheit und Treue

Edogawa Rampo
Die verspiegelte Hölle

Edogawa Rampo (1894–1965) ist der Künstlername des Schriftstellers Hirai Taro. Er wählte dieses Pseudonym, weil es sich, wenn man es schnell und korrekt japanisch ausspricht, anhört wie Edgar Allan Poe.

Rampo studierte Betriebswirtschaft an Tokios berühmter Waseda-Universität, fand aber trotz seines akademischen Grades keine Anstellung. Das trieb seinen Vater, einen reichen Unternehmer und Anwalt, zur Verzweiflung.

Um sich in irgend etwas auszuzeichnen, schrieb Rampo im Alter von 29 Jahren seine erste Geschichte. Prompt wurde sie zu einem Erfolg. Mit der Zeit etablierte er sich als ein Meister der Schauergeschichte. Auch seine über dreißig Romane wurden große Erfolge.

In seinen Werken weist sich Rampo als ein genialer Analytiker der Abscheulichkeiten des Unbewußten aus. Seine Kriminalfälle sind geschickt konstruiert, deuten jedoch erschreckende Details an, die sich im Bewußtsein des Lesers festsetzen; intellektuelle Lösungen bleiben immer lückenhaft. In vielen seiner Geschichten kommt es am Ende zu einer unerwarteten, nicht sofort erkennbaren Wendung: Zwar gibt es ein Happy-End, aber das ist nur das vorläufige Ende, und es scheint, als erwarte den Helden im nächsten Moment ein schwerer Schicksalsschlag.

Einer meiner merkwürdigsten Freunde war Kan Tanuma. Gleich als ich ihn kennenlernte, hatte ich den Verdacht, daß er seelisch aus dem Gleichgewicht geraten war. Einige hätten ihn einfach als exzentrisch bezeichnet, aber ich bin fest davon überzeugt, daß er ein Wahnsinniger war. Auf jeden Fall hatte er eine Manie, ein Faible für alles, das ein Bild reflektieren konnte, genauso für alle Arten von Linsen. Als kleiner Junge spielte er nur mit einer Laterna magica, mit Teleskopen, Vergrößerungsgläsern, Kaleidoskopen, Prismen und ähnlichem.

Vielleicht hatte Tanuma diese verrückte Begeisterung von seinem Urgroßvater Moribe geerbt, der die gleichen Vorlieben hegte. Das beweist unter anderem die Sammlung bestimmter Objekte – schlichter Glasgegenstände, Teleskope, alter Bücher zu diesem Thema –, die Moribe von einem holländischen Händler in Nagasaki bekommen hatte. Diese Dinge wurden an seine Erben weitergegeben, und mein Freund Tanuma war der letzte Erbe gewesen.

Obwohl über Tanumas Manie für Spiegel und Linsen seit seiner Kindheit unzählige Geschichten erzählt werden, erinnere ich mich besonders lebhaft an eine, die sich gegen Ende seiner Schulzeit ereignete, als er sich intensiv mit dem Studium der Physik, speziell der Optik befaßte.

Eines Tages während der Unterrichtsstunde (Tanuma und ich waren Klassenkameraden) reichte der Lehrer einen konkaven Spiegel herum und forderte die Schüler auf, ihr Spiegelbild im Glas zu betrachten. Als ich an die Reihe kam, schreckte ich zurück, weil die zahllosen Pickel in meinem Gesicht ganz furchtbar vergrößert wurden, sie sahen genauso aus wie Krater auf dem Mond, wenn man sie durch ein Teleskop in einem Observatorium betrachtet. Ich sollte erwähnen, daß ich wegen meiner Pikkel sehr empfindlich reagierte, so empfindlich, daß der Schock, den ich bei dieser Gelegenheit bekam, in mir eine tiefe Abneigung gegen konkave Spiegel erzeugte. Kurze Zeit nach dieser Begebenheit besuchte ich eine wissenschaftliche Ausstellung, und als ich dort einen großen konkaven Spiegel entdeckte, lief ich zutiefst entsetzt davon.

Im Gegensatz zu meiner starken Abneigung, stieß Tanuma einen lauten Freudenschrei aus, nachdem er einen Blick in den konkaven Spiegel geworfen hatte, der während des Unterrichts herumgereicht wurde. «Wunderbar, wunderbar!» rief er, und alle anderen Schüler lachten ihn aus.

Aber für Tanuma war es kein lustiges Erlebnis, für ihn war es eine todernste Angelegenheit. Danach nämlich wurde seine Begeisterung für konkave Spiegel so groß, daß er alles mögliche kaufte – Drähte, Pappen, Spiegel und ähnliches. Aus diesen Dingen baute er in großem Übermut die unterschiedlichsten teuflischen Apparate, angeleitet von vielen Büchern, die sich mit magischen Praktiken befaßten.

Nachdem Tanuma die Schule abgeschlossen hatte, zeigte er keine Neigung, seine wissenschaftlichen Studien voranzutreiben. Statt dessen baute er sich, großzügig unterstützt von seinen leichtsinnigen Eltern, in seinem Garten ein kleines Laboratorium und gab sich nun ganz seiner Leidenschaft für optische Instrumente hin.

Er schloß sich von der Welt ab, und ich war der einzige Freund, der ihn in seinem scheußlichen Labor besuchte, alle anderen mieden ihn längst wegen seiner seltsamen Gewohnheiten. Mit jedem Besuch wuchs meine Sorge um ihn, denn seine krankhafte Vorliebe für diese seltsamen Praktiken schien sich immer mehr zu steigern.

Als seine Eltern starben, hinterließen sie ihm eine kleine Erbschaft. Von nun an gab es niemanden mehr, der ihn beaufsichtigte, und er besaß genügend Geld, um sich jeder seiner Launen hingeben zu können, denen er sich immer unbekümmerter auslieferte. Etwa zur gleichen Zeit, er war zwanzig Jahre alt geworden, erwachte sein Interesse am anderen Geschlecht. Und dieses Interesse mischte sich mit seiner ungesunden Begeisterung für Optik. Beides zusammen wuchs zu einer mächtigen Leidenschaft an, die ihn vollkommen vereinnahmte.

Sofort nachdem er seine Erbschaft erhalten hatte, baute er sich ein kleines Observatorium und stattete es mit einem Teleskop aus, mit dem man die Geheimnisse der Planeten erforschen konnte. Da sein Haus auf einer Erhebung stand, war es der ideale Ort für solche Untersuchungen. Doch diese harmlose Beschäftigung genügte ihm nicht. Schon bald begann er, mit seinen Teleskopen die Häuser der Umgebung zu beobachten. Zäune und Mauern behinderten ihn dabei nicht, denn sein Observatorium stand hoch genug.

Die Bewohner der benachbarten Häuser ahnten nichts von Tanumas neugierigen Augen, die durch das Teleskop spähten, und gingen sorglos ihren alltäglichen Verrichtungen nach, während ihre papiernen Schiebetüren weit offen standen. Die Folge war, daß Tanuma dank seiner geheimen Erkundungen jene unbekannten Freuden kennenlernte, denen sich seine Nachbarn in ihrem Privatleben hingaben. Eines Abends lud er mich freundlicherweise ein, aber was ich zu sehen bekam, ließ mich tiefrot anlaufen, und ich weigerte mich von da an, weiterhin an seinen Beobachtungen teilzunehmen.

Wenig später baute er sich ein spezielles Periskop, das es ihm ermöglichte, die Zimmer der zahlreichen Dienstmädchen der Umgegend von seinem Labor aus vollständig zu überblicken. Da sie von dem heimlichen Beobachter nichts ahnten, verhielten sich die Mädchen auch weiterhin so, wie sie es immer in der Abgeschlossenheit ihres Zimmers zu tun pflegten.

Eine andere Sache, die ich niemals vergessen werde, dreht sich um Insekten. Tanuma erforschte sie unter seinem kleinen Mikroskop, und es verursachte ihm eine kindliche Freude, zu beobachten, wie sie kämpften und sich paarten. Eine bestimmte

Szene, die ich mit ansehen mußte, betraf einen zerquetschten Floh. Es sah wirklich grausam aus, wie er, tausendfach vergrößert, einem wilder Eber gleich, in einem Meer aus Blut zappelte.

Einige Zeit später, an einem Nachmittag, antwortete Tanuma nicht, als ich an die Tür seines Labors klopfte. Also ging ich einfach hinein, wie sonst auch. Im Innern war es vollkommen dunkel, denn alle Fenster waren mit schwarzen Vorhängen verdunkelt worden. Und plötzlich erschien auf der Wand vor mir ein verzerrtes unbeschreibliches Ding von so monströsem Ausmaß, daß es die ganze Fläche einnahm. Vor Schreck stand ich wie gelähmt da.

Allmählich nahm das Ding an der Wand Konturen an. Das erste, was sich abzeichnete, war ein Sumpf, bewachsen mit schwarzem Unkraut. Darunter erschienen zwei monströse Augen, groß wie Waschzuber, mit braunen Pupillen, die schrecklich blitzten, während sich an ihren Seiten Blutströme über eine weiße Fläche ergossen. Daneben befanden sich zwei breite Höhlen, aus denen schwarze buschige Bürsten hervorschossen. Es waren Haare, die aus den Öffnungen einer gigantischen Nase wuchsen. Dann folgten zwei dicke Lippen, die aussahen wie zwei große rote Kissen; und als sie sich bewegten, sah man zwei Reihen weißer Zähne so groß wie Dachziegel.

Es war das Bild eines menschlichen Gesichts. Irgendwie hatte ich das Gefühl, ich könne es trotz der grotesken Ausmaße identifizieren.

Genau in diesem Moment hörte ich jemanden rufen: «Hab keine Angst! Das bin nur ich!» Die Stimme schockierte mich ein weiteres Mal, denn die Lippen bewegten sich synchron mit dem Gesprochenen, und die Augen schienen zu lächeln.

Plötzlich, ohne eine Warnung, füllte sich der Raum mit Licht, und die Erscheinung auf der Wand verschwand. Gleichzeitig trat Tanuma hinter einem Vorhang am anderen Ende des Zimmers hervor.

Er grinste schelmisch, trat auf mich zu und rief mit kindlicher Begeisterung: «War das nicht eine beeindruckende Vorführung?» Und während ich immer noch verwundert dastand, erklärte er mir stolz, daß ich soeben sein eigenes Gesicht gesehen hatte, das er mit einem extra zu diesem Zweck konstruierten Projektionsgerät an die Wand geworfen hatte.

Einige Wochen später begann er mit einem neuen Experiment. Diesmal baute er inmitten seines Labors einen kleinen Raum, der im Innern vollkommen verspiegelt war. Alle vier Wände sowie Boden und Decke waren verspiegelt. Jeder, der hineinging, wurde mit der Reflexion seines ganzen Körpers konfrontiert; und da die sechs Spiegel sich auch gegenseitig reflektierten, multiplizierten sich diese Spiegelbilder bis ins Unendliche. Tanuma erklärte nie, zu welchem Zweck er diesen Raum gebaut hatte. Aber ich erinnere mich, daß er mich eines Tages einlud, ihn zu betreten. Ich lehnte sofort ab, denn ich hatte Angst. Wie ich von der Dienerschaft hörte, betrat Tanuma gelegentlich das «Spiegelzimmer» zusammen mit seiner Freundin Kimiko, einer drallen Achtzehnjährigen, mit der er sich verbotenen Lüsten in der Spiegelwelt erfreute.

Außerdem erzählten mir die Bediensteten, daß er ab und zu den Raum ganz allein betrat und dort viele Minuten verbrachte, manchmal sogar eine ganze Stunde. Einmal blieb er so lange darin, daß die Diener Angst bekamen. Einer von ihnen faßte sich ein Herz und klopfte an die Tür. Tanuma stürzte splitternackt heraus und rannte in sein Zimmer, ohne ein Wort zu sagen.

Ich muß hinzufügen, daß Tanumas Gesundheitszustand sich seit diesem Zeitpunkt rapide verschlechterte. Gleichzeitig steigerte sich seine Leidenschaft für optische Instrumente immer mehr. Rücksichtslos gab er sich weiterhin seinem wahnwitzigen Hobby hin, legte sich in immer umfangreichere Anordnungen von Spiegeln aller Größen und Formen – konkave, konvexe, gewellte, prismatische – und abartige Mischformen, die total verzerrte Reflexionen zurückwarfen. Schließlich gelangte er an jenen Punkt, an dem er eigene Spiegel bauen mußte, um seinen Drang weiterhin befriedigen zu können. Also ließ er im Garten eine Glaserei errichten, wo er mit ausgesuchten Handwerkern und Technikern alle Arten von phantastischen Spiegeln fertigte. Er hatte keine Verwandten, die ihm hätten Einhalt gebieten können, und da er seinen Dienern großzügige Löhne zahlte, war er sich ihrer völligen Unterordnung sicher. Deshalb wollte ich ihn davon abbringen, sein Lebensglück leichtsinnig aufs Spiel zu setzen. Doch Tanuma wollte nicht auf mich hören.

Trotzdem sorgte ich mich weiterhin um ihn in der Angst, er könne endgültig seinen Verstand verlieren. Und jedesmal, wenn ich ihn besuchte, wurde ich Zeuge seiner Spiegel-Manie, und jedesmal wurde es schwieriger, dies in Worte zu fassen.

Zum Beispiel ließ er eine Wand des Labors mit einem gigantischen Spiegel verkleiden. Und in diesen Spiegel ließ er fünf Löcher schneiden; durch diese Löcher steckte er nun von der Rückseite her Arme, Beine und Kopf und bewirkte somit die Illusion eines rumpflosen menschlichen Körpers, der im Raum schwebte.

Bei einer anderen Gelegenheit erlebte ich, wie er sein Labor mit den verschiedenartigsten phantastischen Spiegeln aller Größen und Formen vollgestellt hatte – diesmal herrschten wellige, konkave und konvexe Sorten vor –, und er tanzte nachts zwischen ihnen hindurch in der Art eines heidnischen Priesters oder eines Zauberers. Jedesmal, wenn ich solchen Szenen beiwohnte, begann ich zu zittern, denn die Spiegelbilder seines im wilden Wahn herumwirbelnden Körpers wurden in tausend Variationen verzerrt und verdreht. Manchmal wurde sein Kopf verdoppelt, seine Lippen schwollen zu immensen Ausmaßen an; dann wieder blähte sich sein Bauch auf, um kurz darauf wieder platt zu werden; seine herumschlenkernden Arme vervielfachten sich wie bei alten chinesischen Buddha-Statuen. Und jedesmal verwandelte sich das Labor in ein Fegefeuer der Abartigkeiten.

Danach errichtete Tanuma ein gigantisches Kaleidoskop, das die gesamte Länge seines Labors einnahm. Angetrieben von einem Motor, rotierte es, und mit jeder Umdrehung veränderte sich das Blumenmuster der Glasplättchen in seinem riesigen Zylinder in Form und Farbe – Rot, Rosa, Violett, Grün, Schwarz – wie die Blumen im Traum eines Opiumsüchtigen. Und Tanuma selbst kroch in den Zylinder hinein und tanzte dort splitternackt inmitten der Blumen, und sein Körper und seine Gliedmaßen vervielfachten sich wie Blütenblätter aus Glas, und es schien, als wäre auch er eine jener Blumen, die das Kaleidoskop erzeugte.

Doch seine Verrücktheiten hörten damit keineswegs auf – im Gegenteil. Seine abartigen Konstruktionen wurden immer zahlreicher, und jede neue Idee war gigantischer als die vorangegangene. Bis zu diesem Zeitpunkt hatte ich noch geglaubt, daß er nur teilweise verrückt geworden war. Aber nun mußte ich erkennen, daß er komplett den Verstand verloren hatte. Und wenig später ereignete sich jener schreckliche und tragische Höhepunkt.

Eines Morgens wurde ich unerwartet von einem aufgeregten Boten aus Tanumas Haus aufgeweckt.

«Es ist etwas Schreckliches passiert! Kimiko-san bittet Sie, sofort zu kommen!» schrie er, und sein Gesicht war so weiß wie ein Blatt Reispapier.

«Was ist passiert?» fragte ich, während ich schnell in meine Kleider schlüpfte.

«Wir wissen es nicht!» rief er aus. «Aber um Himmels willen, beeilen Sie sich!»

Ich versuchte, ihm weitere Fragen zu stellen, doch er war unfähig, sich klar auszudrücken. Also eilte ich, so schnell ich konnte, zu Tanumas Labor.

Als ich den Ort des Schreckens betrat, sah ich zunächst Kimiko, das hübsche junge Dienstmädchen, das Tanuma zu seiner Geliebten gemacht hatte. Neben ihr standen mehrere andere Dienerinnen, ängstlich zusammengedrängt, und starrten auf ein großes kugelförmiges Gebilde, das die Mitte des Raums einnahm.

Die Kugel war etwa zweimal so groß wie jener Ball, auf dem ein Clown im Zirkus balanciert. Die Außenseite wurde vollkommen von einem weißen Tuch verhüllt. Ich erschrak, als ich merkte, daß die Kugel sich auf eine seltsame Art langsam drehte, als ob sie lebendig wäre. Noch viel beunruhigender war jedoch das fremdartige Geräusch, das leise aus dem Innern der Kugel schallte – es war ein Lachen, das mir durch und durch ging und von einem Wesen stammen mußte, das nicht von dieser Welt war.

«Was – was geht hier vor? Was um alles in der Welt geschieht hier?» fragte ich die verstörten Mädchen.

«Wir – wir wissen es nicht», antwortete eine von ihnen verstört. «Wir glauben, unser Herr ist dort drinnen. Aber wir können nichts tun. Wir haben mehrmals gerufen, aber er antwortet nicht, es kam nur dieses furchtbare Lachen.»

Wieder hörte ich das Lachen, und ich näherte mich vorsichtig der Kugel. Dabei versuchte ich herauszufinden, auf welchem Weg dieses Geräusch aus der Kugel drang. Schließlich entdeckte ich einige kleine Luftlöcher. Ich versuchte durch eine dieser winzigen Öffnungen hindurchzuspähen. Doch meine Augen wurden von einem grellen Lichtschein geblendet, und ich konnte nichts erkennen. Doch konnte ich eines feststellen: Dort drinnen war eine Person!

«Tanuma! Tanuma!» rief ich mehrmals, indem ich meinen Mund auf eins der Luftlöcher preßte. Als Antwort hörte ich nur das verrückte Lachen.

Ich wußte nicht, was ich tun sollte. Ich stand nur da und beobachtete unschlüssig die umherrollende Kugel. Und plötzlich bemerkte ich eine dünne Linie, die eine quadratische Fläche von der übrigen glatten Oberfläche absetzte. Ich erkannte sofort, daß dies der Eingang zum Innern der Kugel war. «Doch wenn dies die Tür ist, wo ist der Türöffner?» fragte ich mich. Ich untersuchte die Tür gewissenhaft und entdeckte eine kleine Vertiefung, in der eine Art Griff befestigt gewesen sein mußte.

Als ich es sah, kam mir ein fürchterlicher Gedanke: «Es ist gut möglich», sagte ich mir, «daß der Griff sich gelöst hat und nun die Person, die eingestiegen ist, dort eingeschlossen hat. Also muß die Person die ganze Nacht in der Kugel verbracht haben.»

Ich suchte den Boden des Labors ab und fand bald einen T-förmigen Griff. Ich versuchte, ihn in der Vertiefung anzubringen, doch weil der Griff abgebrochen war, funktionierte es nicht.

Mir war völlig schleierhaft, wieso der Mann im Innern der Kugel – falls es überhaupt ein Mann war – nicht um Hilfe rief, sondern nur dieses furchtbare Kichern und Lachen von sich gab. «Vielleicht», so fiel mir plötzlich ein, «ist Tanuma dort drinnen, und er ist vollkommen verrückt geworden.»

Ich entschied sofort, daß es nur eines zu tun gab. Ich lief in die Glaserei, griff mir einen schweren Hammer und rannte ins Labor zurück. Nachdem ich gut gezielt hatte, schmetterte ich den Hammer mit aller Kraft auf die Kugel. Wieder und wieder hämmerte ich auf die Kugel ein, und bald war sie zu einem Haufen dicker Glasteile zerfallen.

Der Mann, der aus den Überresten kroch, war tatsächlich kein anderer als Tanuma. Aber man konnte ihn kaum wiedererkennen. Er hatte sich auf grauenhafte Art verändert. Sein Gesicht war breiig und farblos, seine Augen wanderten ziellos umher. Sein Haar hing zottelig an ihm herunter, sein Mund stand weit offen, und der Speichel tropfte schaumig von seinem Kinn. Er sah aus wie ein wildgewordener Wahnsinniger.

Sogar Kimiko prallte erschrocken zurück, nachdem sie einen Blick auf diese menschliche Monströsität geworfen hatte. Überflüssig zu sagen, daß Tanuma endgültig dem Wahnsinn verfallen war.

«Aber wie konnte das nur passieren?» fragte ich mich. «Hatte das bloße Eingeschlossensein in dieser Glaskugel genügt, um ihn verrückt werden zu lassen? Aber aus welchem Grund hat er diese Kugel gebaut?»

Obwohl ich die verschreckte Dienerschaft befragte, erfuhr ich nichts, das mir weiterhalf, denn alle schworen, daß sie von der Existenz der Kugel nichts gewußt hätten.

Als wüßte er gar nicht, wo er sich befindet, lief Tanuma, immer noch grinsend, im Zimmer umher. Die tränenüberströmte Kimiko überwand ihre anfängliche Angst und zupfte ihn am Ärmel. Genau in diesem Moment erschien der Chefkonstrukteur der Glaserei, um über den Fortschritt seiner Arbeit zu berichten.

Ich ignorierte sein Erstaunen, als er die Trümmer entdeckte, und befragte ihn eindringlich. Der Mann war so verwirrt, daß er seine Antworten nur stammeln konnte. Aber er erzählte mir das folgende:

Schon vor einiger Zeit hatte Tanuma ihn mit der Konstruktion dieser Glaskugel beauftragt. Ihre Wände waren eineinhalb Zentimeter dick, und der Durchmesser betrug eineinhalb Meter. Da der Innenraum verspiegelt sein sollte, hatte Tanuma den Arbeitern die Instruktion gegeben, die Außenseite der Kugel mit Quecksilber zu bemalen, worüber sie mehrere Lagen Baumwollstoff klebten. Im Innern der Kugel waren hier und da kleine Vertiefungen angebracht worden, in die elektrische Birnen eingelassen wurden. Außerdem wurde eine Tür hineingebaut, die gerade groß genug war, daß ein Mann hindurchschlüpfen konnte.

Die Techniker und Arbeiter hatten keine Ahnung, zu welchem Zweck dieses Ding angefertigt wurde, doch sie hatten befehlsgemäß begonnen, den Auftrag auszuführen. In der vorhergehenden Nacht hatten sie den Bau der Kugel beendet und sie zusammen mit einem extra langen elektrischen Kabel, das an eine Steckdose an der Außenwand angeschlossen wurde, vorsichtig ins Labor transportiert. Das andere Ende der Leitung steckten sie in eine Steckdose an der Wand, und dann verließen sie den Raum. Und Tanuma blieb mit der Kugel allein zurück. Was danach geschah, entzog sich ihrer Vorstellungskraft.

Nachdem ich den Chefkonstrukteur gehört hatte, befahl ich ihm, zu gehen. Dann überließ ich Tanuma der Obhut der Dienerschaft, die ihn ins Badezimmer führte, und blieb allein im Labor zurück. Ich untersuchte die Glasscherben, die über den ganzen Raum verteilt waren, und versuchte verzweifelt herauszubekommen, was geschehen war.

Lange Zeit stand ich einfach da und zerbrach mir den Kopf. Schließlich kam ich zu dem Schluß, daß Tanuma, nachdem er alle erdenklichen Verrücktheiten ausgelebt hatte, sich entschlossen hatte, einc Glaskugel zu bauen. Diese Kugel bestand nur aus einem einzigen durchgehenden Spiegel, den er betreten konnte, um sein eigenes Spiegelbild zu betrachten.

Doch warum wurde ein Mann verrückt, nachdem er eine verspiegelte Glaskugel betreten hatte? Was zum Teufel hatte er dort gesehen? Als mir diese Gedanken im Kopf herumgingen, fühlte ich mich plötzlich so, als würde ein eisiges Schwert meine Wirbelsäule durchbohren.

Hatte er den Verstand verloren, nachdem er sein von einem vollkommen runden Spiegel zurückgeworfenes Spiegelbild gesehen hatte? Oder ist er langsam wahnsinnig geworden, nachdem er entdeckt hatte, daß er im Innern dieses grausigen, gläsernen Sarges eingeschlossen war – zusammen mit dem eigenen Spiegelbild?

Doch was hat er dort gesehen, fragte ich mich immer wieder. Sicherlich war es etwas, das sich jenseits der menschlichen Vorstellungskraft befand. Bisher hatte es noch niemand gewagt, sich in eine verspiegelte Glaskugel einzuschließen. Sogar ein Physiker dürfte schwerlich herausfinden können, was für ein Bild sich einem Menschen im Innern dieser Kugel bot. Vielleicht war es etwas so Undenkbares, daß es gar nicht in unserer Welt existieren durfte.

Wie auch immer es ausgesehen haben mag, das Spiegelbild, das Tanumas gesamtes Blickfeld ausfüllte, muß so fremdartig und grauenhaft gewesen sein, daß es jeden Sterblichen wahnsinnig gemacht hätte.

Wir kennen nur die Reflexion, die ein konkaver Spiegel bewirkt, der ja einen Teil dieser ganzen Kugel bildet. Ein solcher Spiegel wirft das Bild als monströse Vergrößerung zurück. Aber wer kann sich vorstellen, was für eine Reflexion entsteht, wenn man von einer in sich abgeschlossenen Fläche konkaver Spiegel umhüllt wird?

Mein unglücklicher Freund hat zweifellos versucht, in unbekannte Bereiche vorzudringen. Indem er ein heiliges Tabu brach, hat er den Zorn der Götter auf sich gezogen. Bei dem Versuch, die geheimen Pforten des verbotenen Wissens mit seiner wahnwitzigen Begeisterung für alles Optische aufzustoßen, hat er sich selbst zerstört.

Yasushi Inoue
Vollmond

Yasushi Inoue, Jahrgang 1907, ist einer der bekanntesten japanischen Schriftsteller. Er begann seine Laufbahn als Journalist und schrieb für die einflußreiche Zeitschrift *Mainichi Shimbun*. Dann veröffentlichte er zwei Romane, «Der Stierkampf» und «Das Jagdgewehr», für die er mit dem Akutagawa-Preis ausgezeichnet wurde und die ihn sofort als erstklassigen Romancier etablierten.

Inoue liebt Antihelden, Versager, Bösewichte und beschreibt sie einfühlsam. Das Japanische ist eine Sprache des Unbestimmten, und bei bestimmten Themen stiftet Klarheit eher Verwirrung. Trotzdem kann Inoue sehr realistisch beschreiben. Er scheut sich allerdings davor, die üblichen literarischen Stilmittel zu benutzen, und nur sein offensichtliches Genie schützt ihn davor, den Kritikern zum Opfer zu fallen.

In Inoues Werken herrscht eine Atmosphäre der Trostlosigkeit und Traurigkeit vor, die sich möglicherweise durch ein biographi-

sches Detail erklären läßt: Inoues Vater, ein Militärarzt, wurde häufig vesetzt. Die Mutter folgte dem Vater, und den Sohn ließen sie, von Fremden beaufsichtigt, in emotionaler Vereinsamung zurück.

Während seiner ganzen Laufbahn hatte Miyuki Kagebayashi niemals etwas derart Bedeutsames und Bemerkenswertes erlebt wie 1950 in jener Vollmondnacht zu Beginn des Herbstes. Immer wenn eine ordentliche Versammlung der Anteilseigner in der V. I. P.-Lounge der Aktiengesellschaft stattfand, war es Sitte, daß die Angestellten an dem Empfang teilnahmen, der danach in einem der besten japanischen Restaurants im Süden der Stadt gegeben wurde. Sogar wenn am gleichen Tag eine Dringlichkeitssitzung des Aufsichtsrats stattfand,- gab es keine Ausnahme. Im Festsaal des neugebauten Restaurants, wo diese Veranstaltung schon ein- oder zweimal stattgefunden hatte, saßen 38 Personen um einen U-förmigen Tisch gruppiert.

Der Präsident der Gesellschaft, Yunoshin Otaka, saß an der Stirnseite des Tisches mit dem Rücken zum *Tokonoma*. Neben ihm befanden sich die beiden größten Anteilseigner, der Präsident der S-Versicherung und der Direktor der A-Bank. Kagebayashi saß direkt neben dem Direktor der Bank. Die übrigen Sitzplätze wurden von den Direktoren und den zahlreichen Abteilungs- und Gebietsleitern eingenommen. Kagebayashi, der bisher immer an einem Ende der Direktorenreihe gesessen hatte, war ins Zentrum gerückt. Davon abgesehen hatte sich in der Sitzordnung nichts geändert.

Diesmal herrschte eine leicht veränderte Atmosphäre. Zwar war wieder die gleiche Anzahl von Geishas wie üblich unter den Gästen verteilt worden, doch obwohl das Bankett schon vor einer Stunde eröffnet worden war, gab es nur in einer Ecke einen kleinen erregten Ausbruch, sonst schien nichts zu geschehen. Gelegentlich hörte man ein schrilles Kichern und Geplapper aus der einen oder anderen Richtung, wo die jüngeren Angestellten saßen, doch paßte das überhaupt nicht zur Atmosphäre früherer Treffen. Es klang so, als würden unbeabsichtigt kleine Feuerwerkskörper losgehen, und danach hörte man im ganzen Raum nur noch das kalte Klappern des Geschirrs.

Keiner wußte, warum die Abteilungs- und Gebietsleiter, die an den beiden Seiten des Tisches nebeneinandersaßen, nicht so gut gelaunt waren wie sonst. Während sie aßen und tranken, scherzten sie ab und zu miteinander, doch meistens blickten sie zur Seite auf die hohen Tiere am Ende des Tisches, die sich ebenfalls zurückhielten. Eine merkwürdige Stimmung hatte sich breitgemacht.

Aus irgendwelchen Gründen hatten die Geishas schon gleich zu Anfang bemerkt, daß dieses Bankett nicht besonders amüsant werden würde. Gleich als sie den Festsaal betreten hatten, in zwei Reihen nebeneinander auf ihre Plätze zueilend wie eine Prozession von Pekingenten, hatten die Frauen die Situation erkannt und bemerkt, daß etwas in der Luft lag.

Als sich die Türen öffneten, um die Tanzbühne hereinzuschieben, die in dem Neonlicht unfreundlich und allzu weiß schimmerte, verließ Präsident Otaka plötzlich seinen Platz. Der alte Mann, der einen geschmackvollen zweireihigen Anzug trug und dafür bekannt war, gut gekleidet und jähzornig zu sein, verbeugte sich nur ganz leicht und lief hinaus. Sein Gesicht war vollkommen ausdruckslos.

Als er den Präsidenten weggehen sah, vermutete Kagebayashi, daß Otaka nach Hause wolle. Für Otaka war das Bankett nicht gerade angenehm verlaufen, und mehr als jeder andere mußte er bemerkt haben, daß die Stimmung in seiner Anwesenheit nicht steigen würde. Kagebayashi machte dem kleinen Bankmanager neben sich, dessen Einfluß nicht unerheblich war, ein höfliches Kompliment und sagte: «Ich sollte heute nacht wohl besser zusammen mit Otaka-san gehen. Ich werde ihn begleiten.»

Der Manager erwiderte mit seiner ständig heiseren Stimme, daß das sehr vernünftig sei. Kagebayashi verbeugte sich respektvoll vor dem Präsidenten der Versicherungsgesellschaft und verließ unauffällig den Saal, so daß die anderen nicht auf ihn aufmerksam wurden. Er hatte guten Grund gehabt, «Otaka-san» zu sagen, anstatt Otaka «Shacho» zu nennen. Es gab keinen Grund mehr, ihn «Shacho» oder Präsident zu nennen. Um es klar auszudrücken: Vor genau drei Stunden hatte Otaka aufgehört, ein «Shacho» zu sein, und Kagebayashi selbst hatte seinen Platz als Präsident der Gesellschaft eingenommen. Deshalb konnte Kagebayashi es sich erlauben, seinen Vorgesetzten, der gerade aufgehört hatte, ein «Shacho» zu sein, «Otaka-san» zu nennen.

Kagebayashi folgte Otaka zum Ausgang. Als er dort ankam, hatte sich Otaka auf die oberste Stufe der Türschwelle gesetzt, um sich die Schnürsenkel von Teruko, der jüngeren Schwester der Restaurantbesitzerin, binden zu lassen. Zwei oder drei der Abteilungs- und Gebietschefs, die bemerkt hatten, daß Otaka ging, erschienen in der Tür des Festsaals und traten hinaus.

Kagebayashi zog ebenfalls seine Schuhe an und verließ die Eingangshalle, so, als wolle er fortgehen. Aber er setzte sich keineswegs in Otakas Auto. Statt dessen befahl er Teruko, seinen eigenen Wagen holen zu lassen.

«Oh?» fragte Teruko erstaunt, «Sie gehen schon?» Es wirkte seltsam, wie Kagebayashi, der früher Otakas Schatten gewesen war, diesen nun mehr oder weniger unfreundlich in ein Auto drängte und ihn allein nach Hause fahren ließ. Danach verstand überhaupt niemand mehr, wieso Kagebayashi selbst das Fest sehr früh und allein verließ.

Zwei oder drei Minuten wartete Kagebayashi vor dem Eingang, bis sein Wagen vorfuhr. Als er das Bankett verließ, hatte er erklärt, daß er Otaka begleiten wolle. Es hätte ihn in Verlegenheit gebracht, wenn er geblieben wäre, nachdem er den einstigen Präsidenten nach Hause geschickt hatte. Doch mehr noch als diese Verlegenheit beschäftigte ihn sein Drang, endlich allein zu sein, um sich darüber klarzuwerden, daß ihm unerwartet ein ungeheurer Glücksfall zugestoßen war.

Sein Wagen glitt vor dem Hintergrund des nahen Wäldchens heran. Gerade als Kagebayashi ins Auto einsteigen wollte, bemerkte er Toyama, den Leiter des Sekretariats, der auf den Vorplatz trat.

«Ich möchte Sie nach Hause bringen», sagte Toyama, der gesehen hatte, wie er zum Wagen lief. Toyama war ein junger Mann, den Otaka entdeckt und erfolgreich protegiert hatte, so daß er bereits im Alter von 30 bis 40 Leiter des Sekretariats geworden war. Man sagte, er habe das Aussehen und die Ausstrahlung eines Filmstars – er war der Schwarm aller Mädchen in der Firma.

Kagebayashi fand es beunruhigend, daß Toyama ihn nach Hause begleiten wollte. Ein unangenehmer Kerl, dachte er. Andererseits existierte für Kagebayashi kein Grund, warum Toyama nicht Otaka, sondern ihn nach Hause begleiten sollte. Allerdings war die Tatsache, daß er, Kagebayashi, nach Otakas Rücktritt der «Shacho» geworden war, niemandem bekannt außer einigen Direktoren. Denn die Entscheidung war erst vor drei Stunden gefallen, und die Mitglieder des Aufsichtsrats hatten ihn um Stillschweigen gebeten, damit es einige Tage später offiziell bekanntgegeben werden konnte. Über die anstehende Neuordnung in der Personalstruktur konnte Toyama also noch nicht informiert sein. Da Toyama es nicht wußte, konnte er es nur dank seiner Intuition bemerkt haben.

Tatsächlich traf dies auch zu. Seit dem Beginn der Dringlichkeitssitzung war damit gerechnet worden, daß es einige personelle Änderungen geben würde, besonders im oberen Bereich der Hierarchie, doch niemand erwartete den Rücktritt von Otaka, der allgemein als «der richtige Mann für diesen Posten» angesehen wurde. Otaka hatte als Vorsitzender der S-Gesellschaft zu ihrer heutigen Größe verholfen. In ein oder zwei Jahren hatte er dort drei neue Geschäftsbereiche etabliert, und er war es, der für alle Fehlschläge zur Verantwortung gezogen werden konnte. Trotzdem konnte sich niemand einen Rücktritt von Otaka vorstellen. Nur Toyama konnte dies möglicherweise in Erwägung ziehen. Toyama machte sich seine Gedanken über die Kollegen und ging immer davon aus, daß *alles möglich* war. So dachte er über alle Leute. Toyamas Persönlichkeit war in dieser Hinsicht von seiner unglücklichen Kindheit geprägt worden. Es war bekannt, daß sein Vater bankrott gegangen war und deshalb Selbstmord begangen hatte; es war bekannt, daß seine Mutter wegen ihres Liebhabers die Familie verlassen hatte; und es war ebenfalls bekannt, daß er während seines Studiums von einem Ausländer unterstützt worden war. All das fiel für ihn in die Kategorie *alles ist möglich*.

Als er sah, wie Otaka seinen Platz verließ und Kagebayashi ihm folgte, war Toyama aufgestanden und ebenfalls nach draußen gegangen. Otakas Benehmen hatte ihn keineswegs erstaunt. Die mürrische Art, die Otaka an den Tag gelegt hatte, schien nichts anderes zu signalisieren als seine übliche Gereiztheit, denn selbst während seiner tiefsten Depressionen konnte man kaum erkennen, daß Otaka schlecht gelaunt war.

Auf dem Gesicht von Kagebayashi hatte sich ebenfalls ein Schimmer von Ärger gezeigt, doch er schien verdrossen, weil ihn ein plötzlicher Erfolg belastete. Bisher hatte Kagebayashi es immer verstanden, stets einen Ausdruck von Heiterkeit auszustrahlen, sogar in den schwierigsten Situationen. Deshalb erkannte Toyama, daß Kagebayashis mürrischer Art ein besonderer Anlaß zugrunde liegen mußte. Und es beeindruckte Toyama, daß Kagebayashis Verdruß sich in überschwenglicher Freundlichkeit äußerte. Toyama wußte, daß er seine eigene Position Otaka verdankte. Als er sah, wie Kagebayashi Otaka nach draußen begleitete, wurde ihm plötzlich klar, daß er sich nun von Otaka lösen mußte, um sich jemand anderem anzuschließen. *Es gibt keinen besseren Zeitpunkt als jetzt, das Ruder herumzuwerfen.*

Eine weitere Person stieg in den Wagen ein. Es war Teruko, die jüngere Schwester der Besitzerin des Restaurants, eine dreißigjährige Witwe. Man hatte schon versucht, sie wiederzuverheiraten, doch sie galt als sehr wählerisch und hatte alle Diskussionen über eine erneute Heirat zurückgewiesen. Als sie sah, wie Toyama und Kagebayashi in den gleichen Wagen einstiegen, wollte sie die beiden fragen, ob sie sie nicht begleiten dürfe, da sie sicherlich ein Teehaus im Norden der Stadt aufsuchen wollten.

«Darf ich mitkommen?» fragte Teruko und zwängte ihren

Körper, von dem sie gerne behauptete, er sei so elastisch wie ein Gummiball, neben Kagebayashi ins Auto.

«Was soll denn das!» rief Toyama nervös. Da Frauen in seiner Gegenwart immer aufgeregt reagierten, betrachtete er sich gerne als ein Zentrum weiblicher Aufmerksamkeit. Sogar in diesem Moment zweifelte er nicht daran, daß Teruko nur seinetwegen in den Wagen gestiegen war. Aber das war ihm Kagebayashi gegenüber peinlich.

«Ist schon gut, Toyama-san, bleiben Sie ruhig», flüsterte Teruko.

«Nein. Das ist heute unmöglich.»

«Na gut, dann gehen wir eben etwas trinken und unterhalten uns», sagte Teruko. Einen kurzen Moment später wechselte sie ihren Tonfall und fragte mit weicher Stimme: «Was meinen Sie, Shacho-san?»

Toyama schnappte nach Luft, Kagebayashi ebenfalls, und sein Körper zuckte unkontrolliert. Für Kagebayashi war es ein böses Omen, daß diese Frau ihn Shacho-san nannte.

«Heute nacht ist Vollmond. Gehen wir noch los und schauen uns den Mond an. Wie wär's, Shacho-san?»

Kagebayashi korrigierte sie nicht, als sie ihn als den Präsidenten der Gesellschaft ansprach. Statt dessen nannte er den Namen eines Teehauses im Norden und sagte: «Toyama, wollen wir zu Wakimoto gehen?»

Es war Vollmond, aber der Himmel war bewölkt, und der Mond zeigte sich nicht. Als Teruko sprach, sahen Kagebayashi und Toyama aus dem Autofenster, und nur dem Fahrer war der Mond egal. Er zeigte seine Gleichgültigkeit, denn sein Körper zitterte nicht im geringsten.

Zu Wakimoto zu fahren war wie auf eine andere Party zu gehen. Bis zu diesem Zeitpunkt hatte Teruko Kagebayashi immer als Geschäftsführer oder Kage-sama angesprochen, doch im Auto und von nun an benutzte sie immer skrupellos die Anrede Shacho-san. Daß es innerhalb von S-Industries zu personellen Veränderungen kommen könnte, hatte sie gehört. Als sie beobachtete, wie Kagebayashi Otaka verabschiedet hatte, war ihr sofort klar, daß diese Veränderungen heute stattgefunden hatten. Nachdem sie zu dem Schluß gekommen war, daß Kagebayashi Präsident der Gesellschaft geworden war, hatte sie sich vorgenommen, ihn Shacho-san zu nennen. Mittlerweile war es offensichtlich, daß sie damit recht hatte. Also fuhr sie mit dieser Anrede fort, auch nachdem sie bei Wakimoto angekommen waren. Toyama dagegen blieb diskret und mied das Wort Shacho. Doch nachdem Teruko ständig «Shacho-san, Shacho-san» zu ihm sagte, war es für Toyama unmöglich, ihn weiter mit «Herr Geschäftsführer» anzusprechen.

Nachdem sie Wakimotos Teestube betreten hatten, begann Kagebayashi, vielleicht weil er sich erleichtert fühlte, exzessiv zu trinken – jedenfalls mehr als üblich. Unter seinen Kollegen genoß er den Ruf, niemals betrunken zu sein. Doch heute nacht war er es. Er bemerkte es, als er aufstand und auf unsicheren Beinen zur Toilette wankte.

Als Kagebayashi von der Toilette zurückkam, dachte er an den Mann, der große Anstrengungen unternommen hatte, ihn zum Präsidenten der Gesellschaft zu machen und der nun glücklich über seinen Erfolg war. Sein Name war Kitazaka. Kagebayashi überlegte, daß er Kitazaka zu dieser kleinen Feier einladen mußte, und zwar sofort. Aus einem sentimentalen Gefühl heraus wollte er ihm die Hand schütteln und mit ihm anstoßen.

Kagebayashi hob den Hörer eines Telefons im Korridor ab und wählte die Nummer des Restaurants im Südteil der Stadt. Am anderen Ende der Leitung meldete sich die Besitzerin des Lokals.

«Die Feier ist schon vorbei, und alle gehen gerade», sagte sie. Kagebayashi dachte nicht an die anderen Anwesenden, sondern ließ Kitazaka ans Telefon rufen und erzählte ihm, wo er war.

«Sie feiern schon? Sie haben es aber eilig!» sagte Kitazaka. Dann senkte er seine Stimme und fügte beinahe flüsternd hinzu: «Ich komme vorbei.»

Eine halbe Stunde später hörte man einen Wagen vorfahren,

und dann erschien Kitazakas errötetes Gesicht in der Tür. Er sah so ernsthaft aus wie immer. Als er Toyama entdeckte, sah er ihn an, als hielt er ihn für überflüssig, ignorierte ihn und sagte: «Sie haben es ganz schön eilig, Ihre Präsidentschaft zu feiern.»

Toyama wurde nun endgültig bewußt, daß Kagebayashi tatsächlich zum Präsidenten der Gesellschaft ernannt worden war. *Da sieht man wieder, daß alles möglich ist.* Von diesem Moment an nannte er ihn ohne Gewissensbisse Shacho.

Etwa zu diesem Zeitpunkt erschien der Mond zum erstenmal am Himmel. Als er sichtbar wurde, öffnete eine der Kellnerinnen die Schiebetüren zur Veranda. Üppige Sträuße des japanischen Pampasgrases standen dort in verschiedenen Vasen. Obwohl sonst niemand von seinem Platz auf dem *Tatami* aufstand, ging Teruko hinaus auf die Veranda und setzte sich dorthin, um den Mond zu betrachten. In diesem Augenblick wurde ihr plötzlich klar, daß sie sich in Toyama verliebt hatte und daß sie sich aus dem Restaurant im Süden davongestohlen hatte, um mit ihm zusammenzusein.

Die Feier kam in Stimmung. Vier oder fünf junge Geishas gesellten sich dazu und umrahmten den neuen Präsidenten. Die Frau, der das Teehaus gehörte, setzte sich ebenfalls zu ihm. Kagebayashi wurde nun von jedem Shacho genannt. Nach einer gewissen Zeit hatte er sich daran gewöhnt, und es kam ihm schließlich ganz natürlich vor, daß alle ihn mit «Shacho» anredeten.

«Wenn ein Mann genug Geld verdient, wächst sein Wille, Macht und Einfluß zu gewinnen; dann will er Frauen erobern, und wenn er nicht einmal bei den Frauen Befriedigung findet, dann sucht er sich Prestige und Ehrungen, stimmt's? Ich erwähne dies, weil es mich erstaunte, daß sogar ein Mann wie Präsident Otaka Auszeichnungen hinterherjagte», sagte Kitazaka.

Kitazaka war fünf oder sechs Jahre nach Kagebayashi in die Firma eingetreten. Er war Mitte Vierzig, also zehn Jahre jünger als Kagebayashi, aber er sah bereits älter aus als der frischgebackene Shacho. Er war ein aufrichtiger und offenherziger Mensch, der niemals anzüglich wurde.

Kagebayashi stimmte ihm zu: «Der Mensch ist eine seltsame Bestie.» Doch tief in seinem Herzen wußte er, daß er bisher alles getan hatte, um Otakas Wünsche nach Geld, Macht, Frauen und Auszeichnungen zu erfüllen. *Wie habe ich heimlich gelitten, nur um diesen Mann zu schützen! Es wäre eigentlich nicht meine Aufgabe gewesen, Otakas Kindermädchen zu spielen!* Das Gewicht all der Jahre, die er sich für Otaka abgerackert hatte, lastete plötzlich auf dem Körper des betrunkenen Kagebayashi.

«Uff!» entfuhr ihm ein kleines Grunzen, als ob er stöhnen wollte.

«Worüber stöhnen Sie?» lachte die Wirtin. Aber Kagebayashi fand das, was ihn hatte grunzen lassen, überhaupt nicht zum Lachen.

Kitazaka redete. Kagebayashi hörte genau hin, als er undeutlich vernahm: «Nun endet also alles damit, daß die diesjährige Mondschein-Party bei Kagiya abgesagt wurde.»

Ungefähr zwanzig Angestellte der Gesellschaft feierten an einem Vollmondabend im September oder Oktober zusammen mit Otaka eine abendliche Mondschein-Party. Kagebayashi gab die Organisation dieser Feiern nie an einen seiner Untergebenen ab. Dafür, daß der Termin nicht auf September oder Oktober festgelegt wurde, gab es einen Grund: Sollte es an dem betreffenden Tag regnen, würden sie natürlich den Unwillen von Otaka erregen. Aus diesem Grund schickte Kagebayashi jedes Jahr, wenn der September sich näherte, einen Mitarbeiter zum Meteorologischen Institut, um die Wettervorhersage abzuholen. Wenn der Himmel klar sein würde, wurden alle Vorbereitungen getroffen, doch falls die Möglichkeit bestand, daß es regnen könnte, wurde die Mondschein-Party auf Oktober verschoben.

In diesem Herbst hatte Kagebayashi wie jedes Jahr die Mondschein-Party organisiert. Die Nachfragen vor zehn Tagen im Meteorologischen Institut hatten ergeben, daß es möglicherweise während der gesamten Vollmondperiode im September regnen würde, also wurde die Party auf Oktober verlegt. Doch nun stellte sich heraus, daß es ein schöner klarer Tag war. Und ausgerechnet an diesem Tag wurde entschieden, daß Kagebayashi der Präsident der Gesellschaft werden sollte.

Kagebayashi verließ seinen Platz und ging auf die Veranda. In seinen Augen schien das Haar im Nacken von Teruko von weißen Mondstrahlen erleuchtet zu werden, und das weckte Sehnsüchte in ihm. Für Kagebayashi war dies ein bemerkenswerter Moment, denn bisher hatte er sich immer verboten, Gefühle für eine Frau zu empfinden.

Dann hörte er plötzlich Toyamas Stimme. Toyama, der gerade noch mit Kitazaka gesprochen hatte, rief ihm zu: «Shacho, um diese Nacht in Erinnerung zu behalten, sollten wir alljährlich an diesem Tag eine Mondschein-Party feiern. Es wäre doch schade, wenn es keine Parties mehr gäbe, nur weil die Ära Otaka vorbei ist. Wir sollten einen neuen Grund finden, um diesen Brauch fortzuführen. Was meinen Sie?»

In diesem Augenblick blitzte ein Bild durch Kagebayashis Kopf, er sah Otaka in Kagiyas Lokal in dem großen Saal, dessen Türen man entfernt hatte, und mit majestätischen Gebärden hielt er Hof am Kopf des Tisches, der für das Mondschein-Fest aufgebaut worden war.

«Das ist eine gute Idee, Toyama. Am besten übernehmen Sie die Organisation dieser Feiern», sagte Kagebayashi und blickte hinauf zum September-Mond, der über den klaren schwarzen Himmel glitt. *Der Mond ist wirklich eine wunderschöne Sache.*

An diesem Abend war noch ein anderer Gast im Teehaus. Er hieß Jiro Kaibara, und sein Name war vielen Leuten ein Begriff, denn er war ein bekannter Sportreporter und schrieb Kolumnen für verschiedene Zeitungen. Das Teehaus hatte er mit einer Gruppe von Zeitungsleuten besucht, und gerade als er gehen wollte, hörte er, daß Miyuki Kagebayashi anwesend sei. Er entschied sich, in dessen Raum vorbeizuschauen. Kaibara hatte seinen Schulabschluß in einem kleinen Ort auf der Insel A. im Bezirk Aichi gemacht. Seit seiner Schulzeit war er ein sehr guter Baseballspieler. Er hatte sogar einmal die japanischen Baseballschulmeisterschaften gewonnen, und es war ihm sehr schwergefallen, sich für den Rest seines Lebens vom Baseball trennen zu müssen. Als Kaibara dann eine private Universität besuchte, wurde er sehr bald ein legendärer Baseballspieler, und nachdem er begonnen hatte, als Journalist zu arbeiten, wurde er bekannt für seine Baseball-Reportagen. Kurz nach dem Krieg hatte er gute Aussichten gehabt, der Manager eines professionellen Baseball-Teams zu werden, doch seine Vorliebe für Sake machte ihm einen Strich durch die Rechnung, und bald schon war seine gute Reputation dahin, und er arbeitete nicht mehr.

Kaibara hatte sich schon oft gewünscht, den Industriellen Miyuki Kagebayashi einmal kennenzulernen. Denn Kagebayashi hatte zwei Jahre vor ihm die gleiche Schule besucht wie er und in der gleichen Baseballmannschaft gespielt. Er wußte nicht, wie oft Kagebayashi dort gespielt hatte, dachte aber, es wäre eine gute Idee, den Industriellen kennenzulernen.

Kaibara hatte die Nachricht von der Wirtin gehört, und schon schlurfte der plumpe, ein Meter siebzig große Mann träge auf Kagebayashis Raum zu.

Kagebayashi wußte, daß Kaibara auf der gleichen Schule wie er gewesen war. Als sie über ihre Heimatstadt und ihre Schule sprachen, sagte Kaibara: «Ich habe einmal Baseball mit Ihnen gespielt, Shacho. Erinnern Sie sich daran?»

Kagebayashi war erstaunt. Als Student fuhr er in den Sommerferien stets nach Hause und besuchte seine alte Schule, wo er tatsächlich Baseball mit den dortigen Schülern spielte; trotzdem konnte er sich nicht daran erinnern, diesen großen Kerl dort einmal gesehen zu haben.

«Sie konnten ungeheuer hart werfen, Sie waren ein guter Gegner», sagte Kaibara.

«Wirklich?»

«Ich wette, niemand in Ihrer Firma weiß viel von den Studientagen des Shachos. Ich selbst weiß nur sehr wenig darüber, aber ich erinnere mich noch, daß Sie wirklich hart werfen konnten.»

Toyama und Kitazaka waren erstaunt über das, was Kaibara erzählte. Sie konnten sich gar nicht vorstellen, daß ihr schmalgebauter neuer Präsident einst ein gefürchteter Ballspieler gewesen war. Auch auf den Gesichtern der Wirtin und ihrer Geishas zeigten sich gleichzeitig gläubiges und skeptisches Staunen.

Kagebayashi dachte, daß Kaibara ihn mit jemand anderem verwechselte. Dennoch gab es keinen Grund, ihm zu widersprechen, und es wäre ohnehin sehr schwierig geworden, das Gegenteil zu beweisen.

Die Nacht kühlte ab, und die Schiebetüren wurden geschlossen. Nun begannen alle Anwesenden dem Sake noch stärker zuzusprechen. Teruko, die von Kaibara ständig zum Trinken genötigt wurde, war schon völlig entfesselt. Immer wieder rief sie «Toyama-san, Toyama-san, Toyama-san», doch der blieb davon unbeeindruckt, worauf sie furchtbar wütend wurde und sich mehrmals in den Schoß von Miyuki Kagebayashi fallen ließ.

Von dem Jahr an, als Kagebayashi seinen Vorgänger Otaka ablöste und Präsident von S-Industries wurde, fanden die Mondschein-Parties einmal im Jahr statt. Während Otakas Herrschaft wurden sie immer am gleichen Ort, bei Kagiya im Süden der Stadt, ausgerichtet, doch als Toyama die Parties für Kagebayashi zu organisieren begann, suchte er Orte aus, wo man auch übernachten konnte.

Im Jahr 1951 feierten sie in Waka-no-ura; 1952 in Katada am Strand des Biwa-Sees. Dann ab 1953, jenem Jahr, in dem eine große Zahl von Angestellten nach Tokio umgezogen war, weil man dorthin das Hauptbüro verlegt hatte, wurden für die Mondscheinfeiern Orte in der Umgebung von Tokio ausgesucht.

1953 feierten sie in Choshi, 1954 in Mito, 1955 in Shimoda und 1956 in Hakone-Sengokubara. In den meisten Fällen hatte Toyama Kagebayashi dazu überredet, sich schon in der Nacht vor der Feier an den jeweiligen Ort zu begeben, weil er andernfalls zu müde sein würde. Denn normalerweise wurde Kagebayashi von der alltäglichen Arbeit beinahe erdrückt, und er ging niemals auf Reisen, außer wenn er nach Osaka oder Fukuoka flog. Einmal im Jahr schaffte er es, seine Arbeit so einzuteilen, daß er wenigstens an der jährlichen Mondscheinfeier teilnehmen konnte. Seit der Zeit, als Otaka Präsident gewesen war, hatten diese Feiern regelmäßig stattgefunden. Kagebayashi hatte nicht das geringste Interesse, diese Parties ausfallen zu lassen. Für ihn bedeuteten diese Abende etwas ganz Besonderes, denn er erinnerte sich daran, daß er an einem solchen Vollmondtag seinen Vorgänger Otaka als Shacho abgelöst hatte.

Außerdem gab es noch einen anderen Grund. Nach diesen Mondschein-Parties hatte Kagebayashi die Möglichkeit, eine Nacht mit Teruko zu verbringen, und davon wußten nur Toyama und zwei, drei andere Mitarbeiter.

An dem Abend, als Kagebayashi Präsident der Firma geworden war, hatte sich Teruko völlig betrunken und mit Kagebayashi geschlafen, der ebenso betrunken gewesen war, was sie jedoch überhaupt nicht bemerkt hatte. Wäre sie mit Toyama ins Bett gegangen, hätte sie das noch verstehen können, doch daß sie mit Kagebayashi geschlafen hatte, kam ihr vollkommen unglaublich vor. Und daß sie nun ein Verhältnis mit Kagebayashi statt mit Toyama hatte, änderte radikal ihre Einstellung in bezug auf Sex. *Wie man es auch betrachtet, die Zeit, in der eine Frau jung ist, ist knapp bemessen. Toyama hat eine Frau und Kinder. Selbst wenn ich ein Verhältnis mit ihm hätte, könnte ich ihn nicht heiraten. Also ist es sinnvoll, statt mit Toyama-san mit dem Präsidenten zu schlafen.*

Jeden Monat erhielt Teruko eine größere Geldsumme von Kagebayashi. Ihr war klar, daß sich ihre Beziehung zu Kagebayashi nur auf Geld gründete, aber sie fühlte sich zu ihm hingezogen und war sehr eifersüchtig. Als Kagebayashi nach Tokio übersiedelte, zog sie ebenfalls um – nach Kamakura, wo sie sich ein kleines Grundstück kaufte und ein Haus bauen ließ, um dort mit einer Hausangestellten zu leben. Wenn Kagebayashi zu sehr beschäftigt war, um sich einige Tage blicken zu lassen, wurde Teruko schrecklich wütend. Und an solchen Tagen dachte sie: *Ich muß noch mehr Geld aus ihm herausholen ...*

Von Kagebayashis Standpunkt aus betrachtet waren diese Mondschein-Parties ein Glücksfall, denn er konnte eine Reise von ein oder zwei Tagen unternehmen und zusammen mit seiner jungen Geliebten Orte besuchen, die er wegen seiner Arbeit sonst nie zu Gesicht bekam. Und an diesen Vollmondtagen im Herbst durfte Teruko ihn von seiner Arbeit und seiner Familie fernhalten und ihn ganz für sich allein haben. Üblicherweise gab es in der ersten Nacht einen Streit darüber, ob sie sich trennen sollten oder nicht, und meist mußte Toyama eingreifen, um ihn zu schlichten. Aber zur Feier des Mondscheins hatten sie sich stets wieder versöhnt. Kagebayashi begab sich dann zu dem Restaurant, in dem die Feier stattfand, und kam erst spät zurück. Teruko erwartete ihn auf der Veranda des Hotels und betrachtete selbst den Mond. Zuerst hatte es Teruko sehr geärgert, daß sie allein gelassen wurde, um den Mond zu betrachten, aber schließlich hatte sie sich damit abgefunden, als hätte es nie eine andere Möglichkeit gegeben. Und dort saß sie dann, zählte ihr Geld oder manikürte ihre Hände, während der Mondschein sich über die Veranda ergoß. Auf diese Weise betrachtete sie den Mond, egal, wohin sie auch reisten: den Mond in Waka-no-ura, den Mond in Katada und den von Choshi, Mito, Shimoda und Hakone. Und alles, was sie von diesen Orten kennenlernte, war der herbstliche Vollmond.

Nachdem er nach Tokio gezogen war, wohnte Kagebayashi allen Mondschein-Parties in traditionellen japanischen Gewändern bei, genau wie Otaka. Doch nicht nur im Tragen von traditionellen Gewändern glich Kagebayashi seinem Vorgänger. Er ähnelte ihm immer mehr in seiner zurückhaltenden Art und seiner düsteren Stimmung, die die Farbe seines Gesichts beeinflußten, wenn ihm irgend etwas mißfiel. Glücklicherweise wurden diese Abende niemals durch Regen in Mitleidenschaft gezogen, aber an zwei aufeinanderfolgenden Jahren, in Choshi und in Mito, war es so bewölkt gewesen, daß sich der Mond nur gelegentlich zeigte. Und an diesen Tagen war Kagebayashi erschreckend unfreundlich gewesen.

Im allgemeinen hatte sich Toyama darum gekümmert, daß die Wirtin des Wakimoto aus Osaka ebenfalls zu diesen jährlich stattfindenden Feiern eingeladen wurde. Außerdem hatte er noch besonderen Wert darauf gelegt, daß einige der Geishas anwesend waren, die auch in jener Nacht dabeigewesen waren, als Kagebayashi zum Shacho ernannt wurde. Doch die Zahl der Geishas war Jahr um Jahr geschrumpft. Einige der Frauen hatten ihren Beruf aufgegeben, andere hatten sich ein Heim eingerichtet und konnten nicht mehr so frei über ihre Zeit verfügen wie früher. Und weil sich Kagebayashi sogar über diesen Umstand ereiferte, hatte Toyama bei der Organisation der Feiern mit immer mehr Problemen zu kämpfen. Für Toyama gab es zusätzlich zu den Sorgen, die ihm das launische Wetter – würde der Himmel klar sein oder nicht? – und die launischen Geishas bereiteten, noch andere, die mit der Veranstaltung des Banketts zusammenhingen. Seit der Mondschein-Party in Mito hatte es der offenherzige Kitazaka, dem die anstrengende Selbstbeweihräucherung von Kagebayashi auf die Nerven ging, abgelehnt, teilzunehmen.

«Ich bitte Sie, kommen Sie doch, nur diesen einen Abend», hatte Toyama gebettelt.

Doch Kitazaka antwortete nur: «Dank des allmächtigen Kagebayashi sind Sie zum Direktor ernannt worden, also müssen Sie Ihre Rolle spielen, aber für mich gilt das ja wohl nicht, oder?»

Toyama war zum Direktor ernannt worden. Wie Kitazaka richtig bemerkte, verdankte er diese Beförderung, auch wenn es der niedrigste Direktorenposten war, ausschließlich der Fürsprache von Kagebayashi. Weil er für Kagebayashi bis zur Erschöpfung schuftete; weil er zu Hause in Kagebayashis Küche dessen Frau Komplimente machte; weil er sich als Prellbock zwischen dessen Frau und Teruko benutzen ließ und weil er sich in dieses ganze unangenehme Durcheinander hatte hineinziehen lassen – dafür war er belohnt worden.

Eine Sache, die alle Teilnehmer der Mondschein-Parties langweilte, war das ständige leere Geschwätz von Kiro Kaibara, der von der Gesellschaft unter Vertrag genommen worden war, nachdem er sich mit Kagebayashi angefreundet hatte. Jedes Jahr erzählte er die gleichen Geschichten von Kagebayashi, der als Senior in seiner Baseballmannschaft gespielt habe, und daß niemand es jemals geschafft hätte, so harte Bälle zu schlagen wie Kagebayashi, als er Trainer der Schulmannschaft gewesen sei.

Seine rhetorische Begabung brachte es mit sich, daß Kaibara die Einzelheiten dieser Geschichten mit jedem Jahr weiter ausschmückte. Neu in die Firma aufgenommene Mitarbeiter wunderten sich darüber, welcher Aufgabe der bekannte Baseball-Reporter nachging, doch man hörte ihm mit Interesse zu. Aber schon im zweiten Jahr dachte jeder, es wäre schön, wenn er bald damit aufhören würde. Kaibara übertrieb von Jahr zu Jahr, aber es klang trotzdem wahr. Sie wurden mit solcher Begeisterung vorgetragen, als würde Kaibara das Erzählte aufs neue miterleben.

Kagebayashi selbst wurde dieser Geschichten niemals überdrüssig. Immer wenn Kaibara sich hinsetzte, erinnerte sich Kagebayashi gerne an die glorreichen Tage seiner Jugend, als er Spieler der Baseballmannschaft wurde. Vor seinen Augen erschien sogar das Bild von Kaibara im Trikot, der sich vergeblich bemühte, den von Kagebayashi geschlagenen Ball zu fangen.

Im Jahr 1955, als die Feier in Shimoda stattfand, ereignete sich ein kleiner Zwischenfall. Als Kaibara mal wieder seine Baseball-Geschichten zum besten gab, hatte Kitazaka, der nur widerstrebend und auf Toyamas Drängen hin erschienen war, auf einmal die Nase voll: «Jetzt reicht es aber!» rief er. «Hör endlich auf mit diesen Lügengeschichten!»

Kaibara kratzte sich am Kopf und begann sich wie ein Clown aufzuführen. Er brachte die Geschichte zu einem abrupten Ende und ging zurück zu seinem Platz. Einige der Anwesenden betrachteten aufmerksam das Gesicht von Kagebayashi, der so wirkte, als würde er dem Geschehen keine Aufmerksamkeit schenken. Wortlos hatte er seinen Kopf zur Veranda gedreht und schien zu beobachten, wie sich der Mondschein auf dem Meer widerspiegelte.

Wie erwartet, hatten Kitazakas Worte Kagebayashi bis ins Mark getroffen. Während die Anwesenden, indem sie ihn beobachteten, ihre eigenen Schlüsse zogen – *Sieh mal an, wie glücklich ein Ignorant sein kann!* –, erinnerte er sich an eine Situation, die sich vor einigen Jahren ereignet hatte, zur Zeit von Präsident Otaka, als Kitazaka sich nicht zurückhalten konnte und jemanden aus Otakas Gefolge angeschrien hatte. Otaka hatte damals nichts erwidert, sondern statt dessen seine Tasse mit Sake erhoben und sie mit einer Geste, als würde er etwas beiseite schieben, in die Richtung von Kitazaka geworfen. Die Tasse beschrieb einen kleinen Bogen über verschiedene Köpfe hinweg, erwischte Kitazaka an der rechten Augenbraue und zersplitterte hinter ihm auf der Veranda.

Als Kagebayashi so zur Veranda blickte, fühlte er den Drang, ebenfalls eine Tasse zu werfen, aber er unterdrückte ihn. Er verstand gar nicht, warum er wie Otaka aus Zorn mit einer Tasse werfen sollte. Statt dessen nahm er sich vor, Kitazaka auf einen Beraterposten zu versetzen, um ihn auf diese Weise aus der Firma zu drängen.

Zwei Monate nach diesem Zwischenfall wurde Kitazaka zum Berater ernannt, und im darauffolgenden Frühling reichte er seine Kündigung ein.

Wenig später bemerkte Kagebayashi, daß sich einige Mitglieder des Aufsichtsrates Toyama gegenüber feindselig verhielten. Es stellte sich heraus, daß Toyama schon seit einiger Zeit ungerecht behandelt wurde, weil das Anwachsen des Personals und bestimmte Geschäftsausdehnungen Unmut hervorgerufen hatten und niemand mit Kagebayashi darüber sprechen wollte.

Kagebayashi erweiterte gerade die Filiale in Kyushu und hatte daran gedacht, Toyama zum Zweigstellenleiter zu machen. Das wäre gut für Toyama und auch für ihn.

Doch Toyama war mit dieser Entscheidung äußerst unzufrieden. Er haßte Kagebayashi, weil der ihn benutzte, und er zog sich innerlich mehr und mehr von ihm zurück. Doch wie angeordnet, wurde Toyama Zweigstellenleiter in Kyushu. Etwa sechs Monate nachdem Toyama diesen Posten übernommen hatte, wurde Kagebayashi von der dortigen Gewerkschaft eines Vertragsbruchs angeklagt. Gewerkschaftsmitglieder kamen nach Tokio und verteilten Kampfschriften unter den Mitarbeitern. Obwohl niemand beweisen konnte, daß Toyama all dies initiiert habe, schien es vielen Angestellten im Tokioter Büro so, als würde Toyama diese Angelegenheit tolerieren und nun interessiert beobachten, was weiter geschah.

Tatsächlich erschien Toyama zum erstenmal nicht bei einer Mondscheinfeier, und zwar 1956 in Hakone. Toyama war abwesend, Kitazaka auch, und die Wirtin des Wakimoto hatte sich erkältet und konnte nicht aus Osaka kommen. In den Augen aller Anwesenden wurde das Bankett in Sengokubara ein vollkommener Fehlschlag.

Als die Feier zu Ende war, kehrte Kagebayashi in Begleitung von Kaibara zum Hotel zurück, in dem Teruko übernachtete. Alle drei verließen gemeinsam das Hotel und spazierten ungefähr eine halbe Stunde lang durch die von hellem Mondschein erleuchteten Straßen zwischen den vereinzelten Häusern. Kagebayashi war es bald zu kalt. Er ließ Kaibara und Teruko allein und ging zum Hotel zurück.

In seinem Hotelzimmer entdeckte er Terukos Handtasche auf dem unberührten Bett. Er bemerkte zwei Streichholzschachteln, eine mit dem Aufdruck der Japan Air Lines, die andere von einem Hotel in Fukuoka, Bezirk Kyushu. Da Kagebayashi nicht ständig kontrollierte, was Teruko tagtäglich unternahm, war er plötzlich erstaunt darüber, daß er eigentlich kaum etwas von dem wußte, was sie so tat.

Etwa dreißig Minuten später kam Teruko ins Hotel zurück.

«Wann bist du nach Fukuoka geflogen?» fragte Kagebayashi. Teruko erstarrte und wurde blaß. Als sie eine Postkarte von Toyama bekommen hatte, auf der er ihr mitteilte, daß er nicht an der diesjährigen Mondschein-Party teilnehmen werde, wußte Teruko, sie würde diesmal nicht mit ihm zur Feier fahren. Plötzlich war ihr bewußt geworden, daß sie ihn noch immer liebte wie in all den vorangegangenen Jahren. Und sie hatte sich gefragt, ob es nicht gerade an dieser jährlichen Fahrt mit Toyama lag, daß sie die Beziehung zu Kagebayashi noch immer ertragen konnte. Sie hatte darüber nachgedacht und festgestellt, daß sie keine Ahnung hatte, was sie tun sollte. Doch hatte sie sich ein Ticket gekauft und war am gleichen Nachmittag mit der JAL nach Fukuoka geflogen.

Toyama hatte sie am Flughafen von Fukuoka erwartet. Von dort aus waren sie mit dem Wagen nach Hakozaki gefahren und hatten die Nacht in einem Hotel verbracht. Am nächsten Tag war Toyama wieder in sein Büro in Kyushu gegangen, während Teruko in einem anderen Wagen zum Flugplatz fuhr. Da sie an der Küste entlanggefahren war, mußte sie auch durch Fukuoka gekommen sein, doch sie hatte sich an keinen besonderen Ort in dieser Stadt erinnern können.

Eine ganze Weile lang starrten sich Kagebayashi und Teruko an, doch dann gewann Teruko ihre Fassung zurück. Sie glaubte nicht, daß Kagebayashi etwas von ihrem heimlichen Rendezvous mit Toyama erfahren hatte, das unter vielen Vorsichtsmaßnahmen zustande gekommen war. *Schlimmstenfalls hat mich jemand gesehen, wie ich ins Flugzeug gestiegen bin.*

«Ich hatte von einem sehr hübschen Diamanten gehört, den es dort geben sollte, und wollte ihn mir ansehen. Was ist denn los? Warum siehst du mich so an? Wenn dir das verdächtig vorkommt, dann denk mal darüber nach. All die Monate sitze ich zu Hause wie in einem Gefängnis. Warum sollte ich dann nicht einmal verreisen, um einen Diamanten zu kaufen?»

Dann breitete Teruko sehr ausführlich ihr Wissen über Diamanten aus. Das brachte Kagebayashi in die unangenehme Lage, sich über die hohen Preise der Diamanten Gedanken machen zu müssen, von denen sie schwärmte... was nicht bedeutete, daß dies seine Zweifel an Teruko zerstreute. Doch ohne weiteren Zank begruben sie ihren Streit und brachen die Unterhaltung ab.

Im Herbst 1957 wurde Kagebayashi von der Generalversammlung der Anteilseigner gezwungen, aufgrund eines Umsatzrückgangs als Präsident der Gesellschaft zurückzutreten. Es war klar, daß innerhalb und außerhalb der Firma eine Intrige inszeniert worden war, doch es hatte keine Möglichkeit gegeben, dies abzuwenden. Und so ging alles seinen Gang. Kagebayashi, der von einer Gruppe unterwürfiger Schmeichler umgeben war, unter denen sich auch Toyama befand, konnte das Unglück nicht abwenden. Und so kam es, daß Kagebayashi den gleichen Weg gehen mußte, den Otaka vor ihm gegangen war. Unter Kagebayashis engen Vertrauten waren einflußreiche Männer, wie der Präsident der Firmenbank, der Präsident der Sicherheitsfirma und der Präsident der Versicherungsgesellschaft, die alle entscheidungsbefugt waren. Doch keiner von ihnen, die ihn einst unterstützt hatten, erschien, um ihn zu verteidigen. Als ihm das klarwurde, blieb ihm nichts anderes übrig als zuzugeben, daß er sich inkompetent verhalten hatte. Kagebayashi suchte die Gründe für diese Versäumnisse nur zur Hälfte bei sich selbst, zur andern Hälfte jedoch bei dem listigen Toyama. Es war noch nicht entschieden worden, wer der neue Shacho werden sollte, doch der Termin der Entscheidung rückte näher, und es sah so aus, als würde Toyamas Name dabei eine Rolle spielen. Es gab einfach niemanden, der ihm ebenbürtig war.

Eine Woche nach der Generalversammlung der Anteilseigner gab Kagebayashi bei einer Zusammenkunft der Direktoren seinen Rücktritt bekannt, und er sah dabei aus wie ein Samurai, dessen Schwert zerbrochen und dessen Pfeile aufgebraucht waren. Als er die Zusammenkunft verließ und in das Büro des Präsidenten zurückkehrte, bemerkte er, wie müde sein Körper und sein Geist waren, ließ sich in einen Sessel fallen und blieb dort bewegungslos sitzen. Gerüchte über den Rücktritt des Shacho hatten sich zu diesem Zeitpunkt bereits in allen Abteilungen der Firma verbreitet, und von nun an betrachteten alle Mitarbeiter bis hinunter zu den Laufburschen und Sekretärinnen Kagebayashi mit anderen Augen.

Um sieben Uhr, als Kagebayashi seine Sekretärin bat, seinen Wagen vorfahren zu lassen, um nach Hause zu fahren, erschien der grobschlächtige Körper von Jiro Kaibara in der Tür. «Morgen ist Vollmond», sagte der dumme Ex-Sportreporter, «was werden wir in diesem Jahr unternehmen? Es gibt noch keine Anweisungen.» Jetzt erst dachte auch Kagebayashi darüber nach. Die letzten Tage waren verflossen, ohne daß sich irgend jemand Gedanken darüber gemacht hatte, wo die Vollmond-Party stattfinden sollte. So ernst war die Situation gewesen.

Die beiden Männer verließen das Büro des Präsidenten und stiegen in die Limousinen, die vor dem Firmeneingang warteten.

Die Nacht brach an. Ein Mitarbeiter des Sekretariats verabschiedete den alten Shacho mit noch mehr Ehrerbietung als sonst und verbeugte sich höflich. Aus irgendeinem unbekannten Grund schien er eine besonders große Hochachtung für den scheidenden Präsidenten zu empfinden.

«Fahren Sie zu Kamakura», befahl Kagebayashi dem Fahrer. Er wollte jetzt nicht nach Hause gehen. Er hatte das seltsame Gefühl, daß er seine Depression nur in der Gesellschaft von Teruko würde überwinden können.

Der Wagen fuhr über die Tokio-Yokohama-Schnellstraße. Immer wieder näherten sich ihm andere Autos von hinten und überholten das von Kagebayashi. Weil Kagebayashi hohe Geschwindigkeiten verabscheute, fuhren sie langsam, und der Chauffeur saß aufrecht und aufmerksam hinter dem Lenkrad. Als sie die Rokugo-Brücke überquerten, spürte der Körper des alten Mannes eine kleine Erschütterung. Der Fahrer hielt sofort den Wagen an.

«Es tut mir leid», sagte er verlegen, «aber wir haben eine Panne. Ich brauche fünf Minuten, um das Rad zu wechseln. Ich muß mich entschuldigen.» Kagebayashi wußte, daß es sein Fahrer bisher an Ehrerbietung und Ehrfurcht nicht hatte mangeln lassen, und deshalb wollte er ihn nicht tadeln.

Der Wagen überquerte holpernd die Brücke und verließ, nachdem er noch ein wenig weitergefahren war, die Schnellstraße, um in ein Reisfeld einzubiegen. Kagebayashi und Jiro Kaibara blieben schweigend in dem parkenden Auto sitzen. Kaibara dachte darüber nach, daß er später, wenn sie in Kagebayashis Zweitwohnung in Kamakura ankamen, ihm seine Idee von einer firmeneigenen Angestellten-Baseballmannschaft erzählen wollte. Mit dieser Idee hatte er sich das ganze letzte Jahr beschäftigt und sie jedesmal vorgebracht, wenn er mit Kagebayashi zusammengetroffen war. Doch er hatte bisher noch keine endgültige Entscheidung getroffen. Der Sportreporter hatte sich überlegt, daß er mit einer Angestellten-Mannschaft seine eigene gefährdete Stellung in der Firma festigen könnte, denn man zahlte ihm nur ein Beraterhonorar.

Aber Kaibara war ein abergläubischer Mensch, und für ihn war eine Reifenpanne ein böses Omen, und deshalb konnte es nicht ratsam sein, das Thema heute zur Sprache zu bringen. *Aber wenn ich das alles für mich behalte, warum sitze ich dann eigentlich hier im Wagen des Präsidenten und begleite ihn auf seiner Fahrt in die Zweitwohnung?* Als sich herausstellte, daß er seine eigene Frage nicht beantworten konnte, benahm er sich merkwürdig. *Ich muß mich mit ihm über irgend etwas unterhalten!* Doch wie immer fiel ihm nichts Interessantes oder Wichtiges ein.

Auch Kagebayashi hatte der Zwischenfall wütend gemacht. *Mein Wagen, der während meiner ganzen Präsidentschaft nicht eine Reifenpanne gehabt hat, bekommt plötzlich eine, nachdem ich zurücktreten mußte!* Und er fühlte plötzlich, wie ihm die Lust verging, heute Teruko in Kamakura zu besuchen. Jedesmal, wenn er zu Teruko fuhr, hatte er einige Tage vorher angerufen, doch diesmal hatte er sie nicht benachrichtigt. *Vielleicht ist sie gar nicht dort? Wollte sie nicht nach Fukuoka fahren, um sich einen Diamanten zu kaufen?* – Kagebayashi hatte sich inzwischen eingeredet, daß dies die Wahrheit sein mußte. Und nun, nachdem sich dieser unbequeme Gedanke in seinem Kopf festgesetzt hatte, war es für ihn plötzlich ganz klar, daß Teruko unmöglich zu Hause sein konnte.

«Shacho, Ihr Schlag war wirklich sehr hart damals – wirklich, keiner hatte einen so harten Schlag –»

Nach und nach waren die Worte, die er eigentlich zurückhalten wollte, aus Kaibaras Mund gesprudelt. Bisher hatte Kaibara so etwas noch nie gesagt, wenn er mit Kagebayashi allein zusammen war. Es war das erste Mal gewesen. Es bedeutete, daß es einfach aus ihm hervorbrach, und er wollte seinem Herrn nicht nach dem Mund reden. Denn nachdem er es so oft wiederholt hatte, waren seine Behauptungen für ihn im Laufe der Zeit wahr geworden. Kagebayashi erstarrte, als er ihn sprechen hörte. Und als hätte er plötzlich eine kleine Kostbarkeit entdeckt, erschien es ihm, als wäre seine glorreiche Vergangenheit als Baseballspieler der einzige verbliebene Ruhm. Und er spürte, daß einzig sein Ruhm als Baseballspieler die Zeit überdauert hatte, und es kam ihm vor, als hätte er einen kostbaren Schatz entdeckt. Er konnte tatsächlich den Ball so hart schlagen, daß ihn nicht einmal Kaibara, der unbestrittene Baseball-Experte, hatte fangen können.

Kagebayashi öffnete die Wagentür und rief dem Fahrer zu: «Sind Sie bald soweit?»

«Es dauert noch fünf Minuten.» Der Fahrer hielt gerade den platten Reifen in der Hand. Und wie er so dastand, in der einen Hand den Reifen, und versuchte, sich mit der anderen die Haare aus dem Gesicht zu streichen, sah er aus wie eine Comicfigur. Der Schatten, den der vom fahlen Mondlicht angestrahlte Fahrer auf den hellen Erdboden warf, war so schwarz wie ausgeflossene Tinte.

Kagebayashi stieg aus dem Wagen und stellte sich in Positur. Und plötzlich, als wolle er gegen die kalte Leere des fahlen Mondlichts ankämpfen, holte sein rechter Arm weit aus und beschrieb einen großen Bogen. Nach mehreren Jahrzehnten hatte sich Kagebayashi endlich wieder in jene Stellung begeben, in der er früher als Baseballspieler geglänzt hatte. Natürlich hatte er, da er nur ein Reservespieler gewesen war, niemals den Platz des Werfers einnehmen dürfen. Doch in seinem Geisteszustand hatte er diese Tatsache völlig verdrängt. Er beugte sich nach vorn und vollendete seine weitausholende Armbewegung, ganz so, als würde er tatsächlich einen Ball werfen. Und wieder warf er einen so harten Ball, daß noch nicht einmal Kaibara ihn hätte erreichen können.

Im Wageninnern preßte Kaibara seinen Kopf gegen die Scheibe und beobachtete die Umrisse eines alten Mannes, der seinen Arm durch die Luft kreisen ließ. Und er hielt den Atem an. Dieser Schatten sah aus wie ein Phantom, wie ein Teufel, der umhertanzte und sich im fahlen Licht des Mondes badete, der am nächsten Tag zum Vollmond werden würde.

Yukio Mishima
Tod im Hochsommer

Yukio Mishima wurde 1925 in Tokio geboren. 45 Jahre später starb er vor laufenden Fernsehkameras, nachdem er sich ein Samurai-Schwert in den Bauch gestoßen hatte. Aus welchem Grund? Tradition. Er wollte seine Landsleute an die alten Ideale des Reichs der aufgehenden Sonne erinnern. Mishima hielt sehr viel von Disziplin, auch von Selbstdisziplin, trainierte intensiv seinen Körper, schulte sich in Kampfsportarten und fühlte sich von physischen oder geistigen Entartungen bei anderen gepeinigt.

Mishima, der im Alter von 19 Jahren vom Kaiser als «Japans bester Student» ausgezeichnet wurde, hätte der beste Schriftsteller sein können, den unser Planet je hervorgebracht hat. Mishima benutzt seinen Schreibpinsel wie Miles Davis seine Trompete: Er hört anders und drückt sich anders aus, und sein Publikum kann dies nachvollziehen und verstehen.

Mishimas erster Roman «Geständnis einer Maske» beschäftigt sich mit Fragen der Homosexualität. In der Tetralogie «Das Meer der Fruchtbarkeit» vergleicht er Japan mit einer Mondlandschaft. «Der Tempel der Morgendämmerung» beschreibt einen verwahrlo-

sten Zen-Meister und seinen geistesgestörten Jünger. «Sound of Waves» verbindet eine unschuldige Liebe mit der Ewigkeit des Ozeans. Kawabata, der 1968 den Literaturnobelpreis bekam, äußerte die Ansicht, Mishima habe mehr Talent als er selbst.

Ein wahnsinniges Genie – Mishima war der Kommandant einer kleinen Armee mit eigenen Uniformen, die gelobt hatte, sich im Falle eines kommunistischen Aufstandes an die Spitze der japanischen Streitkräfte zu stellen. Unrealistisch? Vielleicht, aber lesen Sie beispielsweise die folgende Geschichte, die mit wenigen Pinselstrichen ein Bild plötzlich hereinbrechender Verzweiflung entwirft. Sie ist keineswegs unrealistisch.

> La mort… nous affecte plus profondément
> sous le règne pompeux de l'été.
> Baudelaire: *Les paradis artificiels*

A., an der Südspitze der Halbinsel Izu gelegen, ist als Badeort noch nicht in Mode gekommen. Die Brandung ist freilich rauh, aber das Wasser ist klar, und mag der Meeresgrund auch nahe dem Ufer recht uneben sein, so fällt er doch nicht steil ab, und es läßt sich dort gut schwimmen. Hauptsächlich wegen der einsamen Lage ist A. weder so laut noch so schmutzig wie andere Badeorte, die von Tokio aus leichter zu erreichen sind. Zwischen Ito und A. verkehrt ein Bus; die Fahrt dauert zwei Stunden.

Der einzige Gasthof ist der *Eirakuso*, dessen Besitzer auch Sommerhäuschen vermietet. Am Strand gibt es nur ein paar jener schäbigen Erfrischungsbuden, wie man sie im Sommer in allen Seebädern findet. Über dem schönen weißen Sand des breiten Strandes erhebt sich, von Fichten gekrönt, ein Felsen, der wie das Werk eines Landschaftsgärtners anmutet. Bei Flut wird er bis zur halben Höhe von Wasser umspült.

Die Aussicht ist herrlich. Wenn der Westwind die über dem Meer lagernden Nebel vertreibt, kann man die Inseln vor der Küste sehen: Oshima liegt dem Land am nächsten, Toshima ist weiter entfernt, und zwischen ihnen befindet sich eine kleine dreieckige Insel namens Utoneshima. Jenseits des Vorgebirges Nanago streckt Kap Sakai, ein Teil desselben Bergmassivs, seine

Ausläufer weit ins Meer hinaus, und dahinter ragen noch zwei Kaps auf. Das eine wird der Drachenpalast von Yatsu genannt; das andere ist Kap Tsumeki, auf dessen südlicher Spitze allnächtlich der Strahl eines Leuchtfeuers kreist.

Im *Eirakuso* hielt Tomoko Ikuta in ihrem Zimmer ein Mittagsschläfchen. Beim Anblick der friedlich ruhenden Gestalt wäre niemand auf den Gedanken gekommen, daß Tomoko schon drei Kinder hatte. Unter dem einteiligen, ziemlich kurzen Kleid aus lachsfarbenem Leinen schauten die Knie hervor. Die rundlichen Arme, das glatte Gesicht und die leicht gespitzten Lippen gaben Tomoko etwas mädchenhaft Unberührtes. Auf ihrer Stirn und in den Winkeln der Nase standen Schweißtröpfchen. Im Zimmer summten träge einige Fliegen, und die Luft war schwül wie im Innern einer glühenden Metallglocke. Das lachsrosa Leinen hob und senkte sich so leicht, fast unmerklich, daß es die Verkörperung dieses windstillen, drückend heißen Nachmittags zu sein schien.

Die anderen Gäste waren fast alle am Strand. Tomokos Zimmer befand sich im ersten Stock. Unter ihrem Fenster war auf dem großen Rasenplatz eine weiße Kinderschaukel angebracht. Auch Liegestühle gab es dort, Tische und einen Pfahl für das Wurfringspiel. Die Ringe lagen im Gras verstreut. Kein Mensch war zu sehen, und wenn einmal eine Biene durch den Garten flog, wurde ihr Summen von dem Rauschen der Wellen übertönt. Die Fichten reichten bis zur Gartenhecke; auf der anderen Seite öffnete sich das Wäldchen auf den Strand und die Brandung. Unterhalb des Gasthofes floß ein Bach. Bevor er sich ins Meer ergoß, bildete er einen Tümpel, in dem jeden Nachmittag etwa fünfzehn Gänse ihr Futter suchten und dabei höchst unfein schnatterten.

Tomoko hatte zwei Söhne, Kiyoo und Katsuo, die sechs und drei Jahre alt waren, und eine fünfjährige Tochter namens Keiko. Die drei hielten sich mit Yasue, Tomokos Schwägerin, am Strand auf. Tomoko hatte keine Bedenken gehabt, ihre Kinder der Schwägerin anzuvertrauen, während sie selbst sich ein Stündchen ausruhte.

Yasue war unverheiratet. Als Tomoko nach Kiyoos Geburt die Arbeit im Haushalt nicht mehr allein bewältigen konnte, war sie mit ihrem Mann übereingekommen, Yasue aus ihrem Wohnort in der Provinz nach Tokio zu holen. Niemand hätte sagen können, weshalb Yasue eine alte Jungfer geworden war. Wenn sie auch keine besonderen Reize besaß, so konnte man sie doch keineswegs häßlich nennen. Sie hatte einen Antrag nach dem anderen abgelehnt, bis sie über das Heiratsalter hinaus war. Ihre Familie hoffte noch immer, sie in der Provinz mit einem angesehenen Mann zu verheiraten, aber Yasue, entzückt von dem Gedanken, ihrem Bruder nach Tokio zu folgen, hatte Tomokos Einladung mit Freuden angenommen.

Die etwas phlegmatische Yasue hatte ein gutes Gemüt. Sie kam Tomoko, die jünger als sie war, so respektvoll entgegen wie einer älteren Schwester und hielt es für selbstverständlich, ihr in allem zu gehorchen. Ihr Akzent verriet kaum noch, daß sie aus Kanazawa stammte. Yasue kümmerte sich nicht nur um die Kinder und den Haushalt, sie besuchte auch eine Nähschule und fertigte Kleider für Tomoko, für die Kinder und für sich selbst an. Wenn sie in die Stadt ging, nahm sie immer ein Notizbuch mit und zeichnete die neuen Modelle ab, die sie in den Modegeschäften sah. Dabei konnte es mitunter passieren, daß eine Verkäuferin sie empört anstarrte oder ihr sogar Vorwürfe machte.

Jetzt saß Yasue am Strand. Ihren eleganten grünen Badeanzug hatte sie übrigens nicht selbst genäht, sondern in einem Warenhaus gekauft. Sie war stolz, daß sie die weiße Haut der Nordjapanerinnen hatte, und deshalb ging sie der Sonne ängstlich aus dem Weg. Nach dem Bad kehrte sie stets so schnell wie möglich zu ihrem Strandschirm zurück. Während die Kinder unten am Wasser eine Burg bauten, vergnügte sich Yasue damit, feuchten Sand auf ihr weißes Bein rinnen zu lassen. Der Sand wurde sofort trocken und bildete ein dunkles Muster, in dem winzige Muschelsplitter funkelten. Yasue wischte ihn so hastig ab, als fürchte sie, er werde bleibende Spuren hinterlassen. Ein fast durchsichtiges kleines Insekt schlüpfte aus dem Sand und ergriff die Flucht.

Auf die Hände gestützt, halb sitzend, halb liegend, betrachtete Yasue das Meer. Große Wolken ballten sich am Horizont, gewaltig in ihrer stillen Majestät. Sie schienen alle Geräusche aufzusaugen, sogar das Tosen der Brandung.

Es war hoher Sommer, und die Strahlen der Sonne bargen Zorn.

Die beiden ältesten Kinder hatten keine Lust mehr, im Sand zu spielen. Sie rannten durch das seichte Wasser und wirbelten es mit den Füßen auf. Jäh aus der kleinen Traumwelt gerissen, in die sie sich geflüchtet hatte, lief Yasue hinter ihnen her.

Es war alles in Ordnung. Die Kinder wagten sich nicht weit hinaus, weil sie sich vor der donnernden Brandung fürchteten. Dort, wo die Wellen zurückfluteten, war ein leichter Strudel. Kiyoo und Keiko standen bis zu den Hüften im Wasser. Hand in Hand suchten sie sich im Gleichgewicht zu halten, und ihre Augen leuchteten, als sie den gleitenden Sand unter den Fußsohlen fühlten.

«Als ob jemand zieht», sagte Kiyoo zu seiner Schwester.

Yasue kam zu ihnen heran und ermahnte sie, auf keinen Fall tiefer ins Wasser zu gehen. Sie deutete auf Katsuo und meinte, die beiden Großen sollten ihn doch nicht so allein im Sand sitzen lassen, sondern hingehen und mit ihm spielen. Aber Kiyoo und Keiko hörten nicht auf die Tante. Sie standen noch immer Hand in Hand und lächelten glücklich, weil sie ein Geheimnis miteinander hatten: Sie fühlten, wie der Sand unter ihren Füßen davonglitt.

Voller Angst vor der Sonne sah Yasue auf ihre Schultern und dachte dabei an den Schnee in Kanazawa. Sie kniff sich leicht in die Brust und lächelte über die Wärme der Haut. Ihre Fingernägel waren etwas zu lang, und es hatte sich Schmutz darunter festgesetzt. Ich muß sie unbedingt schneiden, sobald ich in meinem Zimmer bin, dachte Yasue.

Kiyoo und Keiko standen nicht mehr im Wasser. Sicherlich waren sie zum Strand zurückgelaufen.

Aber Katsuo war allein. Sein Gesicht hatte einen seltsamen Ausdruck, und er zeigte auf Yasue.

Ihr Herz begann heftig zu klopfen. Sie schaute in das Wasser zu ihren Füßen. Wieder flutete eine Welle zurück, und in dem

Schaum, wenige Meter von Yasue entfernt, trieb ein kleiner brauner Körper. Für eine Sekunde tauchte etwas Dunkelblaues auf – Kiyoos Badehose.

Yasues Herz klopfte noch heftiger. Sie stürzte auf den Körper zu wie jemand, der sich den Weg freikämpfen muß. In diesem Augenblick rollte eine besonders starke Welle heran, stieg hoch, brach sich unmittelbar vor Yasue und klatschte hart gegen ihre Brust. Yasue fiel rücklings ins Wasser. Sie hatte einen Herzanfall erlitten.

Katsuo fing an zu weinen, und ein junger Mann, der am Strand gesessen hatte, kam angerannt. Auch zwei, drei andere Leute eilten herbei. Das seichte Wasser spritzte um ihre nackten braunen Körper.

Sie alle hatten Yasue fallen sehen und sich nichts dabei gedacht. Man fällt und steht wieder auf – was ist schon dabei? Aber es gibt so etwas wie Ahnungen, und die Helfer liefen zu der Frau im grünen Badeanzug, weil sie das unbestimmte Gefühl hatten, hier sei nicht alles in Ordnung.

Yasue wurde ans Ufer getragen und auf den glutheißen Sand gelegt. Ihre Augen waren offen, die Zähne fest zusammengebissen, und sie schien entsetzt auf etwas zu starren, was sich drohend vor ihr erhob. Einer der Männer griff nach ihrem Handgelenk. Der Puls war nicht zu fühlen.

«Sie wohnt im *Eirakuso*», sagte jemand, der sie vom Sehen kannte.

Man mußte den Geschäftsführer des Gasthofes rufen. Ein Junge aus dem Dorf stürmte pfeilschnell über den glühenden Sand, fest entschlossen, sich von niemandem den Rang ablaufen zu lassen.

Bald darauf kam der Geschäftsführer, ein etwa vierzigjähriger Mann in Shorts und einem Sporthemd, das sich über einem schon ziemlich fadenscheinigen Leibgurt aus Wolle bauschte. Er schlug vor, Yasue in den Gasthof zu bringen, damit man ihr dort erste Hilfe leisten könne. Irgend jemand widersprach, aber schon hatten zwei junge Männer zugegriffen und trugen Yasue davon.

Katsuo lief wimmernd hinter ihnen her. Ein Fischer erbarmte sich seiner und nahm ihn auf den Arm.

Tomoko wurde geweckt. Der Geschäftsführer, der wußte, wie er sich in ungewöhnlichen Situationen zu verhalten hatte, berührte sanft ihre Schulter. Sie hob den Kopf und fragte, was los sei.

«Die Dame namens Yasue...»

«Ist Yasue etwas zugestoßen?»

«Wir haben getan, was wir konnten, und der Doktor muß jeden Augenblick kommen.»

Tomoko sprang auf und lief mit dem Geschäftsführer nach unten. Yasue lag auf dem Rasen, nahe der Schaukel, und ein halbnackter Mann kniete über ihr. Er versuchte, sie durch künstliche Beatmung ins Leben zurückzurufen. Daneben hatte man Stroh und Holzlatten von Apfelsinenkisten aufgehäuft; zwei Männer bemühten sich, ein Feuer in Gang zu bringen. Immer wieder wurden die Flammen von Rauch erstickt. Das Holz war noch feucht von dem Gewitterregen der letzten Nacht. Ein dritter Mann schwenkte einen Fächer, damit der Qualm nicht Yasues Gesicht traf.

Yasue lag mit zurückgeworfenem Kopf da, und man konnte glauben, daß sie atmete. In dem Sonnenlicht, das durch die Laubkronen der Bäume fiel, glitzerte der Schweiß auf dem dunklen Rücken des über ihr knienden Mannes. Yasues weiße, lang ausgestreckte Beine sahen plump aus und wirkten apathisch; der Kampf, der mit den Lungen geführt wurde, schien sie nichts anzugehen.

Tomoko kniete sich ins Gras.

«Yasue! Yasue!»

Würde es gelingen, Yasue zu retten? Wie hatte das Unglück geschehen können? Was sollte sie ihrem Mann sagen? Weinend stellte sie abgerissene Fragen, sprach bald von diesem, bald von jenem. Plötzlich aber wandte sie sich mit einer hastigen Bewegung den Männern zu. Wo waren die Kinder?

«Sieh nur, da ist ja deine Mutter», sagte der Fischer zu dem verängstigten Katsuo, den er noch immer auf dem Arm hatte.

Tomoko warf einen Blick auf den Jungen und bedankte sich mit einem Nicken bei dem Fischer.

Der Doktor kam und setzte die künstliche Beatmung fort. Tomokos Wangen glühten im Feuerschein; sie war nicht mehr fähig, klar zu denken. Eine Ameise kroch über Yasues Gesicht. Tomoko zerquetschte das Tier und schnippte es weg. Eine zweite Ameise kroch aus den zitternden Haaren zum Ohr hin. Tomoko zerquetschte auch sie. Das Töten von Ameisen wurde nun ihre Aufgabe.

Die künstliche Beatmung blieb erfolglos, aber der Doktor gab erst auf, als er die Anzeichen der beginnenden Totenstarre bemerkte. Yasue wurde mit einem Laken bedeckt und in den Gasthof getragen. Ihr Zimmer war dunkel. Einer der Männer ließ den Leichnam los und eilte voraus, um Licht zu machen.

Tomoko, völlig erschöpft, empfand keine Trauer, nur eine Art wohltuender Leere. Nun dachte sie wieder an die Kinder.

«Wo sind die Kinder?»

«Unten im Tagesraum. Mit Gengo.»

«Alle drei?»

«Drei?» Die Männer blickten einander an.

Tomoko stieß sie beiseite und lief hinunter. Gengo, der Fischer, saß in einem Baumwollkimono auf dem Sofa und hatte ein Bilderbuch in der Hand. Neben ihm saß Katsuo, der über seiner Badehose ein Erwachsenenhemd trug. Katsuo war nicht bei der Sache. Er hatte keinen Blick für die Bilder, die Gengo ihm zeigte.

Die Gäste wußten schon von der Tragödie. Als Tomoko hereinkam, hörten alle auf, sich zu fächeln, und starrten sie an.

Sie stürzte auf Katsuo zu.

«Kiyoo und Keiko?» fragte sie heiser.

Katsuo schaute sie furchtsam an. «Kiyoo... Keiko... lauter Blasen.» Er brach in Schluchzen aus.

Barfuß, wie sie war, lief Tomoko zum Strand. Als sie das Kiefernwäldchen durchquerte, stachen die Nadeln sie in die Füße. Es war Flutzeit, und sie mußte über den Felsen klettern, um den Badestrand zu erreichen. Vor ihr erstreckte sich in der Abenddämmerung die weiße Sandfläche. Tomoko sah genau, daß nur noch ein einziger Strandschirm da war, ein gelb und weiß karierter. Ihr eigener.

Die anderen holten Tomoko ein, gerade als sie sich in die Brandung werfen wollte. Sie schüttelte die Hände ab, die sie festhielten.

«Laßt mich doch los! Da draußen sind zwei Kinder.»

Viele, die Gengos Erklärungen nicht gehört hatten, waren der Meinung, Tomoko habe den Verstand verloren.

So unwahrscheinlich es klingt: Vier Stunden lang, während sich alle um Yasue bemühten, hatte niemand an die beiden ältesten Kinder gedacht. Dabei waren es die Leute im Gasthof gewohnt, die drei Geschwister zusammen zu sehen. Und mochte die Mutter angesichts der leblosen Yasue auch noch so verwirrt und erregt sein – war es nicht seltsam, daß keine innere Stimme ihr den Tod von Kiyoo und Keiko gemeldet hatte?

Freilich, mitunter geschieht es, daß ein solcher Unglücksfall eine psychologische Gruppenreaktion bewirkt: Alle haben dieselben einfachen Gedanken. Es ist dann nicht leicht, sich von der Gruppe abzusondern. Es ist nicht leicht, sich gegen die anderen durchzusetzen. Tomoko, aus dem Schlaf geschreckt, hatte nur das erfaßt, was man ihr mitteilte; irgendwelche Fragen zu stellen war ihr nicht eingefallen.

In dieser Nacht brannten am Strand viele große Feuer, jeweils ein paar Meter voneinander entfernt. Alle dreißig Minuten tauchten die jungen Männer, um nach den Leichen zu suchen. Tomoko stand derweil am Ufer. Sie konnte nicht schlafen.

Auf Anraten der Polizei wurden am nächsten Morgen die Netze nicht ausgeworfen.

Die Sonne ging über dem Vorgebirge auf, und der Morgenwind strich über Tomokos Gesicht. Sie hatte sich vor dem Tageslicht gefürchtet. Im Hellen, so dachte sie, mußte die ganze Wahrheit zum Vorschein kommen, und dann würde die Tragödie endgültig Wirklichkeit werden.

«Meinen Sie nicht, daß Sie sich ein wenig ausruhen sollten?» sagte einer der älteren Männer. «Wenn wir etwas finden, rufen wir Sie sofort. Sie können sich ganz auf uns verlassen.»

«Ja, bitte gehen Sie», drängte der Geschäftsführer, dessen gerötete Augen von einer schlaflosen Nacht zeugten. «Das Unglück, das Ihre Familie getroffen hat, ist schon groß genug. Was soll denn Ihr Mann anfangen, wenn Sie nun auch noch krank werden?»

Tomoko hatte Angst vor der Begegnung mit ihrem Mann. Ihr war, als müsse sie sich dem Urteilsspruch eines Richters unterwerfen. Aber sie hatte ja keine andere Wahl. Die Zeit des Wiedersehens stand dicht bevor, und damit, so schien ihr, näherte sich neues Unheil.

Nun nahm sie allen Mut zusammen und beschloß, ihrem Mann ein Telegramm zu schicken. Wenigstens hatte sie dann einen Grund, sich vom Strand zu entfernen. Allmählich kam es ihr schon so vor, als sähen alle Taucher nicht mehr auf das Wasser, sondern auf sie.

Im Davongehen schaute sie noch einmal zurück. Die See war ruhig. Nahe der Küste glitzerte das Wasser wie Silber. Fische schnellten hoch, als wüßten sie sich vor Freude nicht zu lassen. Wie ungerecht, daß sich alles Unglück auf Tomoko konzentrierte.

Tomokos Mann, Masaru Ikuta, war fünfunddreißig Jahre alt. Er hatte an der Universität für Auslandskunde in Tokio studiert und nach dem Abschlußexamen eine Stellung bei einer amerikanischen Handelsgesellschaft angetreten. Sein Englisch war gut, und im Beruf bewährte er sich ausgezeichnet – er war tüchtiger, als seine schweigsame Art vermuten ließ. Er leitete jetzt die japanische Filiale einer amerikanischen Automobilgesellschaft, konnte frei über einen Firmenwagen verfügen und verdiente hundertfünfzigtausend Yen im Monat. Er hatte auch noch einige Nebeneinnahmen, so daß Tomoko und Yasue nichts zu entbehren brauchten. Ein Dienstmädchen nahm den beiden Frauen viel Arbeit ab, und sie führten ein behagliches Leben ohne Geldsorgen.

Tomoko telegrafierte, weil sie davor zurückschrak, mit Masaru am Telefon zu sprechen. In den Vororten war es üblich, daß die Post den Text eines jeden Telegramms unmittelbar nach dem Eintreffen übermittelte, und der Anruf kam in dem Augenblick, als Masaru ins Büro fahren wollte. Er dachte, es handle sich um etwas Geschäftliches, und meldete sich mit ruhiger Stimme.

«Wir haben für Sie ein Blitztelegramm aus A.», sagte das Fräulein im Postamt, und Masaru hatte sogleich ein ungutes Gefühl. «Ich lese Ihnen den Text vor. Hören Sie bitte. YASUE TOT. KIYOO UND KEIKO VERMISST. TOMOKO.»

«Würden Sie das bitte noch einmal vorlesen?»

Beim zweitenmal klang es genauso: «YASUE TOT. KIYOO UND KEIKO VERMISST. TOMOKO.» Masaru wußte nicht, wie ihm geschah. Ihm war, als hätte er soeben aus unbekannten Gründen seine Kündigung erhalten.

Er rief im Büro an und sagte, er müsse in einer dringenden Angelegenheit verreisen. Den Plan, im Wagen nach A. zu fahren, ließ er wieder fallen. Erregt, wie er war, traute er sich die lange Fahrt auf der kurvenreichen Autostraße nicht zu. Überdies hatte er erst kürzlich einen Unfall gehabt. Er beschloß also, bis Ito den Zug zu benutzen und dann ein Taxi zu nehmen.

Der Prozeß, durch den uns unvorhergesehene Ereignisse ins Bewußtsein dringen, ist ebenso seltsam wie subtil. Masaru wußte zwar nicht, was eigentlich geschehen war, steckte aber vorsichtshalber reichlich Geld ein. Unglücksfälle sind stets mit Kosten verbunden, sagte er sich.

Ein Taxi brachte ihn zum Bahnhof. Er empfand keine ausgesprochene Gemütsbewegung; ihm war eher zumute wie einem Detektiv, der sich auf dem Weg zum Schauplatz eines Verbrechens befindet. Er grübelte nicht, sondern versuchte logisch zu denken, und er zitterte vor Ungeduld, mehr über das Schreckliche zu erfahren, das ihn und seine Familie getroffen hatte.

Sie hätte telefonieren können. Sie hatte also Angst, es mir zu sagen. Mit der Intuition des Ehemannes erfaßte er die Wahrheit. Aber das Wichtigste, dachte er weiter, ist hinzufahren und mit eigenen Augen zu sehen, was geschehen ist.

Er blickte aus dem Fenster, als sie durch die Straßen der Innenstadt fuhren. Die Sonne des Hochsommermorgens wirkte besonders grell, weil so viele weißgekleidete Menschen unterwegs waren. Die Bäume am Straßenrand warfen kurze schwarze Schatten, und die rotweiße Markise über einem Hoteleingang war so straff gespannt, als sei das Sonnenlicht, das sie übergoß, ein hartes Metall. Straßenarbeiter hoben einen Graben aus; der Sand war schon jetzt trocken und pulverig.

Die Welt rings um Masaru war unverändert. Nichts war in ihr geschehen, und er hätte sich leicht einreden können, auch ihm sei nichts geschehen. Eine kindische Wut überkam ihn. Durch etwas, was sich ohne sein Zutun an einem ihm unbekannten Ort ereignet hatte, war er von der Welt abgeschnitten worden.

Keiner seiner Mitreisenden war derart vom Unglück verfolgt wie er. Dieser Gedanke schien ihn auf eine höhere Stufe zu stellen als den normalen Masaru. Oder auf eine tiefere? Er wußte es nicht. Jedenfalls war er etwas Besonderes. Ein Außenseiter.

Zweifellos verspürt ein Mensch mit einem großen Muttermal auf dem Rücken mitunter den Drang, laut zu rufen: «Hört alle her! Ihr wißt es nicht, aber ich habe ein riesiges blaurotes Muttermal auf dem Rücken.»

Und so drängte es auch Masaru, seinen Mitreisenden zuzurufen: «Hört alle her! Ihr wißt es nicht, aber ich habe soeben meine Schwester und zwei von meinen drei Kindern verloren.»

Ihm wurde ängstlich zumute. Wenn wenigstens den Kindern nichts passiert wäre... Er suchte nach Möglichkeiten, das Telegramm anders auszulegen. Vielleicht hatte Tomoko in ihrer Verzweiflung über Yasues Tod angenommen, daß auch die Kinder tot seien, während sie sich in Wirklichkeit nur verirrt hatten. Konnte zu Hause nicht schon ein weiteres Telegramm liegen, das diese Vermutung bestätigte? Masaru bedauerte jetzt, daß er nicht unverzüglich im Gasthof *Eirakuso* angerufen hatte.

Der Bahnhofsplatz von Ito gleißte im Licht der Sommersonne. Neben dem Taxistand war ein kleines Büro, nicht größer als eine Gefängniszelle. Auch hier brannte die Sonne unbarmherzig, und die Auftragszettel, die an den Wänden befestigt waren, hatten braune, wellige Ränder.

«Was kostet es nach A.?»

«Zweitausend Yen.» Der Mann trug eine Schirmmütze und hatte ein Handtuch um den Hals geschlungen. «Wenn Sie es nicht eilig haben – der Bus ist billiger. Er geht in fünf Minuten ab.» Vielleicht sagte er das aus Freundlichkeit, vielleicht aber auch, weil ihm die Fahrt zu anstrengend war.

«Ich habe es eilig. Ein Todesfall in meiner Familie.»

«Ach? In A. sollen ja gleich drei Leute ertrunken sein, zwei Kinder und eine Frau. Eine schreckliche Geschichte. War etwa einer Ihrer Angehörigen dabei?»

Masaru fühlte, wie ihm in der heißen Sonne schwindlig wurde. Während der Fahrt nach A. wechselte er kein Wort mehr mit dem Chauffeur. Die Landschaft, durch die sie fuhren, war nicht besonders reizvoll. Das Taxi keuchte einen staubigen Berg hinauf und rollte auf der anderen Seite hinunter; das Meer war nur selten zu sehen. An einer Stelle, wo die Straße sehr schmal war, mußten sie einem anderen Wagen ausweichen. Zweige streiften wie aufgeschreckte Vögel das halboffene Fenster, und auf Masarus sorgsam gebügelte Hose fielen Sand und Schmutz.

Masaru wußte nicht, wie er seiner Frau gegenübertreten sollte. Er war nicht sicher, ob es so etwas wie ein «natürliches Verhalten» geben konnte, wenn keine der ihn bewegenden Empfindungen angemessen erschien. Vielleicht war gerade das Unnatürliche natürlich.

Das Taxi fuhr durch das altersschwache Tor des *Eirakuso*. Noch bevor der Wagen hielt, kam der Geschäftsführer angelaufen; seine Holzsandalen klapperten laut. Masaru zog automatisch seine Brieftasche heraus.

«Mein Name ist Ikuta.»

«Ein schreckliches Unglück», murmelte der Mann und verbeugte sich tief. Masaru bezahlte den Chauffeur; dann dankte er dem Geschäftsführer und gab ihm eine Tausend-Yen-Note.

Tomoko und Katsuo befanden sich in einem Zimmer neben dem Raum, in dem Yasues Sarg stand. Man hatte Trockeneis aus Ito bestellt, damit der Leichnam nicht verweste. Die Einäscherung sollte erst jetzt, nach Masarus Ankunft, stattfinden.

Masaru ging dem Geschäftsführer voraus und öffnete die Zimmertür. Tomoko, die sich hingelegt hatte, fuhr erschrocken hoch. Sie hatte nicht geschlafen. Ihr Haar war zerzaust, der Kimono zerknittert. Wie eine überführte Missetäterin zog sie den Kimono zusammen und kniete demütig vor Masaru nieder. Ihre Bewegungen waren erstaunlich rasch, als hätte sie das alles im voraus bedacht. Sie schaute verstohlen zu ihrem Mann auf und brach in Tränen aus.

Es erschien Masaru unmöglich, im Beisein des Geschäftsführers die Hand tröstend auf ihre Schulter zu legen. Das wäre ihm peinlicher gewesen, als bei ehelichen Intimitäten belauscht zu werden. Er zog das Jackett aus und sah sich suchend um.

Tomoko bemerkte den Blick. Sie holte einen blauen Kleiderbügel und hängte das verschwitzte Jackett auf. Masaru setzte sich inzwischen zu Katsuo, der von dem Schluchzen seiner Mutter aufgewacht war und die Eltern mit großen Augen betrachtete. Wie eine willenlose Puppe ließ sich das Kind auf den Schoß nehmen. So klein ist er, so winzig klein, dachte Masaru. Fast war es, als halte er ein Spielzeug in den Armen.

Tomoko kniete weinend in einer Ecke.

«Es war einzig und allein meine Schuld», sagte sie, und das waren genau die Worte, die Masaru zu hören wünschte.

Der Geschäftsführer, der im Hintergrund stand, hatte ebenfalls Tränen in den Augen. «Ich weiß, es geht mich nichts an, gnädiger Herr, aber ich bitte Sie, Frau Ikuta keine Vorwürfe zu machen. Das Unglück geschah, während sie schlief, und sie ist nicht schuld daran.»

Masaru hatte das Gefühl, dies alles schon einmal gehört oder gelesen zu haben.

«Ich verstehe, ich verstehe.»

Er erhob sich mit dem Kind in den Armen, ging zu seiner Frau hinüber und legte ihr, wie es vorgeschrieben war, sanft die Hand auf die Schulter. Die Geste kostete ihn keine Überwindung.

Tomoko weinte noch heftiger.

Die Leichen der ertrunkenen Kinder wurden am nächsten Tag geborgen. Einer der Polizisten, die immer wieder tauchten, fand sie unterhalb des Vorgebirges. Meerestiere hatten sie schon benagt, und Würmer waren in die kleinen Nasenlöcher gekrochen.

Tragische Geschehnisse schaffen natürlich einen Ausnahmezustand, und dennoch sind die Menschen gerade in solchen Situationen darauf bedacht, sich an Brauch und Sitte zu halten. Tomoko und Masaru vergaßen keine der Danksagungen und Gegengaben, die man von ihnen erwartete.

Ein Todesfall ist stets auch ein organisatorisches Problem, und das Ehepaar hatte alle Hände voll zu tun. Besonders Masaru, das Familienoberhaupt, fand kaum Zeit, an seinen Kummer zu denken. Was Katsuo betraf, so erschienen ihm diese Tage wie eine Reihe von Festen, die seine Eltern ihm zuliebe veranstalteten.

So brachten die Ikutas all die komplizierten Zeremonien hinter sich. Die Begräbnisspenden ergaben einen ansehnlichen Betrag. Solange das zahlungskräftige Oberhaupt der Familie noch am Leben ist, wird immer reichlich gespendet.

Masaru und auch Tomoko fanden irgendwie die Kraft, das durchzustehen, was getan werden mußte. Tomoko begriff nicht, wie es möglich war, so unmenschlichen Kummer zu empfinden und gleichzeitig sämtliche Formalitäten peinlich genau zu beachten. Und sie wunderte sich auch, daß sie so herzhaft essen konnte, obgleich ihr die Speisen ohne Geschmack zu sein schienen.

Am meisten fürchtete sie die Begegnung mit Masarus Eltern, die zur Totenfeier aus Kanazawa kamen. «Es war einzig und allein meine Schuld», zwang sie sich auch diesmal zu sagen. Danach aber beklagte sie sich bitterlich bei ihren Eltern.

«Verdiene ich denn überhaupt kein Mitleid? Habe ich nicht zwei Kinder verloren? Alle fallen über mich her. Sie schieben mir die Schuld zu, und ich muß sie um Verzeihung bitten. Jeder sieht mich an, als wäre ich ein unachtsames Kindermädchen und hätte das Baby in den Fluß fallen lassen. Aber war es nicht Yasues Schuld? Für Yasue ist es ein Glück, daß sie tot ist. Begreift denn keiner, wem hier der schlimmste Schmerz zugefügt wurde? Ich bin eine Mutter, die zwei Kinder verloren hat.»

«Sei nicht so ungerecht, Tomoko. Wer denkt denn daran, dir

die Schuld zuzuschieben? Hat nicht Masarus Mutter mit Tränen in den Augen gesagt, niemand könne dir deinen Kummer besser nachfühlen als sie?»

«Ach, das hat sie nur so dahingeredet.»

Tomoko war ganz und gar nicht zufrieden. Sie fühlte sich zurückgesetzt, verkannt, schlecht behandelt. Ihr schien, ein so tiefer Schmerz wie der ihre müsse besondere Vorrechte mit sich bringen, ungewöhnliche Vorrechte. Auch mit sich selbst war sie unzufrieden, weil sie ihre Schwiegermutter so demütig um Verzeihung gebeten hatte. Sooft der Ärger in ihr aufstieg und sie quälte wie ein juckender Ausschlag, lief sie zu ihrer Mutter, um sich auszusprechen.

Sie wußte es nicht, aber sie war vor allem verzweifelt, weil es keine Möglichkeit gibt, menschlichen Empfindungen angemessenen Ausdruck zu verleihen. Ist es nicht unsinnig, daß man den Tod von zehn Menschen nicht anders beweinen kann als den Tod eines einzelnen?

Tomoko wunderte sich, daß sie bei der Totenfeier nicht ohnmächtig wurde. Seltsam: Sie stand, in ihre Trauergewänder gehüllt, länger als eine Stunde in der Sommerhitze, ohne zusammenzubrechen. Hin und wieder wurde ihr ein wenig schwindlig, aber jedesmal rettete sie der Gedanke an die Schrecken des Todes. «Ich bin stärker, als ich dachte», flüsterte sie und wandte ihrer Mutter das tränenüberströmte Gesicht zu.

Sooft Masaru mit seinen Eltern von Yasue sprach, weinte er um die Schwester, die unverheiratet gestorben war, und auch das erfüllte Tomoko mit Bitterkeit. Wer bedeutet dir mehr, Yasue oder die Kinder? hätte sie ihn am liebsten gefragt.

Zweifellos, ihre Nerven waren bis zum Zerreißen gespannt. In der Nacht nach der Totenfeier fand sie keinen Schlaf, sosehr sie auch der Ruhe bedurfte. Trotzdem schmerzte am nächsten Morgen ihr Kopf nicht im geringsten, und sie war fähig, klar und logisch zu denken.

Manchmal, wenn Besucher sie wortreich bedauerten, antwortete sie schroff: «Kümmert euch nicht um mich. Es spielt keine Rolle, ob ich lebe oder tot bin.»

Der Gedanke an Selbstmord und die Furcht, wahnsinnig zu werden, verließen sie nach und nach. Die Erkenntnis, daß sie um Katsuos willen weiterleben müsse, gab ihr neue Kraft. Mitunter allerdings glaubte sie, daß es nur Feigheit sei oder ein Erkalten ihrer Gefühle, wenn sie sich beim Anblick Katsuos, dem die anderen Frauen vorlasen, aufatmend sagte: Wie gut, daß ich mich nicht umgebracht habe. Nachts lag sie oft an ihren Mann geschmiegt, starrte mit weit aufgerissenen Augen auf den Lichtkreis, den die kleine Lampe an die Decke warf, und wiederholte immer von neuem: «Es ist meine Schuld. Ich habe einen großen Fehler gemacht. Ich hätte wissen müssen, daß ich die drei Kinder nicht mit Yasue allein lassen durfte.»

Ihre Stimme klang hohl wie eine vom Echo in den Bergen zurückgeworfene Stimme.

Masaru wußte, was diese quälenden Selbstvorwürfe bedeuteten. Tomoko wartete darauf, bestraft zu werden. Sie gierte förmlich nach Strafe.

Am vierzehnten Tag wurde noch ein Gottesdienst abgehalten, und dann kehrte das Leben in die gewohnten Bahnen zurück. Viele Bekannte rieten den Ikutas zu einer Erholungsreise, aber Tomoko wollte nicht ins Gebirge und erst recht nicht an die See. Sie war überzeugt, daß ein Unglück selten allein kommt.

An einem Spätsommerabend fuhr Tomoko mit Katsuo in die Stadt. Sie wollte ihren Mann vom Büro abholen und mit ihm essen gehen.

Jeder Wunsch, den Katsuo aussprach, wurde ihm erfüllt. Die Güte seiner Mutter und seines Vaters war geradezu beängstigend. Sie gingen so behutsam mit ihm um, als sei er aus Glas, und es war jedesmal ein großes Unternehmen, ihn unbeschadet auf die andere Straßenseite zu bringen. Seine Mutter nahm ihn fest an die Hand, blickte mißtrauisch auf die Autos und Lastwagen, die vor der Verkehrsampel hielten, und eilte dann mit ihm wie gehetzt über den Damm.

Im Schaufenster eines Modehauses waren noch Badeanzüge ausgestellt, und dieser Anblick traf Tomoko wie ein Keulenschlag. Hastig wandte sie die Augen von einem grünen Anzug ab, der jenem glich, den Yasue getragen hatte. Im Weitergehen überlegte sie, ob die Schaufensterpuppe einen Kopf gehabt hatte. Nein, dachte sie, und gleich darauf sagte sie sich: Doch, sie hatte einen Kopf, und ihr Gesicht sah genauso aus wie Yasues totes Gesicht. Geschlossene Augen, nasses, wirres Haar… Alle Schaufensterpuppen wurden zu Wasserleichen.

Wenn der Sommer nur schon zu Ende wäre. Sogar das Wort Sommer war beladen mit schwärenden Todesgedanken. Und die Abendsonne schien eine schwärende Glut auszuströmen.

Da es noch zu früh war, Masaru abzuholen, ging Tomoko mit ihrem Sohn in ein Warenhaus. Katsuo wollte sich Spielsachen ansehen, und sie fuhren hinauf in den zweiten Stock. Den Dingen, die für das Spiel am Strand gedacht waren, gönnten die beiden keinen Blick. Es war kurz vor Geschäftsschluß. An einem Tisch wühlten Mütter in einem Stapel verbilligter Kinderbadeanzüge. Eine Frau hielt eine dunkelblaue Badehose gegen das Licht, und die Abendsonne ließ die Gürtelschnalle aufblitzen. Sie sucht voller Eifer nach einem Totengewand, dachte Tomoko.

Katsuo bekam seine Bauklötze, und dann wollte er zum Dachgarten hinauf. Dort oben war es kühl. Vom Hafen wehte ein Wind herüber, der heftig an den Markisen zerrte.

Tomoko blickte durch das Drahtgitter auf die Kachidoki-Brücke jenseits der Stadt, auf die Tsukishima-Docks und die Lastkähne, die in der Bucht vor Anker lagen.

Als Katsuo die Hand der Mutter losließ, um zu dem Affenkäfig hinüberzulaufen, folgte ihm Tomoko und blieb hinter ihm stehen. Der Affengeruch war sehr stark – vielleicht wegen des Windes. Der Affe sah die beiden mit gerunzelter Stirn an. Als er sich von Ast zu Ast schwang, die eine Hand gegen die Hüfte gepreßt, konnte Tomoko das greisenhafte Gesicht und ein schmutziges Ohr mit durchscheinenden roten Adern deutlich erkennen. Nie zuvor hatte sie ein Tier so genau betrachtet.

Neben dem Käfig war ein Teich. Der Springbrunnen in der Mitte war bereits abgestellt. Rings um den Teich war Portulak gepflanzt, und auf der steinernen Einfassung balancierte ein

Kind, ein kleiner Junge in Katsuos Alter. Er schwankte gefährlich hin und her. Seine Eltern waren nirgends zu sehen.

Hoffentlich fällt er ins Wasser. Hoffentlich fällt er hinein und ertrinkt.

Tomoko beobachtete die unsicheren Beinchen. Der Junge fiel nicht ins Wasser. Als er rund um das Becken gelaufen war, fing er Tomokos Blick auf und lachte voller Stolz. Tomoko lachte nicht. Sie hatte das Gefühl, der Kleine mache sich über sie lustig.

Sie nahm Katsuo an die Hand und verließ hastig den Dachgarten.

Später, beim Essen, sagte Tomoko nach langem Schweigen zu ihrem Mann: «Du bist so ruhig. Und du scheinst überhaupt nicht traurig zu sein.»

Erschrocken vergewisserte sich Masaru, daß niemand diese Worte gehört hatte. «Verstehst du denn nicht? Ich möchte dich ein bißchen aufheitern.»

«Das ist nicht nötig.»

«Meinst du? Bedenke doch, wie sich dieser ewige Trübsinn auf Katsuo auswirken muß.»

«Ja, ich tauge eben nicht zur Mutter.»

Der Abend war ihnen gründlich verdorben.

Masaru war je länger, je mehr bestrebt, den Kummer seiner Frau von sich fernzuhalten. Ein Mann hat seinen Beruf, durch den er sich ablenken kann. Tomoko dagegen lebte nur ihrem Kummer. Abend für Abend empfing sie Masaru mit derselben Trauermiene, und so gewöhnte er sich bald an, möglichst spät nach Hause zu kommen.

Tomoko bestellte eine Dienstmagd zu sich, die vor Jahren für sie gearbeitet hatte, und schenkte ihr die Kleidungsstücke und das Spielzeug von Kiyoo und Keiko. Die Magd hatte Kinder in diesem Alter.

Eines Morgens erwachte Tomoko etwas später als gewöhnlich. Neben ihr, zusammengerollt in dem Doppelbett, schlief Masaru, der am Abend zuvor wieder einmal getrunken hatte. In der Luft hing noch ein leichter Alkoholgeruch. Die Sprungfedern quietschten, als sich Masaru auf die andere Seite drehte. Katsuos

Bett stand jetzt im elterlichen Schlafzimmer. Das war nicht das Richtige für ihn, wie Tomoko sehr gut wußte, aber sie fürchtete, er werde sich sonst zu einsam fühlen. Durch die weißen Moskitonetze über ihrem und Katsuos Bett betrachtete sie das friedlich schlummernde Kind. Im Schlaf lag immer ein schmollender Ausdruck auf seinem Gesicht.

Tomoko hob das Moskitonetz an und griff nach der Vorhangschnur. Ihre schweißfeuchte Hand empfand die Berührung mit der rauhen Hanfkordel als angenehm. Sie zog den Vorhang ein wenig zurück. Das Sonnenlicht fiel auf den unteren Teil des Sandelbaumes, so daß die Schatten sich übereinandertürmten und die großen Blätterbüschel noch weicher als sonst wirkten. Vor dem Fenster lärmten Sperlinge. Jeden Morgen nach dem Aufwachen schwatzten die Vögel lebhaft miteinander, und dann schienen sie einer hinter dem anderen die Dachrinne entlangzulaufen, immer hin und her. Das Trippeln der kleinen Füße war deutlich zu hören. Tomoko lauschte lächelnd.

Es war ein gesegneter Morgen, das empfand sie ganz stark, obgleich sie keinen Grund dafür hätte nennen können. Sie lag regungslos da, den Kopf auf dem Kissen, und überließ sich dem Glücksgefühl, das ihren Körper durchströmte.

Plötzlich atmete sie scharf ein. Sie wußte jetzt, warum sie so glücklich war: Zum erstenmal hatte sie nicht von den Kindern geträumt. Bisher waren sie ihr Nacht für Nacht im Traum erschienen; diesmal nicht. Statt dessen hatte sie irgend etwas Nettes, Belangloses geträumt.

So bald also hatte sie die Toten vergessen – unglaublich, daß sie einer solchen Herzlosigkeit fähig war. Sie weinte bittere Tränen und bat die Geister der Kinder um Verzeihung. Masaru öffnete die Augen und blickte seine Frau an. Er hatte den Eindruck, diese Tränen seien kein Zeichen der Trauer. Das Weinen schien Tomoko gutzutun.

«Hast du wieder von ihnen geträumt?»

«Ja», antwortete Tomoko. Es war ihr zu mühsam, den wahren Sachverhalt zu erklären.

Aber kaum hatte sie die Lüge ausgesprochen, da ärgerte sie

sich, daß Masaru nicht mit ihr weinte. Hätte sie Tränen in seinen Augen gesehen, so wäre es ihr ein leichtes gewesen, an ihre Lüge zu glauben.

Nach dem Gedenkgottesdienst des neunundvierzigsten Tages kaufte Masaru eine Grabstelle auf dem Tama-Friedhof, denn Kiyoo und Keiko waren die ersten Toten in seinem Zweig der Familie. Yasue sollte die Kinder auch am Fernen Gestade in ihre Obhut nehmen; im Einverständnis mit der Hauptfamilie war beschlossen worden, ihre Asche ebenfalls in dieser Grabstelle beizusetzen.

Tomoko hatte sich ohne jeden Grund der Herzlosigkeit angeklagt – ihre Trauer war eher noch tiefer geworden. Zu Anfang des Herbstes fuhr sie mit Masaru und Katsuo zum Friedhof, um die neue Grabstelle zu besichtigen.

Es war ein wunderschöner Tag. Der hohe, klare Himmel sandte nicht mehr so viel Hitze aus.

Mitunter läßt die Erinnerung vergangenes und gegenwärtiges Geschehen nebeneinander herlaufen oder schichtet das eine über das andere. So wurde Tomoko zweimal an diesem Tag das Opfer einer seltsamen Täuschung. Vielleicht lag es an dem fast zu hellen, fast zu klaren Himmel, daß die Ränder ihres Unterbewußtseins lichtdurchlässig wurden.

Zwei Monate vor der Tragödie am Meer hatte Masaru einen Autounfall gehabt. Er war zwar nicht verletzt worden, aber seit dem Tod der Kinder setzte sich Tomoko niemals mit Katsuo in den Wagen ihres Mannes. Masaru blieb also nichts anderes übrig, als für die Fahrt zum Friedhof den Zug zu benutzen.

In M. mußten sie in die Zweigbahn umsteigen. Masaru, mit Katsuo auf dem Arm, verließ als erster den Zug. Tomoko, die in dem Gedränge nicht so schnell vorankam, stand kaum auf dem Bahnsteig, als ein schriller Pfiff ertönte und die Wagentür sich selbsttätig schloß. Mit einem Aufschrei fuhr Tomoko herum und wollte die Tür gewaltsam aufreißen. Sie dachte, Kiyoo und Keiko säßen noch im Abteil.

Masaru zog sie am Arm mit sich fort. Sie blickte ihn wild an, als sei er ein Polizist, der sie abführte. Gleich darauf kam sie zur Besinnung und erklärte, was geschehen war – versuchte es jedenfalls zu erklären. Aber ihre Worte bereiteten Masaru nur Unbehagen. Er glaubte, sie verstelle sich.

Der kleine Katsuo war begeistert von der altmodischen Lokomotive der Zweigbahn. Sie hatte einen großen Schornstein und so hohe Räder, daß sie auf Stelzen zu stehen schien. Das hölzerne Brett, auf das der Lokomotivführer seinen Ellenbogen stützte, war schwarz wie Kohle. Die Maschine ächzte, seufzte, knirschte mit den Zähnen, setzte sich schließlich in Bewegung und dampfte an langweiligen Gemüsefeldern vorbei.

Tomoko, die den Tama-Friedhof zum erstenmal besuchte, war erstaunt, wie licht und schön es dort war. So viel Platz billigte man also den Toten zu? Grüne Rasenflächen, breite, von Bäumen gesäumte Wege und darüber, so weit das Auge reichte, der klare, strahlend blaue Himmel. Die Stadt der Toten war sauberer und gepflegter als die Stadt der Lebenden. Tomoko und ihr Mann hatten bisher keinen Anlaß gehabt, sich mit Friedhöfen zu befassen, aber der Gedanke, von nun an regelmäßig hierher zu kommen, war ihnen keineswegs unangenehm. Sie hätten ihre Empfindungen nicht in Worte kleiden können, aber die Trauerzeit, diese Kette dunkler, bedrückender Tage, schien ihnen jetzt etwas Gesichertes und Beständiges beschert zu haben, etwas Erfreuliches und sogar Heiteres. Sie hatten sich dem Tod angepaßt, und wie Menschen, die sich der Verderbtheit angepaßt haben, waren sie zu der Überzeugung gelangt, das Leben berge für sie keine Schrecken mehr.

Die Grabstelle befand sich am äußersten Ende des Friedhofs, und den drei Ikutas lief der Schweiß von der Stirn, als sie durch die sonnige Allee gingen. Tomoko und Masaru betrachteten neugierig das Grab des Admirals T. und lachten über einen großen, geschmacklos mit Spiegeln geschmückten Grabstein.

Tomoko lauschte dem gedämpften Zirpen der Herbstzikaden und atmete den Duft des Weihrauchs und des kühlen Grases ein. «Wie schön es hier ist. Sie werden viel Platz zum Spielen haben und sich bestimmt nicht langweilen. So merkwürdig es klingt, ich habe das Gefühl, daß es ihnen guttun wird, hier zu liegen.»

Katsuo war durstig. An einer Wegkreuzung stand ein Brunnen, ein hoher brauner Sockel mit einer Schale darauf. Aus dem Becken war Wasser auf die kreisrunden Stufen geflossen. Einige Kinder, die keine Lust mehr hatten, den Libellen nachzujagen, tranken am Brunnen und bespritzten einander laut lachend. Hin und wieder zeichnete ein Wasserstrahl einen dünnen Regenbogen in die Luft.

Wenn Katsuo etwas haben wollte, dann nahm er es sich, und jetzt wollte er etwas zu trinken haben. Die Gelegenheit war günstig. Seine Mutter führte ihn nicht an der Hand, und so rannte er auf den Brunnen zu. «Wohin willst du?» rief Tomoko in scharfem Ton, und er antwortete über die Schulter: «Wasser trinken.» Sie eilte ihm nach und packte ihn von hinten an den Armen. Katsuo erschrak, weil er dachte, irgendein Tier habe ihn angesprungen. «Au, tut weh», schrie er kläglich.

Tomoko kniete sich auf den Kies und drehte den Kleinen zu sich herum. Er schaute zu seinem Vater hinüber, der in einiger Entfernung neben einer Hecke stand und Tomoko erstaunt beobachtete.

«Du darfst das Brunnenwasser nicht trinken. Komm, hier habe ich etwas für dich», sagte sie zu dem Kind und schraubte die Thermosflasche auf.

Endlich erreichten sie ihr kleines Grundstück. Es lag in einem ganz neuen Teil des Friedhofs, weit hinter den Reihen der Grabsteine. Hier und dort waren junge Buchsbaumsträucher gepflanzt, und wenn man genau hinsah, erkannte man, daß sie ein Muster bildeten. Die Asche der drei Toten befand sich noch im Familientempel, und die Grabstelle, durch kein Namensschild gekennzeichnet, war nichts als ein abgegrenztes Stück Land.

«Hier werden sie alle drei zusammensein», sagte Masaru.

Mit dieser Bemerkung vermochte Tomoko nichts anzufangen. Wie ist es möglich, fragte sie sich, daß Tatsachen so ganz und gar unwahrscheinlich anmuten können? *Ein* Kind, das im Meer ertrinkt – so etwas kommt vor, und zweifellos wird es jeder als eine Tatsache akzeptieren. Aber *drei* Ertrunkene – das ist lächerlich. Und bei zehntausend verhält es sich wieder anders. An einer gewaltigen Naturkatastrophe oder einem Krieg ist nichts Lächerliches. Ein einzelner Todesfall ruft ernste, feierliche Gefühle hervor, und ebenso ist es, wenn es sich um Tausende von Toten handelt. Aber drei... Das ist allzu gemäßigtes Übermaß.

«Drei», murmelte sie. «Wie albern. Drei...»

Zuviel für eine Familie, zuwenig für die Gesellschaft. Und es fehlte die soziale Bedeutung, wie sie der Tod auf dem Schlachtfeld oder der Tod in treuer Pflichterfüllung mit sich bringt. In ihrer weiblichen Ichbezogenheit kam Tomoko nicht von dem Rätsel dieser Zahl los. Masaru, der mitten im Leben stand, war im Laufe der Zeit zu der Erkenntnis gelangt, daß es am besten war, die Sache so zu sehen, wie die Gesellschaft sie sah: Man mußte dankbar sein, daß diese Todesfälle keine soziale Bedeutung hatten.

Auf dem Bahnhof, bevor sie die Heimfahrt antraten, wurde Tomoko wiederum das Opfer des Nebeneinanders von Einst und Jetzt. Sie hatten zwanzig Minuten Zeit bis zur Abfahrt des Zuges. Katsuo bettelte um ein Spielzeug, einen der kleinen Dachse, die vor dem Bahnhofsgebäude verkauft wurden. Sie hingen an Schnüren, waren aus Watte geformt, dachsbraun gefärbt und mit Augen, Ohren und Schwanz ausgestattet.

«Sieh nur, diese Dachse gibt es immer noch!» rief Tomoko.

«Ja, und bei den Kindern sind sie offenbar genauso beliebt wie früher.»

«Ich hatte auch einen, als ich klein war.»

Tomoko kaufte der alten Frau in der Bude einen Dachs ab und gab ihn Katsuo. Gleich darauf ertappte sie sich dabei, daß sie nach Geschenken suchte, die sie Kiyoo und Keiko mitbringen könnte.

«Was hast du denn?» fragte Masaru.

«Ich weiß nicht, was mit mir los ist. Eben habe ich tatsächlich überlegt, was ich für die anderen kaufen sollte.» Tomoko hob die runden weißen Arme und rieb mit den Fäusten an ihren

Augen und den Schläfen herum. Ihre Nasenflügel zitterten, als kämpfe sie mit den Tränen.

«Tu's doch. Geh hin und kaufe etwas für sie.» Masarus Stimme klang beinahe bittend. «Wir können es auf den Altar legen.»

«Nein. Spielzeug ist nur für die Lebenden.» Tomoko drückte ihr Taschentuch an die Augen. Die anderen waren tot, und sie lebte. Das war das Schlimmste von allem. Wie grausam war es, weiterleben zu müssen.

Sie blickte noch einmal in die Runde: auf die roten Fahnen, mit denen die Lokale am Bahnhof geschmückt waren, auf die schimmernden weißen Granitblöcke vor den Grabsteingeschäften, auf das vergilbte Papier der Schiebetüren in den oberen Stockwerken, auf die Dachziegel, auf den Himmel, dessen Porzellanblau sich jetzt, gegen Abend, allmählich dunkler färbte. Alles war so klar, so scharf umrissen. Selbst in der Grausamkeit des Lebens lag noch ein tiefer Frieden, der einen wie eine Ohnmacht umfing.

Der Herbst ging ins Land. Das Leben der Familie wurde von Tag zu Tag harmonischer, obgleich der Kummer natürlich noch längst nicht vergessen war. Aber Tomoko lernte es, sich zusammenzunehmen, und das bewog Masaru, die Abende wieder mit den Seinen zu verbringen, zumal er die Freuden des eigenen Heims schätzte und seinen kleinen Sohn zärtlich liebte. Und mochte auch, wenn Katsuo im Bett war, die Rede mitunter auf Dinge kommen, die weder Tomoko noch Masaru zu erörtern wünschten, so fanden die beiden doch einen gewissen Trost in diesen Gesprächen. Langsam, fast unmerklich kehrten sie nach dem furchtbaren Ereignis ins Alltagsleben zurück, und das rief in ihnen eine neue Empfindung hervor: Furcht, mit Scham gemischt. Es war, als hätten sie ein Verbrechen begangen, das niemals aufgedeckt werden würde. Sie wußten – und sie konnten es unmöglich vergessen –, daß drei Mitglieder der Familie fehlten, und dieses Wissen gab ihnen manchmal das seltsame Gefühl, es habe sich etwas vollendet.

Keiner von ihnen verlor den Verstand, keiner beging Selbstmord oder wurde auch nur krank. Das Schreckliche war vorbei und hatte kaum einen Schatten hinterlassen. Eines Tages entdeckte Tomoko, daß sie sich langweilte. Sie schien auf irgend etwas zu warten.

Bisher waren sie weder ins Theater noch zu Konzerten gegangen, aber nun verfiel Tomoko auf die Ausrede, solche Veranstaltungen seien ja gerade als Trost für die Betrübten gedacht. Um diese Zeit gab ein berühmter amerikanischer Geiger ein Gastspiel in Tokio, und Masaru kaufte zwei Eintrittskarten. Katsuo mußte zu Hause bleiben, und zwar vor allem, weil Tomoko diesmal mit ihrem Mann im Wagen fahren wollte.

Tomoko brauchte viel Zeit für ihre Vorbereitungen. Ihr Haar, das sie seit Monaten nicht richtig gepflegt hatte, machte ihr beim Frisieren große Mühe. Aber endlich war sie fertig, und der Anblick ihres Gesichtes im Spiegel weckte Erinnerungen an lang vergessene Freuden. Wie schön, sich nach Herzenslust im Spiegel betrachten zu können! Sie hatte schon gar nicht mehr gewußt, was für ein Genuß das war – der alles beherrschende Kummer hatte sie auch dieser Ekstase beraubt.

Sie probierte einen Kimono nach dem anderen und entschied sich schließlich für einen purpurroten Festkimono. Dazu wählte sie einen Jüstel aus Brokat. Masaru schaute sie erstaunt und entzückt an, als sie zu ihm in den Wagen stieg.

Im Foyer der Konzerthalle zog sie alle Blicke auf sich, und Masaru war sehr stolz auf seine schöne Frau. Früher wäre Tomoko froh und glücklich gewesen, so viel Bewunderung zu erregen; jetzt aber empfand sie eine nagende Unzufriedenheit. Vielleicht, so sagte sie sich, hatte ihr gerade das muntere Leben und Treiben im Foyer zum Bewußtsein gebracht, daß die Wunde in ihrem Herzen noch nicht vernarbt war. In Wirklichkeit rührte die Mißstimmung jedoch daher, daß sie sich einbildete, man habe absichtlich ihre Gefühle verletzt.

Folgendes war geschehen: Tief ergriffen von der Musik, hatte Tomoko in der Pause mit ernster Miene das Foyer betreten. Sie begrüßte eine Freundin, und ihr Gesichtsausdruck paßte genau zu den gemurmelten Beileidsworten der anderen. Dann stellte die Freundin ihren Begleiter vor. Der junge Mann wußte nichts von Tomokos Kummer, ging also auch nicht darauf ein, sondern sprach von höchst alltäglichen Dingen und machte auch ein paar kritische Bemerkungen über die Musik.

So ein ungeschliffener Mensch, dachte Tomoko, als sich die beiden verabschiedet hatten. Kein mitfühlendes Wort hat er gesagt. Und er muß doch gesehen haben, wie traurig ich war. Ihr Blick folgte dem jungen Mann, der groß war und aus der Menge herausragte. Als er den Kopf zur Seite wandte, sah Tomoko seine lachenden Augen und die schimmernde Haarsträhne, die ihm in die Stirn hing. Von der Frau war nur der Hinterkopf sichtbar.

Plötzlich durchzuckte Tomoko ein brennendes Gefühl der Eifersucht. Hatte sie etwa von dem jungen Mann nicht nur tröstliche Worte hören wollen, sondern auch Worte, die etwas ganz anderes ausdrückten? Dieser Gedanke erschreckte sie so sehr, daß sie zu zittern begann, und sie wurde erst ruhiger, als sie erkannte, daß sie sich ganz zu Unrecht verdächtigte. Ausgerechnet sie, die sich in keiner Weise über ihren Mann beklagen konnte, sollte derartige Wünsche hegen!

«Bist du durstig?» fragte Masaru, der sich inzwischen mit einem Bekannten unterhalten hatte. «Da drüben gibt es Orangeade.»

Am Büfett standen viele Leute mit Flaschen in der Hand. Tomoko blickte hinüber und kniff dabei die Augen zusammen, wie Kurzsichtige es oft tun. Nein, sie wollte nichts haben. Damals, auf dem Friedhof, hatte sie Katsuo verboten, am Brunnen zu trinken, und ihm statt dessen abgekochtes Wasser gegeben. Aber nicht nur Katsuo war gefährdet. Bestimmt wimmelte es in der Orangeade von Bakterien.

Tomokos Vergnügungssucht hatte garadezu etwas Hektisches. Es war, als wolle sie sich für alles entschädigen, was sie in der Trauerzeit versäumt hatte.

Trotzdem kam sie nie in Versuchung, ihrem Mann untreu zu

werden. Sie ging stets in seiner Begleitung aus und wünschte es auch nicht anders.

Nur den Toten gegenüber hatte sie ein schlechtes Gewissen. Wenn sie spätabends nach Hause kam und den schlafenden Katsuo betrachtete, den das Mädchen zu Bett gebracht hatte, dann dachte sie oft an die toten Kinder und machte sich bittere Vorwürfe wegen ihrer Gier, das Leben zu genießen. Schließlich kam es so weit, daß sie unablässig von Gewissensbissen geplagt wurde, wenn sie an irgendeiner festlichen Veranstaltung teilnahm.

Ganz unerwartet erklärte Tomoko eines Tages, sie wolle einen Nähkursus besuchen. Masaru stellte insgeheim fest – übrigens nicht zum erstenmal –, daß es überaus schwierig sei, den krausen Gedankengängen einer Frau zu folgen.

Tomoko beschäftigte sich also mit Nähen und war nicht mehr so eifrig auf ihr Vergnügen bedacht. Ruhig und gelassen widmete sie sich ihrer Familie. Ich stehe mit beiden Beinen fest im Leben, sagte sie sich.

Der Haushalt, um den sie sich nun wieder kümmerte, zeigte deutliche Spuren der Vernachlässigung. Tomoko hatte das Gefühl, sie sei von einer langen Reise zurückgekehrt. Sie machte sich unverzüglich daran, die Wäsche zu waschen und Ordnung im Haus zu schaffen. Das ältliche Dienstmädchen sah sich auf einmal all ihrer Arbeit beraubt.

Beim Aufräumen fand Tomoko ein Paar Schuhe von Kiyoo und hellblaue Filzpantöffelchen, die Keiko getragen hatte. Sie betrachtete andächtig diese Erinnerungsstücke und weinte Tränen der Rührung; trotzdem schien ihr, die Sachen, die den Kindern gehört hatten, seien Unglücksbringer. Sie ließ sich von einer Freundin die Adresse eines Waisenhauses geben und schickte alles dorthin, was sie noch in Truhen und Schränken entdeckte, sogar Kleidungsstücke, die Katsuo recht gut hätte auftragen können. Diese großzügige Geste erfüllte sie mit Stolz.

Da Tomoko so viel nähte, war Katsuo bald wie ein kleiner Prinz ausgestattet. Sie hatte auch nicht übel Lust, sich einige elegante Hüte aufzuputzen, aber dafür fehlte ihr nun doch die Zeit. Wenn sie an der Nähmaschine saß, vergaß sie all ihren Kummer. Das Surren des Rades und das mechanische Auf und Ab der Nadel brachten die regellos schwankende Melodie ihrer Gemütsbewegungen zum Schweigen, und sie fragte sich, warum sie dieses Heilmittel nicht schon eher angewandt habe. Aber hätte es denn etwas genutzt, solange ihr Herz sich allen Tröstungen verschloß?

Eines Tages stach sie sich in den Finger, und aus der Wunde quoll ein Tropfen Blut. Tomoko wurde von Angst gepackt. Der Schmerz weckte den Gedanken an den Tod.

Die Angst wich erst, als Tomoko sich sagte: Wenn eine so harmlose Verletzung den Tod brächte, dann wäre das die Antwort auf ein Gebet. So nähte sie denn unermüdlich, Stunde um Stunde. Da die Maschine jedoch mit allen Sicherheitsvorrichtungen ausgestattet war, gab es nicht den geringsten Zwischenfall.

Noch immer fühlte sich Tomoko unzufrieden, wartete auf irgend etwas, suchte irgend etwas. Masaru ärgerte sich über ihr Verhalten, und an manchen Tagen sprachen sie kein Wort miteinander.

Als der Winter kam, war das Grab fertig, und die Asche wurde beigesetzt.

In der Einsamkeit des Winters denkt man besonders oft an den Sommer. So war es auch bei den Ikutas: Die Erinnerung an den Sommer warf einen schwarzen Schatten auf ihr Leben. Und doch war ihnen, als hätten sie das, was geschehen war, nicht selbst erlebt, sondern in einem Buch gelesen. In der Tat, am winterlichen Kaminfeuer bekam alles einen romanhaft unwirklichen Anstrich.

Im Januar stellte sich heraus, daß Tomoko schwanger war. Zum erstenmal seit langer Zeit fanden die Eheleute es richtig und natürlich, ganz in der Gegenwart zu leben. Nie zuvor war Tomoko so behutsam, so vorsichtig gewesen – der Gedanke, das Kind könne gesund auf die Welt kommen, erschien ihr so unfaßbar, daß sie eher geneigt war, das Gegenteil zu glauben.

Unter die trüben Erinnerungen wurde nun ein Schlußstrich gezogen. Tomoko schöpfte Kraft aus dem Leben, das sie in sich trug, und zum erstennmal fand sie den Mut, sich einzugestehen, daß der Schmerz vergangen war. Sie brauchte diese Tatsache nur anzuerkennen.

Tomoko bemühte sich, zu verstehen. Das ist sehr schwer, solange man noch keinen Abstand von einem Ereignis gewonnen hat. Das Verstehen kommt später, wenn man fähig ist, seine Empfindungen zu analysieren, Schlüsse zu ziehen, Klarheit zu schaffen. Rückblickend war Tomoko mit ihren unzulänglichen Empfindungen ganz und gar nicht zufrieden. Sicherlich würde diese Unzufriedenheit länger währen, länger auf ihr lasten als der Schmerz. Aber es gab ja keine Umkehr, keine Möglichkeit eines neuen Versuchs.

Sie konnte einfach nicht glauben, daß sie, eine Mutter, in irgendeiner Weise falsch reagiert haben sollte. Doch der Zweifel blieb und ließ sich nicht abschütteln.

Das wahre Vergessen hatte Tomoko noch nicht gefunden. Über ihrem Schmerz hatte sich nur eine dünne Kruste gebildet, so, wie sich ein See mit einer dünnen Eisschicht bedeckt. Hin und wieder brach das Eis, bildete sich jedoch über Nacht stets von neuem.

Allmählich, ohne daß Tomoko es merkte, ergriff das Vergessen von ihr Besitz. Es sickerte in sie ein. Es fand winzige Öffnungen, durch die es eindringen konnte. Wie ein unsichtbarer Krankheitskeim befiel es den Organismus, fraß sich langsam, aber beharrlich weiter. Tomoko wehrte sich dagegen, unbewußt, wie man einen Traum abzuschütteln sucht. Der ständige Kampf gegen das Vergessen machte sie unruhig und ängstlich.

Sie sagte sich, es sei die Kraft des Kindes in ihr, die das Vergessen bewirke. Aber das Kind trug lediglich dazu bei, daß sie vergaß. Langsam wurden die Umrisse des tragischen Geschehens unscharf, trübten sich, verschwammen, zerfielen, lösten sich auf.

Am Sommerhimmel war ein entsetzliches Marmorbildnis erschienen, weiß, starr, furchteinflößend. Dann war es nach und nach in Wolken zerflossen, hatte die Arme verloren, den Kopf, das lange Schwert. Der Ausdruck des steinernen Gesichtes, so schrecklich, daß einem das Blut in den Adern gerann, hatte sich verwischt und seine Härte verloren.

Eines Tages gab es im Radio ein Hörspiel, in dem es um eine Mutter und ihr totes Kind ging. Tomoko stellte den Apparat ab und war ein wenig erstaunt, daß sie die Last der Erinnerung so ohne weiteres von sich schieben konnte. Aber sie fand, daß sie, eine Mutter, die ihr viertes Kind erwartete, die moralische Verpflichtung habe, ihre Trauer zu zügeln, statt sich ihr geradezu wollüstig hinzugeben. Tomoko hatte sich in den letzten Monaten verändert.

Um des Kindes willen mußte sie die dunklen Wogen der Gemütserregung eindämmen, mußte sich innerlich im Gleichgewicht halten. Sosehr sie gegen das tückische Vergessen rebellierte, den Vorschriften der seelischen Hygiene unterwarf sie sich gern. Und sie fühlte sich frei. Frei trotz aller Vorschriften. Natürlich demonstrierte auch hier das Vergessen seine Macht. Tomoko war erstaunt, wie leicht sich ihr Herz lenken ließ.

Sie gewöhnte sich ab, ihren Erinnerungen nachzuhängen, und sie fand nichts mehr dabei, wenn ihre Augen bei Gedenkgottesdiensten oder Friedhofsbesuchen trocken blieben. Sie glaubte, sie sei großmütig geworden und könne alles verzeihen. Im Frühling zum Beispiel, als sie mit Katsuo in einem nahegelegenen Park spazierenging, war es ihr einfach nicht möglich, beim Anblick spielender Kinder jenen Groll zu empfinden, der unmittelbar nach der Katastrophe in ihr aufgestiegen wäre. Jetzt hatte sie verziehen, und deshalb, so schien ihr, lebten alle diese Kinder in Ruhe und Frieden.

Masaru hatte leichter Vergessen gefunden als Tomoko, doch das war beileibe kein Zeichen der Herzlosigkeit. Im Gegenteil, er hatte in der ersten Zeit geradezu in sentimentaler Trauer geschwelgt. Ein Mann mag wankelmütig sein, aber im allgemeinenist er gefühlvoller als eine Frau. Unfähig, die Gemütsbewegung endlos auszudehnen, hatte Masaru seinen Kummer jedoch ziemlich rasch überwunden. Da er sich von Tomoko im Stich gelassen fühlte, erlaubte er sich ein paar unbedeutende Freiheiten, deren er bald überdrüssig wurde. Tomokos Schwangerschaft bewirkte, daß er zu ihr zurückeilte wie ein Kind zur Mutter.

Sie ließen die Tragödie hinter sich, und es war, als ließe ein Schiffbrüchiger das sinkende Schiff hinter sich. Eines Tages waren sie imstande, die Dinge so zu sehen, wie sie sich damals den Zeitungslesern dargestellt haben mochte. Tomoko und Masaru wußten nicht einmal, ob sie in dem Geschehen eine Rolle gespielt hatten. Waren sie denn mehr gewesen als Zuschauer, die alles aus nächster Nähe beobachtet hatten? Nur die drei Toten hatten wirklich an dem Unglück teilgehabt und würden bis in alle Ewigkeit daran teilhaben. Um eine Rolle in einer historischen Katastrophe zu spielen, muß man sein Leben irgendwie eingesetzt haben. Was aber hatten Masaru und seine Frau eingesetzt? Und vor allem: Hatten sie überhaupt Zeit gehabt, irgend etwas einzusetzen?

Das tragische Geschehen glich jetzt nur noch einem Leuchtfeuer auf einem fernen Vorgebirge. Es flammte auf und erlosch wie der kreisende Scheinwerfer auf Kap Tsumeki, südlich von A. Aus einem Unglücksfall war eine ethische Lektion geworden, aus einer konkreten Tatsache eine Metapher. Das, was anfangs ausschließlich den Ikutas gehört hatte, war jetzt öffentliches Eigentum. Das Leuchtfeuer läßt seinen Strahl über öde Küsten gleiten, über Wellen, die ihre weißen Fangzähne in einsame Felsen schlagen, und ebenso erhellte die Tragödie das Alltagsleben um die Ikutas herum. Alle sollten die Lektion lernen. Eine schlichte, uralte Lektion, die sich längst allen Eltern eingeprägt haben müßte: Behaltet eure Kinder ständig im Auge, wenn sie am Strand spielen. Auch dort, wo niemand an eine Gefahr glauben würde, kann man ertrinken.

Natürlich hatten Masaru und seine Frau nicht deshalb zwei Kinder und eine Schwester geopfert, um ihre Mitmenschen etwas zu lehren. Aber einen anderen Sinn hatte diese Katastrophe nicht gehabt, und das gleiche läßt sich von so manchem Heldentod sagen.

Tomokos viertes Kind, ein Mädchen, wurde im Spätsommer geboren. Das Glück der Ikutas kannte keine Grenzen. Masarus Eltern kamen aus Kanazawa, um ihr neues Enkelkind zu sehen, und bei dieser Gelegenheit besuchten sie auch mit Masaru den Friedhof.

Das Kind erhielt den Namen Momoko. Es gedieh prächtig – Tomoko verstand sich auf Säuglingspflege. Und Katsuo war überglücklich, daß er nun wieder eine Schwester hatte.

Im folgenden Sommer – zwei Jahre nach dem Unglück und ein Jahr nach Momokos Geburt – überraschte Tomoko ihren Mann mit dem Wunsch, nach A. zu fahren.

«Hast du nicht gesagt, du wolltest nie wieder nach A.?»

«Ja, aber jetzt möchte ich gern dorthin.»

«Wirklich, ich kann mich nur über dich wundern. Was mich betrifft, so habe ich nicht die geringste Lust dazu.»

«Nein? Gut, dann lassen wir's eben.»

In den nächsten Tagen erwähnte sie die Reise mit keinem Wort. Dann aber sagte sie: «Ich möchte doch *sehr* gern nach A.»

«Fahr allein.»

«Nein, das ist unmöglich.»

«Warum denn?»

«Weil ich mich fürchten würde.»

«Ja, mußt du denn unbedingt an einen Ort fahren, der dir unheimlich ist?»

«Ich möchte, daß wir alle fahren. Du auch. Wenn du uns damals begleitet hättest, wäre bestimmt nichts passiert.»

«Woher willst du das wissen? Außerdem kann ich mich im Geschäft nicht so lange frei machen.»

«Wir brauchen nur eine Nacht dort zu bleiben.»

«Dafür lohnt sich die weite Reise doch nicht.»

Sooft er Tomoko auch fragte, was sie in A. wolle, er bekam jedesmal dieselbe Antwort: «Das weiß ich nicht.» Schließlich erinnerte er sich einer Regel in den Kriminalromanen, die er mit Begeisterung las: Der Mörder kehrt stets an den Tatort zurück, obgleich er weiß, daß er sich damit in Gefahr begibt. Ebenso zog es wohl Tomoko dorthin zurück, wo ihre Kinder gestorben waren.

Als Tomoko ihre Bitte ein drittes Mal vortrug – nicht drängend, eher mit einer monotonen Beharrlichkeit –, gab Masaru nach. Er beschloß, zwei Tage Urlaub zu nehmen, damit sie nicht am Wochenende in den Strom der Ausflügler gerieten. Der Gasthof *Eirakuso* war der einzige in A., und Masaru konnte nichts anderes tun als Zimmer bestellen, die möglichst weit von jenem Unglückszimmer entfernt lagen. Da Tomoko nach wie vor nicht bereit war, sich mit den Kindern in Masarus Wagen zu setzen, fuhren sie alle vier – der Mann, die Frau, Katsuo und Momoko – mit dem Zug nach Ito und mieteten dort ein Taxi.

Wieder war es Hochsommer. Vor den Häusern am Straßenrand blühten Sonnenblumen, zottig wie Löwenmähnen. Das Taxi wirbelte Staubwolken auf, aber den offenen, ehrlichen Blumengesichtern schien es nichts auszumachen, daß sie beschmutzt wurden.

Als zur Linken das Meer sichtbar wurde, schrie Katsuo vor Entzücken auf. Er war jetzt fünf und hatte das Meer zuletzt vor zwei Jahren gesehen.

Sie sprachen wenig während der Fahrt. Der Wagen rüttelte und schüttelte derart, daß eine zusammenhängende Unterhaltung nicht möglich war. Nur Momoko plapperte munter vor sich hin. Katsuo brachte ihr das Wort «Meer» bei. Die Kleine zeigte aus dem rechten Fenster auf den kahlen roten Berg und rief: «Meer!» Masaru kam es vor, als hätte das Kind ein Unglückswort gelernt.

Im *Eirakuso* wurden sie von dem Geschäftsführer empfangen, den sie schon kannten. Auch diesmal gab Masaru dem Mann ein Trinkgeld. Er entsann sich nur allzu deutlich, wie seine Hand gezittert hatte, als er jene andere Tausend-Yen-Note aus der Brieftasche nahm.

Die meisten Zimmer im Gasthof standen leer. Ein schlechtes Jahr. Masaru, von Erinnerungen überwältigt, war nervös und gereizt. Er machte seiner Frau in Gegenwart der Kinder heftige Vorwürfe.

«Zum Teufel, warum sind wir eigentlich hergekommen? Hier werden wir ja nur an Dinge erinnert, an die wir lieber nicht denken möchten. An Schicksalsschläge, die wir mit Mühe und Not überwunden haben. Für unsere erste Reise mit Momoko hätten wir uns wirklich etwas Geeigneteres aussuchen können. Meine Zeit ist sowieso mehr als knapp.»

«Aber du warst doch einverstanden, nicht wahr?»

«Ja, weil du mir dauernd zugesetzt hast.»

Das Gras dorrte in der Nachmittagssonne. Alles war genauso wie vor zwei Jahren. An der weißen Schaukel hatte jemand einen blau-grün-rot gestreiften Badeanzug zum Trocknen aufgehängt. Einige Wurfringe waren um den Pfahl herum im Gras verstreut. Die Stelle, wo Yasues Leichnam gelegen hatte, wurde von Bäumen beschattet. Nur ein paar Sonnenflecke drangen durch das zitternde Laub und tanzten auf dem Rasen – es sah aus, als hebe und senke sich dort Yasues Brust unter dem grünen Badeanzug. Jedenfalls sah es für Tomoko so aus. Masaru wußte ja nicht, daß der Leichnam dort gelegen hatte. Ebenso wie das Unglück für ihn nicht geschehen war, bevor er die Nachricht erhielt, würde dieses Stück Rasen für ihn nie etwas anderes sein als ein ruhiges, schattiges Plätzchen. Für ihn und für die anderen Gäste.

Da Masaru keine Antwort bekam, hörte er bald auf, seine Frau auszuschelten. Katsuo lief in den Garten und ließ einen Wurfring über den Rasen rollen. Im Gras hockend, beobachtete er gespannt, wie der Ring die schattige Stelle überquerte, hin und her schwankte, dann plötzlich hochhüpfte und umfiel. Katsuo wartete regungslos. Irgendwann, so dachte er, mußte sich der Ring wieder aufrichten.

Die Zikaden zirpten. Masaru, der schweigend dasaß, betastete seinen schweißfeuchten Kragen. Dann besann er sich auf die väterlichen Pflichten. «Komm, Katsuo, wir gehen zum Strand.»

Tomoko nahm die kleine Momoko auf den Arm, und die vier

traten durch die Gartenpforte in das Kiefernwäldchen hinaus. Vor ihnen erstreckte sich das Meer, dessen Wellen rasch heranrollten und sich glitzernd über den Strand ergossen.

Es war Ebbe, so daß sie nicht über den Felsen zu klettern brauchten. In den Holzsandalen, die er sich im Gasthof geliehen hatte, ging Masaru mit Katsuo über den heißen Sand.

An dem ganzen langen Badestrand hielten sich höchstens zwanzig Personen auf. Strandschirme waren nicht zu sehen.

Schweigend standen die Ikutas am Wasser.

Dicht über dem Horizont ballten sich Wolken. Es war kaum zu glauben, daß diese hochgetürmten, mit Licht beladenen Massen in der Luft zu schweben vermochten. Darüber segelten weiße Federwölkchen durch das Himmelsblau, wie Staubflokken, die ein Besen aufgewirbelt hat. Die schweren Wolken schienen einem Druck standzuhalten, sich gegen irgend etwas zu stemmen. Ein geformtes Übermaß von Licht und Schatten, eine dunkle, aufkeimende Leidenschaft, die sich – wie es auch in der Musik geschieht – einem strahlenden, gestalterischen Willen beugte.

Unter dem Wolkengebirge erstreckte sich das Meer, viel gewaltiger als das Land und weniger wechselhaft. Das Land scheint nie das Meer oder auch nur seine Buchten in sich aufzunehmen. Besonders an einer weit geschwungenen Küste wird die Übermacht des Meeres spürbar.

Die Wellen rollten heran, brachen sich, fluteten zurück. Ihr Getöse war eigentlich nichts als ein ohrenbetäubendes Schweigen. In der tiefen Stille des Hochsommertages vollzog sich eine lyrische Umwandlung: Die Wellen wurden zu einem Geriesel, das man das helle, spöttische Lachen der Wellen über sich selbst nennen könnte.

Masaru blickte seine Frau von der Seite an.

Sie schaute aufs Meer hinaus. Der Seewind spielte mit ihrem Haar; die Sonnenglut schien ihr nichts auszumachen. Tomokos feuchte Augen hatten einen fast majestätischen Ausdruck. Die Lippen waren fest zusammengepreßt. In ihren Armen hielt sie die einjährige Momoko, die ein Strohhütchen trug.

Masaru kannte diesen Gesichtsausdruck seiner Frau. So hatte sie seit jenem Unglückstag oft ausgesehen: selbstvergessen, erwartungsvoll.

Worauf wartest du? hätte er sie am liebsten gefragt. Aber er brachte kein Wort heraus. Es war auch nicht nötig, denn er kannte die Antwort.

Seine Finger schlossen sich fester um Katsuos Hand.

Janwillem van de Wetering
Schuld und Sühne im zeitlosen Japan
(oder «Der tanzende Mönch»)

(nach einer «Miniatur» des einäugigen und körperbehinderten Journalisten Lafcadio Hearn [1850–1904], halb irischer,halb griechischer Abstammung, der sich im Alter entschied, japanischer Staatsbürger zu werden und sich dort niederzulassen. Ich habe Hearns Version einer Zen-Legende bearbeitet und einige meiner eigenen Erfahrungen als «Zen-Mönch» im Japan der 50er Jahre hinzugefügt.)

Als junger Mann habe ich einige Zeit in einem Zen-Kloster in Kioto zugebracht, einen beträchtlichen Teil meiner Zeit, wie mir heute scheint, denn tieferfahrene Bewußtseinserweiterung dehnt sich aus in der Erinnerung. Dieses buddhistische Kloster war Teil eines Tempelareals, und für jeden Tempel war ein eigener Priester verantwortlich. Diese Priester unterschieden sich in der Rangordnung, und je höher ihr Rang war, desto farbenprächtiger waren ihre Gewänder. Einmal im Monat versammelten sie sich im reichgeschmückten Haupttempel zum Tanzen (nicht im Kloster, denn im Kloster lernten die Zen-Schüler, wie sie mit Übungen und Meditation die Erleuchtung erlangen können).

Ich habe mir diese Priestertänze angesehen. Einige der jungen Mönche, meine Freunde aus dem Kloster, kümmerten sich um die Musik. Es gab einen Schlagzeuger, einen Perkussionisten, einen Typ an den Gongs, und alle sangen. Das Singen klang so wie in den surrealen japanischen Filmen heutzutage: hohe, durchdringende Töne, die plötzlich abbrechen, als ob jemand die Kehle des Sängers durchgeschnitten hat – heiseres Stöhnen, pochende Rhythmen und gelegentlich jazzige Ausbrüche mit Scat oder Rap und sogar Gesänge, die jedem Trommelschlag einen ganzen Text zuordneten. Während die Mönche ihren Tanz aufführten und die weiten Ärmel ihrer schwarzen Gewänder flattern ließen, schlurften die ehrwürdigen Priester in ihren Brokat- und Seidengewändern umher. Einer der Priester, ein Bonze namens Roku, war größer und dicker als alle anderen. Er konnte seine platten Füße erstaunlich schnell heben und seine Körpermasse erstaunlich behende bewegen und vollführte sogar Solotänze, während seine leichtfüßigen Glaubensbrüder ihn begleiteten. Dieser Startänzer war ein hochrangiger Priester. Er war der einzige, der ein Auto besaß (damals, in den 50er Jahren, gab es nur wenige Autos). Roku-san beeindruckte mich sehr. Auch die Mönche waren von ihm beeindruckt, grinsten immer voller Neid und schlugen sich auf den Hintern (eine spöttische Geste der japanischen Unterschicht), wenn sie seinen Possen beiwohnten. Aus dem, was man sich erzählte, vernahm ich, daß der «Beerdigungspriester» Roku gute Gewinne machte, indem er sich um die toten Reichen kümmerte und ihren Seelen einen sicheren Übergang in den buddhistischen Himmel garantierte. Ich wurde damals von Krämpfen in den Beinen und Hämorrhoiden geplagt (das kam von den Meditationen im Lotussitz) und hatte keine Gelegenheit, den Werdegang des tanzenden Priesters zu erforschen. Meine Fragen nach seiner Herkunft blieben offen.

Fragen formulieren Antworten, und diese spezielle Frage tauchte in einem meiner Träume auf. Der Traum beantwortete auch andere Fragen. Und obwohl Zen sich nicht besonders um die Fragen von Gut und Böse kümmert, da es sich mit jener Leere beschäftigt, die jenseits von Verbrechen, Rache oder Sühne existiert, und Vergehen eher mit Unwissenheit entschuldigt und weniger anklagt, fragte ich mich, ob ein Zen-Priester wohl habgierig sein darf.

Vielleicht liegt es an meinem besonders visuellen Gedächtnis. Ich erinnere mich an viel Verwerfliches, das in diesem Kloster passierte, an viele menschliche Schwächen. Einige Priester zogen sich Anzüge an, verbargen ihre kahlen Köpfe unter Hüten und kletterten über die Klostermauern, um sich hastig ins Vergnügungsviertel zu begeben, wo sie jene Spenden verpraßten, die ihnen die zum ewigen Leiden verdammten Laien zukommen ließen, wenn sie, die Papa-sans und Mama-sans, an den Sonntagen uns besuchten, um ihre Ersparnisse zu verteilen. Hot dogs wurden in vegetarischen Küchen verspeist. Zigaretten aus dunklem Tabak wurden in Reiswein getunkt, bevor ihr aufputschender Rauch eingesogen wurde. Kleine Transistorradios wurden in Ärmeln versteckt und während der Meditationsstunden mit Ohrhörern benutzt. All das machte mir nichts aus, wohl aber Roku, dem Priester, der über den Tempelhof wirbelte mit seinen herumfliegenden orange und rot gefärbten Seidenschals, den grotesk gestikulierenden Ärmeln und den Sonnenstrahlen, die auf seinem schwitzenden fetten Schädel glänzten – bei seinem Anblick fragte ich mich, ob vom Tao, dem Weg der Rechtschaffenheit, dem Weg des Nichts und der Weisheit, den ich gehen wollte, überhaupt noch etwas übriggeblieben war.

Man wird ja wohl noch mal fragen dürfen…

Die Zeit verging. Ich verließ das Kloster und zog zu einem französischen Geschäftsmann, der in einem wohlhabenden Vorort von Kobe lebte. Die Küche des Hauses leitete ein chinesischer

Koch, und ich bekam andauernd Nudeln (mit Beilagen natürlich) als Lohn dafür, daß ich die Kunstsammlung meines Gastgebers katalogisierte. Meine Arbeitszeit war kurz, und ich hatte die Wochenenden frei. Ich konnte sogar mein eigenes Badezimmer benutzen, und dort saß ich dann zwischen weißen leuchtenden Lilien und erfreute mich am Frühlingswind, während ich ab und zu meinen Blick hob und mein Nachsinnen über die Weisheit auf der Comic-Seite der Wochenendzeitung unterbrach, um den Wald auf einer Erhebung am Horizont zu betrachten. Ich bekam nie heraus, was ich dort eigentlich betrachtete. War dort ein Schrein versteckt zwischen den Pinienbäumen, ein kleiner buddhistischer Tempel mit einem schiefen Dach? Bewegte sich dort unter dem Dach etwas, ein grauer Schatten? Ein tanzender Schatten?

Ich verbrachte ebenfalls viel Zeit damit, durch die kleinen und diskret geöffneten Fenster des Badezimmers auf die zahlreichen, aus Papier und Holz gebauten Häuser hinunterzublicken. Die Villa des Franzosen befand sich auf einem Hügel, und man konnte von dort auf diese aus Fertigteilen gebaute Siedlung hinunterblikken, die recht schnell anwuchs. In diese pittoreske Altjapanische-Siedlung-mit-modernem-Komfort sollten, so sagte man mir, bald Staatsangestellte der mittleren Laufbahn einziehen. Bald schon kamen die ersten Auserwählten, und ich sah Männer in bequemen Baumwollkimonos, die ihr Wochenende genossen, indem sie es sich auf ihren mit Strohmatten ausgelegten Fußböden bequem machten in ihren Räumen, die kunstvoll spärlich eingerichtet waren, und sich von ihren anmutig knienden Ehefrauen grünen Tee und Seetangkekse auf rotlackierten Tabletts servieren ließen, während die Kinder draußen in den moosbewachsenen Gärten zwischen den dekorativen Büschen herumtollten. Ich sah auch einen älteren Mann sich an die Brust fassen und vornüberkippen, seine Frau oder Haushälterin zum Telefon laufen, einen Krankenwagen zu spät und einen Priester zur rechten Zeit kommen. Die singende Stimme des Priesters und der Duft der Räucherkerzen wehten hinauf zur Villa des Franzosen.

In dieser Nacht unterhielt mich Monsieur de Monnaie, mein Wohltäter, und sein chinesischer Koch kochte all jene Gerichte, von denen es hieß, die Kaiser der T'ang-Zeit hätten sich damit verwöhnen lassen. Wir tranken auch den ganzen Schnaps aus, bevor wir zum Bier wechselten. Mein Gastgeber erzählte in mehreren Sprachen von seiner glorreichen Vergangenheit und seinen derzeitigen Plänen und verlor seine neuen Zähne, die zu Boden fielen und von den koreanischen Dienern aufgehoben wurden. Erschöpft von diesem geselligen Zusammensein und meiner Teilnahme daran, schaffte ich es irgendwann, in mein Zimmer zu wanken und fiel dort in einen unruhigen Schlaf.

Im Traum reiste ich in Japans unbewohnbaren Westen. Ich war ein Mönch. Der Zen-Meister des Klosters in Kioto hatte mich von den Versuchungen in Kobe abberufen und mich für weitere Studien aufs rauhe Land geschickt. Auf zerschlissenen Sandalen war ich den ganzen Tag lang über gefrorene Sümpfe gewandert und froh, als ich endlich einen Schrein im Schatten von Pinienbäumen erreichte, der auf einer Anhöhe errichtet worden war. Ein alter, zahnloser Einsiedler in einem geflickten grauen Gewand hieß mich nicht direkt willkommen.

«Hochwürden», sprach ich ihn an, «ich bin ein demütiger Mönch der Rinzai-Sekte» – als ob er das nicht bemerkt hätte, ich trug schließlich den gleichen, aus Knochen gefertigten Ring am Gewand wie er – «und auf der Suche nach Erleuchtung und ganz speziell auf der Suche nach einem Quartier für die Nacht. Wie geht es Ihnen? Und bitte seien Sie mir gefällig.»

Der grobschlächtige Kerl verwies mich barsch an das Dorf jenseits der Anhöhe.

Die Dorfbewohner hatten bessere Manieren als der Einsiedler. Etwa fünfzig Leute hatten sich im Bürgerhaus versammelt und bestimmten einen Dorfrat, der mich in sein Haus führte, mich verköstigte und mir ein Bett gab.

«Entschuldigen Sie, Hochwürden», sagte der Dorfrat, «aber im Bürgerhaus findet eine wichtige Versammlung statt, die meine Anwesenheit erfordert.» Und er lief davon.

Mir schien, daß ich nur wenige Minuten geschlafen hatte, als mein Gastgeber schon wieder zurückkam.

«Entschuldigen Sie, Hochwürden.»

«Ja?» Ich rieb mir die Augen.

«Bitte.» Er war den Tränen nahe. «Mein Vater, der Dorfvorsteher, er ist heute gestorben. Und da Sie ein heiliger Mann sind, obwohl Sie blaue Augen haben und unserer Sprache kaum mächtig sind, und weil Sie vorhin so müde und hungrig waren, wollte ich Sie nicht mit meinen Sorgen belasten und habe Sie einige Stunden schlafen lassen. Doch in wenigen Stunden ist Mitternacht, und alle Dorfbewohner bereiten sich darauf vor, den Ort zu verlassen.»

«Haben Sie ein Problem?» fragte ich.

«Sie müssen mit uns kommen, Hochwürden.» Der Dorfrat erklärte mir seine schwierige Lage. Offensichtlich gab es in diesem Dorf ein Tabu in bezug auf Verstorbene: Sie mußten in der Nacht allein gelassen werden. Es gab eine Scheune einige Kilometer entfernt, wo alle Dorfbewohner bequem übernachten konnten. Am Morgen würden wir dann alle wieder zurückkehren.

Ich hatte keine Lust, schon wieder loszuziehen, und erinnerte mich daran, daß ich ein Mönch war. «Dorfrat-san, zeigen Sie mir bitte die sterblichen Überreste Ihres Vaters.»

Der alte Mann lag, angezogen mit seinen besten Gewändern, auf einem langen Tisch. Kerzen und Räucherstäbchen brannten. Reiskuchen und verschiedene Süßigkeiten häuften sich in Schalen.

«Ich werde hierbleiben», sagte ich, «und die nötigen Gebete des Todes und der Wiedergeburt singen.»

«Wir werden Sie morgen früh bezahlen, Hochwürden.»

Voller Angst hob ich meine Arme, denn ich erinnerte mich an die Verführungen, denen ich in Kobe ausgeliefert gewesen war: «Keine Bezahlung!»

Die Dorfbewohner gingen davon, und ich setzte mich in der korrekten Haltung neben die Leiche des Dorfvorstehers (gerader Rücken, Bauch nach vorn gedrückt), zog mein Gewand zurecht, betätigte meine Glocke und sang meine Gebete.

Mitternacht näherte sich, und ich mußte eingenickt sein, aber ein kalter Schauer weckte mich, und ich bemerkte, wie ein grauer gedrungener Schatten das Haus betrat. Ich schlug meine Glocke, aber sie blieb stumm. Ich versuchte zu singen, doch meine Kehle war zugefroren. Der graue Schatten beugte sich über den Kopf des Verstorbenen und verschluckte ihn in einem Stück. Den restlichen Teil der Leiche verschluckte er ebenfalls, und dann machte sich der Schatten über die Süßigkeiten her. Ich konnte nichts weiter tun als zittern. Dann stand der Geist auch schon in der Tür, stöhnte, verbeugte sich und verschwand.

Bei Tagesanbruch kehrten die Dorfbewohner zurück und wunderten sich keineswegs darüber, daß ihr verstorbener Ortsvorsteher verschwunden war. «Das passiert jedesmal», erklärte der Ratsherr. «Natürlich sparen wir die Begräbniskosten, aber wir mögen es trotzdem nicht. Vielen Dank, daß Sie über Nacht geblieben sind, Hochwürden, können Sie uns erzählen, was passiert ist?»

Ich erzählte es ihm und den anderen Einwohnern.

Eine schöne junge Frau kniete vor mir nieder und bat mich, den Ort von seinem Fluch zu befreien.

«Natürlich nicht umsonst», fügte der Ratsherr hinzu.

Ich erinnerte mich an Kobe und an meinen strengen Zen-Meister, der meinen schwachen Geist kannte und mir gedroht hatte, er würde mich auf falsche Erkenntnispfade schicken, solange bis... Das hatte er nie gesagt. Die junge Frau lächelte süß. Ich schielte fürchterlich: «Keine Bezahlung, wenn ich bitten darf.»

«Was für ein heiliger Mann», seufzte die junge Frau.

Was mich an etwas erinnerte: Sie hatten doch einen eigenen Heiligen. Ich fragte nach dem Einsiedler auf der Anhöhe.

«Wer?» fragten die Dorfbewohner.

«Mein Mitbruder aus dem Rinzai-Kloster», sagte ich. «Der alte Knabe mit dem Knochenring an der Kutte.» Ich berührte meinen eigenen: «So wie dieser.»

Leere Blicke.

«Er hat einen Tempel dort oben auf dem Hügel.» Ich zeigte darauf.

Kein Tempel, kein Einsiedler, kein Ring, versicherten sie mir.

Ich verließ sie und begab mich zur Anhöhe. Der Tempel war immer noch dort und der Einsiedler ebenfalls.

«Du also», sagte ich. Er war der Schatten gewesen, der den

Ortsvorsteher und seine ganzen Süßigkeiten verspeist hatte, und tatsächlich war es Roku, der tanzende Priester aus dem Kloster in Kioto. Er sei, so erklärte er mir, die Verkörperung aller hochrangigen tanzenden Priester, die «in Beerdigungen machten», den schmerzlosen Übergang ins Jenseits garantierten, gepfefferte Rechnungen schrieben, nach Cadillacs, Rolls-Royces, Infinitis und Luxus gierten und mit den Geishas der Stadt verkehrten.

Das lockere Leben. Der Fettwanst auf dem Lande.

«Doch sieh nur, wohin es mich gebracht hat», jammerte der Einsiedler. Und seine Umrisse verschwanden, wie auch sein Tempel.

«Hilfe, Hilfe!» Seine schwache Stimme verfolgte mich, als ich weitermarschierte, über verschneite Berge und eisige Pfade.

Ich erinnerte mich an die Bitte der schönen jungen Frau, an die schwierige Lage der Dorfbewohner, an die Ermahnungen meines Meisters. «Na gut», sagte ich mir, «ich leide so sehr, daß ich auch noch dein Leid auf mich nehmen kann. Fahr zum Himmel, Roku-san!»

Man sollte vorsichtig mit solchen Angeboten sein, selbst dann, wenn man hübschen Frauen aus Träumen imponieren will. Auch der Drang, Heiligkeit zu erlangen, ist geprägt von Selbstsucht. Und abgesehen davon wird in Alpträumen nicht vergeben. Bald schon war ich ein böser Geist, der Leichen in kleinen Dörfern verspeist.

Ich erwachte.

An diesem Tag nahm ich mir frei, und anstatt Kunstwerke zu katalogisieren, machte ich einen Spaziergang hinter dem Anwesen des Franzosen. Jenseits des Ortes betrat ich den Wald, den ich von meinem Badezimmer aus gesehen hatte. Es gab dort Pinien, aber nichts weiter. Ich hatte erwartet, wenigstens einen zerbrochenen Grabstein zu finden, von Flechten überzogen, auf dem mit kaum noch lesbaren Buchstaben eingeritzt worden war, daß hier einst ein Mönch begraben worden war. Ein habgieriger Mönch.

Also ging ich zurück. Am Abend, als ich aus dem Badezimmer

blickte, entdeckte ich wieder einen seltsamen verschwommenen Fleck zwischen den Pinien am Horizont. Ein Schrein, dachte ich. Und von diesem Schrein löste sich ein grauer Schatten, der zu tanzen begann und sich verbeugte. Er winkte, hob ein Bein, sprang und war für immer verschwunden.

Kyotaro Nishimura
Der freundliche Erpresser

Kyotaro Nishimura ist einer der drei Großen der zweiten Generation japanischer Kriminalschriftsteller (die andern beiden sind Matsumoto und Akagawa). Er wurde 1930 in Japans «kulturellem Herzstück», der Tempelstadt Kioto, geboren. Und alles schien unter einem guten Stern zu stehen. Seine Eltern stammten aus der gut situierten Mittelklasse, seine Schulabschlüsse waren ausgezeichnet, und eine der besten Universitäten der Hauptstadt nahm ihn als Jurastudenten auf. Doch dann kam die Krise: Nishimura wollte Schriftsteller werden und nichts anderes. Er verließ die Universität, wurde verstoßen und schrieb Manuskripte, die niemand veröffentlichen wollte. Der ehemalige Student wurde zum Aussteiger, fuhr Lieferwagen, stellte sich in den Dienst einer Detektivagentur und verfolgte treulose Ehemänner im Auftrag ihrer Frauen, wurde Vertreter für Versicherungen und Zeitschriften und arbeitete als Nachtwächter. Er war 35 Jahre alt, als eine Zeitung endlich eine seiner Kurzgeschichten publizierte und er den Edogawa-Rampo-Preis für die beste Kriminalstory des Jahres gewann.

Ein neuer Kunde betrat den Frisiersalon. Shinkichi kannte ihn nicht. Er war Ende Vierzig oder Anfang Fünfzig, und der bläulichen Färbung seines Gesichts nach zu schließen, schien er ein Leberleiden zu haben. Er machte keinen besonders guten Eindruck, doch in Shinkichis Beruf war bedingungslose Freundlichkeit unabdingbar, und da er ohnehin gerne redete, begrüßte er den Mann mit einem Lächeln.

Der Mann sah Shinkichi ungerührt an und setzte sich wortlos auf den Sessel vor dem Spiegel. Dann gähnte er leicht, als sei er müde. Er mußte einer von diesen Kunden sein, die schon beim bloßen Betreten eines Friseursalons schläfrig wurden.

Während Shinkichi das widerspenstige graue Haar des Mannes anfeuchtete, um es glattkämmen zu können, fragte er: «Soll ich einen Scheitel ziehen?»

Ohne die Augen zu öffnen, grunzte der Mann zustimmend. Shinkichi, der von Natur aus neugierig war, dachte sich, daß die tiefen Ringe unter den Augen des Mannes von einem ausschweifenden Lebenswandel zeugten. Welcher Arbeit mag er wohl nachgehen? fragte er sich. Verstohlen betrachtete er das Gesicht des Kunden im Spiegel und hantierte eifrig mit der Schere. Er liebte es, den Beruf seiner Kunden zu erraten, und normalerweise traf er den Nagel auf den Kopf. Doch dieser Mann verwirrte ihn.

Es war erst zwei Uhr nachmittags. Wäre dieser Mann ein normaler Arbeitnehmer, würde er zweifellos noch in seinem Büro sitzen. Andererseits sah er nicht aus wie einer, der sich aufs Altenteil zurückgezogen hat. Als Verkäufer in einem Laden hätte er seriöser wirken müssen. Abgesehen davon kannte Shinkichi alle Verkäufer aus den Läden der Nachbarschaft.

Vielleicht ist das ein Gangster, überlegte er, so, wie der aussieht. Dann, als ihm klarwurde, daß er aus dem Mann nicht schlau wurde, brannte er geradezu darauf, ihn auszufragen.

«Ganz schön heiß draußen. Das macht einen müde», sagte Shinkichi.

«Ja», sagte der Mann und behielt die Augen geschlossen.

«Ich habe Sie hier noch nie gesehen. Wohnen Sie in der Gegend?»

«Vielleicht», sagte der Mann abweisend.

Shinkichi räusperte sich: «Entschuldigen Sie die Frage, aber welchem Beruf gehen Sie nach?»

«Welchem Beruf?»

«Ja.»

«Was glauben Sie wohl?»

«Ich habe darüber nachgedacht. Aber ich bin ratlos. Normalerweise bekomme ich sofort heraus, welchen Beruf meine Kunden haben.»

«Tatsächlich?»

«Vielleicht arbeiten Sie in einer Bar oder so etwas?»

«Nein. Aber Sie werden es schon rausfinden. Ich werde noch oft hier vorbeikommen.»

«Das ist sehr freundlich von Ihnen.» Shinkichi nickte ehrerbietig.

Nachdem er ihm die Haare gewaschen hatte, begann Shinkichi den Mann zu rasieren. Zeurst legte er ihm ein heißes Handtuch auf, dann seifte er ihn ein. Die Augen des Mannes blieben geschlossen, als er fragte: «Betreiben Sie dieses Geschäft ganz allein?»

Nun stellte er die Fragen. Und Shinkichi hatte den Eindruck, daß der Mann sich doch gerne unterhielt.

«Meine Frau und ich. Sie ist weg. Mit unserer Tochter, um Verwandte zu besuchen.»

«Nur Sie und Ihre Frau?»

«Ja.» Shinkichi lächelte und zuckte, während er das sagte, mit den Schultern und hob das Rasiermesser. Er kniff den Mann leicht in die Wange. Die Haut war rauh und schlaff, die Sorte von Haut, die sehr schwer zu rasieren ist.

«Soll ich auch Ihre Augenbrauen kämmen?»

«Hmhm.» Der Mann nickte, öffnete seine Augen und sah zu Shinkichi auf: «Sie heißen Shinkichi Nomura, richtig?»

«Ja.» Shinkichi war erstaunt. Dann sagte er: «Ich verstehe – Sie haben den Namen auf dem Schild an der Tür gelesen.»

«Nein. Ich kenne ihn schon seit einiger Zeit.»

«Wirklich? Aber ich kenne Sie gar nicht.»

«Ja, wirklich. Ich weiß eine Menge über Sie.»

«Na, so was.»

«Zum Beispiel weiß ich, daß Sie vor drei Monaten, als Sie mit diesem kleinen Lieferwagen gefahren sind, ein Schulmädchen angefahren haben.»

Shinkichis Mund klappte auf. Die Hand mit dem Rasiermesser blieb in der Luft hängen. Er wurde bleich, und ihm schien, als würde das Gesicht des Mannes auf dem Friseursessel vor ihm irgendwie anschwellen.

«Das kleine Mädchen ist gestorben», sagte der Mann langsam, als ob er es genießen würde. «Nach dem Unfall haben Sie die Zeitungen intensiv studiert. Sie wissen doch, daß sie tot ist.»

Shinkichi war unfähig zu antworten.

«Die Polizei machte niemanden für dieses Verbrechen verantwortlich. Sie fanden keine Zeugen. Aber es gab einen...»

Stille.

«Mich», sagte der Mann. «Was ist mit Ihnen? Geht's Ihnen nicht gut?»

Shinkichi konnte nicht antworten.

Der Mann fuhr fort: «Oh, machen Sie sich keine Sorgen. Ich werde nicht zur Polizei gehen. Rasieren Sie mich doch weiter. Die Seife juckt schon.»

«Entschuldigen Sie», sagte Shinkichi und brachte das Rasiermesser wieder in die Nähe des Gesichts seines Kunden. Seine Finger zitterten leicht, und der Mann verzog das Gesicht.

«Passen Sie bloß auf!»

Shinkichi antwortete nicht, er mußte schlucken. Vorsichtig führte er das Messer über die Wangen. Er fühlte die rauhe Oberfläche der Haut in seinen Fingerspitzen. Erfreut schloß der Mann seine Augen.

«Den Lieferwagen haben Sie wohl verkauft?»

«Ja.»

«Ich nehme an, weil es sicherer ist.»

«Hören Sie...» Shinkichi hörte auf zu rasieren und blickte verstört in das freche Gesicht seines Kunden: «Was wollen Sie von mir?»

«Wovon reden Sie denn?»

«Sind Sie hergekommen, um mich zu erpressen?»

Die Augenlider des Mannes zitterten: «Wenn ich zum Friseur gehe, mache ich gern ein Nickerchen. Ich werde jetzt schlafen, also seien Sie vorsichtig.» Und er schwieg.

Während er das Messer schärfte, sah Shinkichi sein eigenes Gesicht im Spiegel an. Er war noch immer blaß. Er sah verstört aus. Bleib ruhig, sagte er zu sich. Der Mann hat gesagt, daß er nicht zur Polizei gehen wird. Er hätte keine drei Monate damit gewartet, wenn er den Unfall zur Anzeige bringen wollte. So, wie es aussah, hatte er die Wahrheit gesagt. Zweifellos wollte er ihn erpressen.

Shinkichi überschlug seine Ersparnisse, die er auf der Bank hatte. Es durften kaum mehr als 260000 Yen sein. Den Laden hatte er gemietet. Eines Tages wollte er einen eigenen Laden besitzen, und deshalb sparte er soviel Geld wie möglich. Aber wenn der Mann sich nicht mehr an den Unfall erinnern wollte, würde er ihm all sein Geld dafür geben. Er konnte immer wieder neu mit dem Sparen anfangen. Dann erinnerte sich Shinkichi an einen Film über Erpresser, den er einmal gesehen hatte. Wenn sie ihr Ziel einmal erreicht hatten, kamen sie immer wieder und verlangten mehr. Dieser Mann gehörte wahrscheinlich zur gleichen Sorte. Es wäre verrückt, wenn Shinkichi ihm erzählen würde, wieviel Geld er tatsächlich auf der Bank hatte. Schließlich beendete Shinkichi die Rasur und kämmte den Schnurrbart.

«Also wirklich,» sagte der Mann, als er sich im Spiegel betrachtete, «Sie verstehen Ihr Geschäft.» Er fuhr mit einer Hand über seine Wangen, und seine Augen leuchteten: «Arbeiten Sie schon lange als Friseur?»

«Seit zehn Jahren.»

«Dann bin ich beruhigt. Ich glaube kaum, daß Sie sich jemals so aufregen, daß Ihre Hand ausrutscht.» Der Mann grinste, aber Shinkichi antwortete nicht. Einen Augenblick lang, nachdem der Mann den Unfall erwähnt hatte, war er drauf und dran gewesen, ihm die Kehle durchzuschneiden.

«Wirklich, Sie verstehen Ihr Geschäft», sagte der Mann noch

einmal. Dann stand er auf, musterte sich von oben bis unten im Spiegel und schien zufrieden zu sein: «Von nun an, denke ich, werde ich regelmäßig zu Ihnen kommen.»

«Von nun an?»

«Natürlich. Ich möchte nur noch von jemandem bedient werden, der sein Handwerk so gut beherrscht wie Sie.»

Sichtlich zufrieden strich sich der Mann mit den Fingerspitzen über die Schultern: «Was macht das?»

«400 Yen.»

«Das ist nicht zuviel für so eine gute Arbeit.» Der Mann zog ein Stück Papier aus seiner Tasche, schrieb «400 Yen» darauf und legte es genau vor Shinkichi. «Ich werde diese Zettel noch öfter benötigen, also habe ich sie drucken lassen.»

Auf die Zettel waren die Worte *Frisiersalon Nomura* und *Saburo Igarashi* aufgedruckt. Und dazwischen eine Linie, neben die die jeweilig fälligen Beträgen einzutragen waren.

Der Name des Mannes war also Saburo Igarashi. Aber was Shinkichi viel mehr beunruhigte waren die gedruckten Worte *Frisiersalon Nomura*. Die Tatsache, daß der Mann diese Blätter hatte drucken lassen, deutete darauf hin, wie ernst er es meinte. Er würde Shinkichi erpressen, das stand fest. Auf dem fast leeren Zettel war zunächst nur der kleine Betrag von 400 Yen erschienen. Aber die Beträge würden anwachsen.

Shinkichi erwachte aus einem Alptraum. In allen fünf Nächten seit dem Tag, an dem der Mann in sein Geschäft gekommen war, hatte er den gleichen Alptraum. Man hatte ihm alles weggenommen, und er, seine Frau und seine Tochter waren gezwungen, betteln zu gehen. Sein Körper war schweißüberströmt. Als er auf seine Uhr sah, merkte er, daß es fast Mittag war.

Als er zu Bett gegangen war, hatten ihn seine Sorgen am Einschlafen gehindert. Schließlich war er gegen Morgen endlich eingedöst und hatte sich bis zum späten Vormittag im Bett herumgewälzt. Aber auf diese Art würde er wohl kaum seinen Lebensunterhalt bestreiten können.

Shinkichi stand auf, wusch sich das Gesicht mit kaltem Wasser und zog sich seinen Friseurkittel über. Als er den Salon betrat, war seine Frau Fumiko schon damit beschäfigt, einem der Nachbarskinder die Haare zu schneiden.

«Du solltest nicht aufstehen, wenn du dich nicht wohl fühlst», sagte sie.

«Mir fehlt nichts.»

«Aber du hast so sehr geschwitzt die letzte Nacht.»

Die Mutter des Kindes sah Shinkichi an und fragte seine Frau: «Fühlt sich Ihr Mann nicht wohl?»

Shinkichi lächelte: «Aber nein – ich bin nur ein wenig erkältet.»

In diesem Moment betrat ein Mann den Salon. Shinkichis Frau, die in der freundlichen Atmosphäre der ärmeren Gegenden Tokios aufgewachsen war, begrüßte ihn freudig. Shinkichi senkte seinen Blick. Der Mann setzte sich in den leeren Sessel. Weil er es nicht vermeiden konnte, trat Shinkichi zu ihm. Mit angespanntem Gesichtsausdruck sagte er: «Ihr Haar muß nicht schon wieder geschnitten werden.»

Trotz des unfreundlichen Untertons in Shinkichis Stimme schloß der Mann die Augen und sagte bedächtig: «Heute will ich nur rasiert werden.» Dann fügte er hinzu: «Ich könnte es auch selbst tun, aber ich bewundere Ihr handwerkliches Geschick.»

Fumiko, die keine Ahnung hatte, was sich abspielte, sagte: «Vielen Dank für die freundlichen Worte über die Arbeit meines Mannes.»

Der Mann öffnete die Augen: «Ist das Ihre Frau?»

«Ja.» Shinkichi senkte den Sessel.

Der Mann schloß die Augen: «Sie sieht nicht nur gut aus, sie arbeitet auch hart.»

«Oh, aber ich sehe überhaupt nicht gut aus», sagte Fumiko lachend.

Er will meine Frau mithineinziehen, dachte Shinkichi.

«Wenn Mann und Frau zusammenarbeiten, kommt ein hübsches Sümmchen zusammen», sagte der Mann.

Shinkichis Gesichtszüge erstarrten. Er wußte genau, was sich hinter diesen Worten verbarg. Es würde eine Menge Geld herauszuholen sein, wenn beide Ehepartner arbeiteten. Doch Fumiko nahm den Mann beim Wort und sagte lachend: «So viel bleibt gar nicht übrig.»

Shinkichi ärgerte das Gespräch zwischen seiner Frau und dem Kunden. Er bedeckte das Gesicht des Mannes mit einem heißen Handtuch. Wenn er das Handtuch noch fester preßte, würde der Mann sterben. Dieser Gedanke schoß ihm durch den Kopf, doch dann nahm er das Tuch vorsichtig wieder ab und begann mit ausdruckslosem Gesicht, den Mann zu rasieren.

Als er fertig war, musterte sich der Mann wie beim erstenmal zufrieden im Spiegel und zog einen Zettel aus seiner Tasche.

«Was kostet die Rasur?»

«200 Yen.»

«Ein angemessener Preis», sagte der Mann, während sein Stift über das Papier glitt. Shinkichi errötete, als er las, was dort geschrieben stand: 5200 Yen.

Der Mann flüsterte: «Ich warte auf Sie in dem kleinen Café nebenan.» Nachdem er sich noch einmal voller Zufriedenheit im Spiegel betrachtet hatte, verließ er langsam den Salon.

«Verdammt!» rief Shinkichi aus.

Fumiko, die den Haarschnitt des Kindes beendet hatte und ihm ein Bonbon anbot, erstarrte: «Was ist denn?»

Sofort schüttelte Shinkichi den Kopf und sagte: «Gar nichts.» Ihre Tochter war etwa im gleichen Alter wie das kleine Mädchen, das er angefahren und getötet hatte. Er hatte es nicht übers Herz gebracht, Fumiko davon zu erzählen.

«Wo ist Kaoru?» fragte er.

«Wieso, es ist doch erst kurz nach zwölf. Du weißt doch, daß sie nie vor ein Uhr zu Hause ist.»

«Ja, natürlich.» Shinkichi lächelte gequält. «Ich gehe mal kurz weg.»

Er betrat das Café, das sich nur drei Häuser weiter befand, und stellte fest, daß es leer war bis auf den einen Tisch, an dem der Mann saß. Er winkte Shinkichi zu, der zu ihm ging und sich setzte. Danach sagte der Mann: «Ein hübsches Café. Ich glaube, es könnte ein guter Treffpunkt sein.»

«Ein Treffpunkt?»

«Ja. Sie wollen doch die geschäftlichen Dinge nicht vor den Augen Ihrer Frau regeln? Ich nehme an, Sie haben das Geld mitgebracht?»

«Ich habe es dabei.» Shinkichi zog einen 5000-Yen-Schein aus der Tasche und legte ihn auf den Tisch. Mit einem Lachen nahm der Mann das Geld an sich und schob es in die Innentasche seines Mantels.

«Das macht genau 5600 Yen, die ich mir von Ihnen geliehen habe. Ich führe darüber Buch.»

«Obwohl Sie es nicht zurückzahlen wollen?»

«Hören Sie auf zu jammern.»

«Haben Sie eine Ahnung, was uns dieses Geld bedeutet? Selbst wenn wir zu zweit arbeiten, gibt es Zeiten, wo wir an einem ganzen Tag keine 5000 Yen verdienen.»

«Das ist hart», sagte der Mann. «Aber wenn Sie mich fragen, kommen Sie billig davon, falls ich bereit bin, für dieses Geld Ihren Unfall zu vergessen.»

«Das Mädchen lief mir vor den Wagen. Ich mußte scharf bremsen, aber es war zu spät. Ich konnte gar nichts tun.»

«Denken Sie, man wird Ihnen das glauben?»

«Sie sind der Zeuge. Sie wissen doch, wie es passiert ist.»

«Ich bin mir nicht ganz sicher. Was würde wohl passieren, wenn ich zur Polizei ginge und denen erzählen würde, daß Sie zu schnell gefahren sind und daß Sie unaufmerksam waren?»

«Mistkerl!» Shinkichi schlug auf den Tisch.

Der Mann grinste befriedigt. «Wenn Sie mich jetzt entschuldigen», sagte er dann, griff nach der Rechnung und erhob sich träge. «Ich werde meinen Kaffee selbst bezahlen. Dank Ihnen habe ich etwas Geld dabei. Abgesehen davon wäre es übertrieben, eine Quittung über 100 Yen zu schreiben.»

Fünf Tage später betrat der Mann den Laden, um sich erneut rasieren zu lassen. Weil sie dachte, daß er ein treuer Kunde sei, war Fumiko glücklich darüber, ihn zu sehen. Diesmal schrieb er eine Quittung über 10 200 Yen aus. Beim nächstenmal konnten es bereits 20 000 Yen sein und dann womöglich 40 000. Wenn das so weiterging, würde Shinkichi zweifellos in kürzester Zeit bankrott sein. Und seine Alpträume würden wahr werden. Er mußte etwas dagegen tun.

Zur Polizei konnte er nicht gehen, um ihnen zu erzählen, daß er von Saburo Igarashi erpreßt wurde. Wenn er das tat, würde seine Mitschuld an dem tödlichen Unfall ans Tageslicht kommen. Igarashi würde ihnen erzählen, daß er zu schnell und unaufmerksam gefahren war. Man würde ihn verurteilen und ins Gefängnis werfen. Wahrscheinlich würde er das Gefängnis überstehen, aber er mußte auch an seine Frau und seine Tochter denken.

Nachdem er über seine schwierige Lage nachgedacht hatte, kam Shinkichi eine Idee. Igarashi erpreßte ihn, weil er vor drei Monaten einen Unfall verursacht hatte. Möglicherweise gab es auch in Igarashis Vergangenheit dunkle Punkte. Shinkichi mußte also einiges in Erfahrung bringen. Da es sich um einen Mann handelte, der nicht einmal vor Erpressung zurückschreckte, war alles möglich; er konnte sogar vorbestraft sein oder etwas anderes verbergen, das nicht herauskommen durfte.

Am darauffolgenden Montag, an dem sein Geschäft wie üblich geschlossen blieb, suchte Shinkichi das Büro eines Privatdetektivs auf. Seine Adresse hatte er in einer Zeitungsanzeige gefunden. Obwohl der Name imponierend klang, war das Büro im Obergeschoß eines schäbigen Gebäudes untergebracht. Die vergoldeten Buchstaben auf der Glastür blätterten ab. Im Büro saß ein kleiner Mann, der Anfang Dreißig sein mußte. Seine Bemerkung, daß alle anderen Angestellten im Außendienst aktiv waren, klang nicht sehr überzeugend. Doch obwohl Zweifel in ihm aufstiegen, ob er hier richtig war, sagte Shinkichi: «Ich möchte, daß Sie etwas über einen Mann herausfinden.»

«Ermittlungen zur Person?» fragte der Mann und schlug sein Notizbuch auf.

«Ich möchte alles über diesen Mann wissen. Auch unwichtige Kleinigkeiten.»

«Wie heißt er?»

«Saburo Igarashi.»

«Klingt wie ein Schauspieler. Wo wohnt er?»

«Ich habe keine Ahnung.»

Der Detektiv sah ihn ausdruckslos an.

«Ich kenne einen Ort, zu dem er regelmäßig kommt. Von dort können Sie ihm folgen.»

Shinkichi erklärte dem Ermittler, daß er ihn anrufen werde, sobald Igarashi wieder in seinem Salon auftauchen und ihn anschließend in dem Café nebenan erwarten würde.

«Sie wollen also alles über diesen Mann herausfinden. Wie weit wollen Sie gehen? Wollen Sie wissen, ob er vorbestraft ist?»

Der Hinweis auf die Vorstrafe beunruhigte Shinkichi, aber er riß sich zusammen und sagte: «Ich will alles wissen, was Sie herausfinden können. Jede Kleinigkeit.»

Einen Tag nachdem Shinkichi den Detektiv aufgesucht hatte, betrat Igarashi den Frisiersalon.

«Mein Bartwuchs ist sehr stark», sagte er und rieb sich das Kinn, als er sich langsam auf den Frisiersessel zubewegte. Er setzte sich hin.

Mit kaum unterdrücktem Ekel registrierte Shinkichi ein rotes Taschentuch, das aus Igarashis Manteltasche hing. Nachdem er das dampfende Handtuch auf das Gesicht des Kunden gelegt hatte, ging er zum Telefon und wählte die Nummer des Detektivs. Als er sich meldete, sagte Shinkichi nur: «Ja, gut, bitte sehr», und legte auf. Als er das Handtuch wieder wegnahm, sah Igarashi ihn mit großen Augen an.

«‹Ja, gut, bitte sehr› klingt wirklich wie ein wichtiger Anruf», sagte er höhnisch.

«Ich habe mir Geld von einem Freund geliehen. Ich nehme an, Sie wollen wieder etwas haben.»

«Das ist ein alter Trick.»

«Was?»

«Es hat keinen Zweck, zu versuchen, bei mir Mitleid zu erwecken. Bis jetzt habe ich mir 15 800 Yen von Ihnen geborgt. So, wie Sie arbeiten und leben, müssen Sie 200000 oder 300000 Yen auf der Bank haben. Es gibt keinen Grund, sich etwas von einem Freund zu leihen.»

Shinkichi antwortete nicht. Statt dessen begann er, sein Rasiermesser mit einem lauten, gefährlichen, schabenden Geräusch zu schärfen. Igarashi schloß die Augen und sah fröhlich aus. Er glaubt zwar nicht, daß ich einen Freund angerufen habe, dachte Shinkichi, aber er hat nicht begriffen, daß ich einen Detektiv angerufen habe. Ich werde etwas über seine Vergangenheit herausfinden – und dann werde ich ihn loswerden. Ich werde ihn sogar so weit bringen, daß er mir mein Geld zurückgibt.

«Wo ist denn Ihre Frau?» fragte Igarashi mit geschlossenen Augen.

Shinkichi brachte das Rasiermesser nahe an sein Gesicht und sagte: «Sie macht drinnen das Essen, wir essen abwechselnd.»

«Das muß schwierig sein, wenn beide arbeiten müssen.»

«Hören Sie, Sie können mich erpressen, aber ziehen Sie meine Frau und meine Tochter nicht da hinein. Sonst werde ich Sie umbringen.» Shinkichi fuchtelte mit seinem Rasiermesser vor dem Gesicht des Mannes herum. Igarashi öffnete die Augen und sah Shinkichi und das blinkende Rasiermesser an.

«Ich erpresse Sie nicht. Ich leihe mir nur etwas. Ich schreibe Ihnen sogar Quittungen.»

«Ohne einen Gedanken an die Rückzahlung zu verschwenden», sagte Shinkichi erbost.

Aber Igarashi hatte die Augen schon wieder geschlossen: «Rasieren Sie weiter», sagte er.

Als die Rasur beendet war, schrieb Igarashi eine Quittung über 20200 Yen und reichte sie Shinkichi mit den Worten: «Ich erwarte Sie im Café.»

Wie immer um diese Tageszeit war das Café leer, als Shinkichi hereinkam. Doch diesmal saß dort noch der Privatdetektiv und las in einer Zeitung. Shinkichi ging zu dem Tisch, an dem Igarashi saß, und warf ihm die 20000 Yen hin: «Nehmen Sie das Geld, und gehen Sie. Es macht mich krank, Sie zu sehen.»

«Bleiben Sie ruhig. Wir werden uns noch eine ganze Zeitlang wiedersehen.» Igarashi grinste, als er aufstand, um das Lokal zu verlassen.

Der kleine Detektiv folgte ihm wortlos nach draußen.

Drei Tage vergingen, bis sich der Ermittler meldete und Shinkichi bat, sich mit ihm im Café zu treffen. Dort empfing er ihn stolz und selbstzufrieden: «Wir haben alles über Saburo Igarashi herausgefunden, was es herauszufinden gab.» Er zog einen Schnellhefter aus seiner Aktentasche und legte ihn auf den Tisch. Shinkichi wollte danach greifen, doch dann sagte er: «Es wäre mir lieber, Sie würden mir erzählen, was er für ein Mensch ist.»

«Er ist 53 Jahre alt, ein Filmschauspieler. Oder, um es genauer zu sagen, ein ehemaliger Schauspieler.»

«Schauspieler?»

«Ja. Er war einige Male im Fernsehen. Nur kleine Rollen allerdings. So, wie er aussieht, wurde er immer als Gangster eingesetzt – mal als Mörder, mal als Erpresser...»

«Erpresser?»

Igarashi wandte also in der Praxis an, was er beim Film oder im Fernsehen gelernt hatte. Die Art, wie er sich im Spiegel angesehen hatte, mußte er sich wohl beim Schauspielern angeeignet haben.

«Seine Schauspielerei war zu altmodisch. Er wurde immer seltener engagiert. Und nun ruft ihn überhaupt niemand mehr an.»

«Also hat er Geldprobleme?»

«Sein Einkommen ist gleich Null. Was kann ein Schauspieler schon anderes tun als schauspielern.»

«Hat er Familie?»

«Eine etwas jüngere Frau und einen Sohn, der gerade mit der Universität begonnen hat.»

«Wie kann es sich ein Mann ohne Einkommen leisten, seinen Sohn auf die Universität zu schicken?»

«Seine Frau arbeitet zu Hause. Sie kommen gerade eben zurecht.»

Das wären schlechte Nachrichten für Shinkichi. Ein Mann ohne Einkommen und mit einem Sohn, der gerade mit der Universität begonnen hatte, konnte jeden Yen gebrauchen. Und wenn er einmal einen hilflosen Menschen wie Shinkichi gefunden hatte, würde er ihn bis an dessen Lebensende erpressen.

«Ist er vorbestraft?» fragte Shinkichi hoffnungsvoll.

«Keine Vorstrafen», sagte der Ermittler. «Ich habe viele Leute befragt, die mit ihm gearbeitet haben, und sie haben alle das gleiche gesagt. Er hat zwar Gangster im Film gespielt, aber er ist ein ehrlicher Mensch. Unfähig, etwas Schlechtes zu tun.»

«Das denken Sie.»

«Bitte?»

«Ach nichts.»

Unfähig, etwas Schlechtes zu tun! So ein Mistkerl!

«Er ist also nicht vorbestraft. Aber wie steht es um seinen Ruf? Gibt es nicht irgendwelche Gerüchte?»

«Überhaupt nichts. Er arbeitete gerne als Schauspieler, aber er besaß zu wenig Talent. Das ist alles, was die Leute über ihn sagen. Allerdings...»

«Was denn?»

«Saburo Igarashi tritt heute abend im Fernsehen auf. Sie zeigen einen zehn Jahre alten Film. Er heißt *Tötet die Schurken.*»

Das war also der Bericht des Ermittlers, für den er 10000 Yen verlangte. Vielleicht würde es ja etwas nützen, über den wahren Charakter des Mannes etwas zu wissen, aber noch immer wußte Shinkichi nicht, wie er sich und seine Familie vor der Erpressung schützen konnte. Das nächste Mal, wenn Igarashi kam und Geld verlangte, würde er wieder schweigen und zahlen.

Am Abend blieb Shinkichi lange vor dem Fernseher sitzen. Als Saburo Igarashis Name am Ende des Films im Nachspann auftauchte, bekam Shinkichi, als er über die Informationen des Detektivs nachdachte, einen Schock.

Der Film war ein triviales Machwerk. Ein gutaussehender Held bekämpfte Schurken, die die Stadt kontrollierten, und heiratete anschließend die Heldin, eine ehemalige Prostituierte. Igarashi spielte einen eiskalten Gangster, der die Heldin erpreßte, die er gerne zu seiner Geliebten gemacht hätte. Er spielte sehr schlecht. Auch die Heldin war nichts Besonderes. Kurz nach seinem Erpressungsversuch wurde Igarashi von einem anderen Gangster getötet. Und damit endete sein Auftritt.

Der Detektiv hatte recht gehabt. Igarashi war ein miserabler Schauspieler. Kein Wunder, daß er arbeitslos geworden war. Aber obwohl er auf dem Bildschirm schlecht spielte, war er im wirklichen Leben ein erfolgreicher Erpresser.

Wieder vergingen fünf Tage. Shinkichi erwartete, daß Igarashi ihn aufsuchen würde, um diesmal 40000 Yen zu fordern, den doppelten Betrag wie beim letztenmal. Aber er kam nicht, weder am Nachmittag noch am Abend. Bis zum Ladenschluß war sein bläuliches Gesicht nicht aufgetaucht.

Nach der Arbeit, als Shinkichi sich hingesetzt hatte, um eine Tasse Tee zu trinken, erschrak er, als er in der Zeitung ein Foto von Igarashi entdeckte, direkt unter der Überschrift: «Mann verletzt, als er Kind retten wollte.» Auf dem Bild sah man Igarashi mit einem bandagierten Bein, wie er einem Kind den Kopf streichelte. Der Artikel berichtete, wie Igarashi auf die Straße gesprungen war, um ein kleines Kind vor einem Auto in Sicherheit zu bringen. Dazu ein Zitat von Igarashi: «Ich lief los, ohne darüber nachzudenken. Aber ich habe nur getan, was jeder andere auch getan hätte.»

Shinkichi konnte nicht glauben, daß dieser Lebensretter der gleiche Mann war, der ihn erpreßte. Es war ihm unmöglich, sich einen Mann als Erpresser vorzustellen, der sein Leben riskierte, um ein unbekanntes Kind zu retten.

Doch das Foto sah ihm wirklich sehr ähnlich. Der Name war ebenfalls der gleiche, und der Unfallort befand sich auf dem Weg, den Igarashi entlanggehen mußte, wenn er zu Shinkichis Frisiersalon wollte. Was für ein Mann war das, der ein solches Risiko auf sich nahm, wenn er das erpreßte Geld abholen wollte? Und während er über dieses Durcheinander nachdachte, begann in Shinkichis Kopf eine Hoffnung zu keimen. Vielleicht hat sich Igarashis Einstellung nach diesem Unfall geändert. Vielleicht hört er nun auf, mich zu erpressen!

Am Nachmittag des folgenden Tages jedoch erkannte Shinkichi, wie dumm er gewesen war, als Igarashi wie immer mit seinem bläulich angelaufenen Gesicht in den Friseursalon humpelte.

«Vielleicht haben Sie gedacht, ich wäre bei dem gestrigen Unfall ums Leben gekommen», sagte er höhnisch, während Shinkichi ihn rasierte. «Zu schade – denn nun bin ich wieder hier und vollkommen gesund.»

Shinkichi hielt den Atem an. Dann sagte er: «Wie lange wollen Sie mich noch quälen?»

«Bis an mein Lebensende. Ich mag Sie.»

«Sie mögen mich!» rief Shinkichi aus. Doch gleich darauf schwieg er.

«Ist schon gut», sagte er dann, um die erstaunte Fumiko zu beruhigen, die einem jungen Mann die Haare schnitt.

Igarashi schloß die Augen und grinste. Das einzige, was Shinkichi hätte tun können, um sich abzureagieren, wäre, Igarashi ins Gesicht zu schlagen. Nach der Rasur holte Igarashi mit einer Geste, als würde ein Zauberer ein Kaninchen aus einem Hut hervorholen, eine weitere Quittung aus der Tasche. Diesmal stand der Betrag 40 200 Yen darauf.

«40 000!» Obwohl er geahnt hatte, daß sich der Betrag wieder verdoppeln würde, wurde Shinkichi weiß im Gesicht. Er starrte Igarashi an und senkte seine Stimme: «Glauben Sie etwa, ich habe so viel Geld hier herumliegen?»

Igarashi sah mit seinen müden Augen auf die Uhr: «Es ist doch erst zwei.»

«Ja, und?»

«Die Banken haben bis drei geöffnet», sagte er grinsend. Und als er sich verabschiedete, sagte er noch: «Ich erwarte Sie im Café.»

Shinkichi war mehr verzweifelt als verärgert. Wenn ein Erpresser es einmal geschafft hat, wird er immer dreister. Die Beträge werden immer größer, denn der Gier sind keine Grenzen gesetzt.

Ohne Fumiko etwas zu erzählen, hob er 40000 Yen von der Bank ab und übergab sie schweigend Igarashi. Doch nun war er mit seiner Geduld am Ende. Er konnte nicht zur Polizei gehen. Es gab nur eine Lösung – er mußte vor Igarashi flüchten. In der Nacht sagte er zu Fumiko ohne weitere Erklärung: «Ich möchte von hier fortziehen.»

Sie erschrak: «Aber warum. Wir haben endlich eine Stammkundschaft. Es ist schön hier…»

«Ach was, ich kann diese Gegend nicht leiden. Ich ertrag es hier einfach nicht mehr.»

«Und was ist mit Kaoru? Sie müßte den Kindergarten wechseln.»

«Das wäre nicht gut, ich gehe lieber alleine. Aber ich gehe!» schrie er sie an, und Fumiko wurde blaß und sagte, daß sie ihn verstehe.

«Na gut, wir ziehen fort. Aber ich möchte dich etwas fragen. Hat das irgend etwas mit diesem Mann zu tun, der in der letzten Zeit oft gekommen ist?»

Shinkichi senkte seinen Blick und zischte: «Überhaupt nichts!»

Fumiko fragte nicht weiter.

Am nächsten Tag zog die ganze Familie an den Stadtrand. Sie wollten Tokio nicht ganz verlassen, denn sie waren dort geboren, und es gab keine Heimatstadt, in die sie hätten zurückkehren können. Da er kein anderes Handwerk beherrschte, eröffnete Shinkichi bald wieder einen Frisiersalon. Am Tag der Eröffnung, als Fumiko Kaoru zum erstenmal in den neuen Kindergarten brachte, saß Shinkichi erschöpft in seinem Frisiersessel. Dank der Forderungen von Igarashi und den Umzugskosten war von den gesparten 260000 Yen fast nichts mehr übriggeblieben. Er mußte ganz von vorn anfangen, auch mit dem Sparen. Der Traum, einen eigenen Laden zu besitzen, war von dem Erpresser zunichte gemacht worden. Als er ein Geräusch an der Tür hörte, drehte er sich um, um seinen ersten Kunden mit einem Lächeln zu begrüßen. Doch das Lächeln gefror ihm auf den Lippen. Es war Saburo Igarashi.

Er musterte den neuen Laden und sagte gelangweilt: «Ich habe einige Zeit gebraucht, um Sie zu finden.»

Shinkichi starrte ihn an. Sein Gesicht verzerrte sich vor Ärger. Ohne auf Shinkichis Gefühlsaufwallung einzugehen, setzte sich Igarashi in den leeren Sessel und sagte mit einem sorglosen Unterton: «Rasieren wie immer. Und wie immer habe ich eine Quittung mitgebracht.»

Stille.

«Nun, fangen Sie an...»

Wie auf Befehl erhob sich Shinkichi, holte ein heißes Handtuch, senkte den Frisiersessel ein wenig und legte das Handtuch auf das bläuliche Gesicht.

Als er das Tuch fortnahm, sah Igarashi ihn mit weitgeöffneten Augen an. Dann sagte er: «Sie sehen so verhärmt aus. Falls Sie krank sind, beeilen Sie sich besser. Sie sind wichtig für mich.»

«Halten Sie den Mund!» schluchzte Shinkichi. Er hielt das Rasiermesser in der zitternden Hand.

«Warum sind Sie so wütend? Wir haben uns doch wiedergefunden.» Igarashis Stimme klang freundlich. «Ich möchte, daß es Ihnen gutgeht. Schließlich werden wir noch sehr lange miteinander zu tun haben.»

«Halten Sie den Mund!»

«Was ist denn los mit Ihnen?»

«Ich sagte, Sie sollen still sein...»

«Warum lächeln Sie nicht. In Ihrem Beruf muß man nett zu den Kunden sein.»

Igarashi lächelte immer noch. Shinkichis Gesicht verzerrte sich immer mehr. Er merkte, wie ihm der Schweiß aus den Poren trat.

«Sie Mistkerl», flüsterte er.

«Fluchen Sie nicht. Ich mag Sie trotz allem.»

Shinkichi stand da wie gelähmt.

«Was für ein Gesicht! Fürchterlich. Oh, jetzt verstehe ich. Heute ist wohl der Jahrestag des Tods des kleinen Mädchens, für den Sie verantwortlich sind. Da sind Sie wohl schlecht gelaunt?»

Und plötzlich konnte Shinkichi den Klang von Igarashis

Stimme nicht mehr ertragen. Er sah, wie sein Mund sich öffnete und schloß und wie seine bläuliche Haut sich dehnte und zusammenzog wie die eines widerlichen Wurms, einer ekelerregenden häßlichen Kreatur. In seinem Wahn erinnerte sich Shinkichi an eine schwarzblaue Raupe, die er einmal als kleiner Junge zertreten hatte. Dies war die gleiche Raupe. Wenn er sie zermalmte, würde sie blauen Saft verspritzen. Er würde sie zertreten müssen. Nein! Er würde sie mit dem Messer zerfetzen. Die Raupe wand sich immer noch direkt vor seinen Augen. Er hob seine Hand, in der er das Messer hielt...

«Töte ihn!»

Und plötzlich verfärbte sich alles rot. Das Rasiermesser war nicht mehr in seiner Hand. Es steckte nun tief in der zerschnittenen blauweißen Kehle von Saburo Igarashi. Leuchtendes rotes Blut sprudelte aus der Wunde.

Shinkichi wußte nicht, was er tun sollte. Er rief um Hilfe. Seine Stimme klang rauh. Und das Blut floß weiter aus der Kehle Igarashis. Sein Gesicht war aschgrau. Mit dem Röcheln eines sterbenden Mannes sagte er: «Sagen Sie ihnen... sagen Sie ihnen..., ich habe mich bewegt.» Die letzten Worte waren kaum noch zu hören.

Shinkichi verstand die Bedeutung dieser Worte nicht, genausowenig wie er verstanden hatte, daß ein Erpresser sein Leben aufs Spiel setzte, um ein Kind zu retten. Das Blut floß weiter, aber Saburo Igarashi war bereits tot.

Zunächst wurde Shinkichi unter Mordverdacht verhaftet, doch später wurde die Anklage auf fahrlässige Tötung festgesetzt. Die Polizei fand kein Mordmotiv. Noch bevor sie kam, hatte Shinkichi alle Quittungen verbrannt, die er besaß, und jene, die er noch in Igarashis Taschen fand. Wie sehr sie sich auch bemühten, die Polizeibeamten konnten keine Verbindung zwischen den beiden Männern herstellen außer der, die eben zwischen einem Friseur und seinem Kunden existiert. «Gerade als ich das Rasiermesser an seiner Kehle ansetzte, bewegte er sich plötzlich», erklärte Shinkichi. Ihm fielen die letzten Worte des Sterbenden ein: «Sagen Sie ihnen, ich habe mich bewegt.» Warum wohl war der Erpresser so freundlich gewesen, sich eine Entschuldigung für seine eigene Ermordung auszudenken?

Zu seinem eigenen Erstaunen wurde Shinkichi lediglich zu einem Jahr Gefängnis und drei Jahren Bewährung verurteilt. Natürlich wurde ihm untersagt, den Beruf eines Friseurs weiterhin auszuüben. Aber das war ihm recht. Er wäre sowieso unfähig gewesen, jemals wieder ein Rasiermesser in die Hand zu nehmen, ohne gleich Blut zu sehen. Seiner Frau und Tochter erklärte er, er sei bereit, in die Stadt zurückzukehren, wo er sich eine harte körperliche Tätigkeit suchen wollte. Sie waren froh, daß sie zurückgehen durften.

Während der Vorbereitungen für ihren zweiten Umzug wurde Shinkichi von einer Frau im mittleren Alter aufgesucht, die sich als Kiyoko Igarashi vorstellte. Shinkichi erblaßte, als er den Namen hörte. Weil er nicht wollte, daß seine Frau das Gespräch mitanhörte, bat er sie nach draußen. Dort fragte er die Frau, die einen Kimono trug: «Sind Sie gekommen, um mich des Mordes an Ihrem Mann anzuklagen?»

Sie schüttelte langsam den Kopf: «Nein.»

«Warum dann?»

«Als wir den Nachlaß meines Mannes geordnet haben, fanden wir einen Brief, den er an Sie adressiert hatte. Ich bin gekommen, um ihn zu übergeben.» Damit händigte sie ihm einen dicken Umschlag aus, auf dem sein Name geschrieben stand, und ging. Shinkichi öffnete den Brief und las:

Ich schreibe diese Zeilen, weil ich nicht genau weiß, wann Sie mich töten werden. Ich war ein Versager als Schauspieler. Ich war so schlecht, daß ich nie etwas anderes als Nebenrollen spielen durfte. Während ich dies schreibe, bin ich nirgends mehr beschäftigt, weder beim Film noch beim Fernsehen. Doch mittlerweile bin ich schon 53 Jahre alt. Und etwas anderes als Schauspielern habe ich nie gelernt. Jetzt, wo auch das vorbei ist, stehe ich vor dem Nichts.

Wäre ich alleinstehend, könnte ich mich einfach umbringen, und die Sache wäre erledigt. Aber ich habe eine Frau und einen Sohn, der gerade begonnen hat, auf die Universität zu gehen. Ich möchte ihm Geld hinterlassen. Glücklicherweise habe ich eine Lebensversicherung über fünf Millionen Yen abgeschlossen. Damit werden die beiden gut auskommen. Doch das Problem ist, daß die Versicherung bei Selbstmord nicht zahlt. Und abgesehen von einem kleinen Leberleiden bin ich kerngesund. Ich muß also unbedingt eines natürlichen Todes sterben, sonst werden wir alle drei verhungern. Die einzige Möglichkeit, die bleibt, ist ein Unfall. Oder ein Mord.

Als ich Zeuge des Unfalls wurde, in den Sie verwickelt wurden, habe ich, nachdem ich mir Ihre Autonummer notiert hatte, herausgefunden, daß Sie ein Friseur sind. Und ich entschied mich, Sie zu benutzen. Aber da Sie ein Fremder für mich waren, zögerte ich drei Monate lang. Doch schließlich überzeugte ich mich davon, daß es richtig wäre, denn immerhin haben Sie ein Kind angefahren und danach Fahrerflucht begangen.

Noch etwas anderes ließ mich zögern. Ich hatte kein Vertrauen in meine schauspielerischen Fähigkeiten. Wegen meines Aussehens bin ich immer als Schurke engagiert worden, aber weil ich so schlecht spielte, lachten die Leute immer anstatt sich zu fürchten. Ich hatte Angst davor, daß auch Sie nur lachen würden. Also übte ich das Erpressen eine ganze Zeitlang. Als ich es schließlich bei Ihnen ausprobierte, wurden Sie blaß vor lauter Angst.

Das ist das Verrückte daran. In den dreißig Jahren, die ich als Schauspieler gearbeitet habe, habe ich niemals eine befriedigende Leistung dargeboten. Aber als ich dann versuchte, im wirklichen Leben ein Schurke zu sein, hatte ich Erfolg.

Nach und nach fand ich dann heraus, daß Sie kein schlechter Mensch sind. Sie sind ein normaler Mann mit gutem Charakter. Es machte mich sehr unglücklich, wenn ich mir überlegte, zu was ich Sie bringen wollte. Deshalb bin ich auch vor das Auto gelaufen, um das Kind zu retten. Das war in Wirklichkeit ein getarnter Selbstmordversuch. Ich war mir ganz sicher, daß die Versicherung bezahlt hätte, wenn ich bei dieser Gelegenheit umgekommen wäre. Unglücklicherweise bin ich nicht gestorben.

Sie waren meine letzte Hoffnung. Ich habe Sie also weiter erpreßt und habe jedesmal die Summe verdoppelt, um Ihren Haß zu steigern. Früher oder später werden Sie mich töten, das wußte ich. Wenn ich durch das Messer in Ihrer Hand sterben werde, bin ich zufrieden. Dann werden meine Frau und mein Sohn die fünf Millionen Yen bekommen und für all das Leid entschädigt werden, daß ich ihnen verursacht habe. Und – meine letzte Rolle werde ich wirklich gut spielen.

Bitte vergeben Sie mir.

Ich lege das Geld bei, daß ich von Ihnen vom ersten Tag an bekommen habe: 76 200 Yen (inklusive 1200 Yen für Ihre Dienste als Friseur).

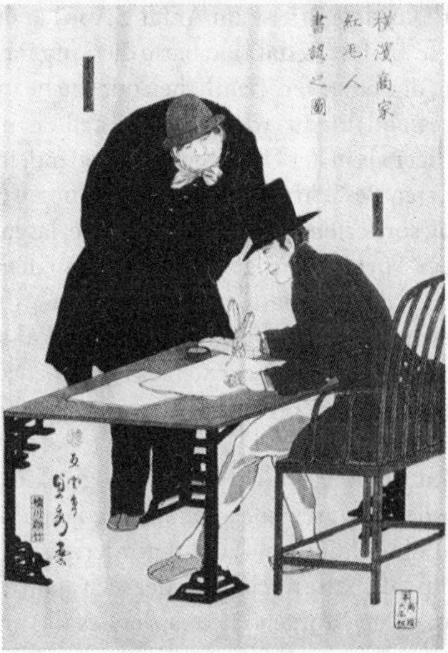

Tohru Myoshi
Der Brief aus dem Jenseits

Tohru Myoshi gilt in Japan als anerkannter Autor von Spionagegeschichten. Kenntnisreiche atmosphärische und psychologische Beschreibungen sind ihm ebenso wichtig wie politische Zusammenhänge, die er vom linksradikalen Standpunkt aus betrachtet. Kritiker wie Leser bewundern die Art und Weise, wie Myoshi sich in der Welt krimineller Intrigen auskennt.

Um der hier abgedruckten Geschichte folgen zu können, sollte man sich in Erinnerung rufen, daß die japanischen Arbeitgeber und Arbeitnehmer sehr eng miteinander verbunden sind: auf beiden Seiten gilt das Prinzip der ungebrochenen Treue. Der Herr kümmert sich um seine Sklaven, und diese ordnen sich bedingungslos unter. Dieses Prinzip gilt von der Wiege bis zur Bahre, und nie wird irgend jemand daraus entlassen. In Japan gibt es traditionell eng geknüpfte soziale Absicherungen. Und dieses Netz fängt jeden auf – es sei denn, es zerreißt.

Der merkwürdige Brief kam Anfang April in der Redaktion für Leserbriefe an. Die Redaktion hatte die Aufgabe, Zuschriften auszusuchen, um sie zu veröffentlichen oder zu beantworten. Die Redaktion bestand nur aus wenigen Angestellten, und die Arbeit war langweiliger als in der Lokalredaktion oder dem Politik-Ressort. Die meisten Beschäftigten dieser Abteilung waren älter, als er. Tag für Tag sortierten sie stapelweise Briefe, lasen sie, um sie in eine druckreife Form zu bringen. An Tagen, an denen wenig Arbeit anfiel oder die Beschäftigten der Abteilung früher Schluß machten, beschwerte sich niemand darüber, daß sie sich lange Kaffeepausen genehmigten oder schlicht faulenzten. Auf der anderen Seite gab es in dieser Abteilung keine Möglichkeit, Karriere zu machen.

Shunya Wakizaka war nicht besonders glücklich mit seinem Job. Seine Kollegen waren alle älter als vierzig und interessierten sich nur für Lohnerhöhungen und Beförderungen. Oda, der direkt neben ihm saß, hatte noch fünf oder sechs Jahre bis zur Rente vor sich, aber jeden Morgen las er als erstes die firmeninternen Mitteilungen.

Wakizaka war erst dreißig. Vor sechs Monaten hatte er eine Provinzredaktion der Zeitung verlassen, um in die Tokioter Leserbriefredaktion zu wechseln. Er sehnte sich verzweifelt danach, in das Ressort für Lokalpolitik übernommen zu werden. Weder konnte er sich an die altersschwache Arbeitsdisziplin seiner Abteilung gewöhnen noch an den Umstand, daß Freunde von ihm, die zur gleichen Zeit in die Redaktion nach Tokio gekommen waren, schon längst interessanteren Aufgaben nachgingen.

Trotzdem blieb ihm nichts anderes übrig, als seiner Arbeit nachzugehen. An diesem Tag im April setzte er sich also wie üblich an seinen Schreibtisch mit den Briefstapeln und begann, einen nach dem andern zu öffnen.

«Soll das vielleicht ein Scherz sein?» knurrte Oda und wedelte mit einem Brief herum.

«Was ist denn?» fragte Wakizaka.

Oda machte einer Volontärin ein Zeichen, ihm eine Tasse Tee zu bringen, und sagte: «Ich bin wirklich ein gutmütiger

Mensch. Aber ich werde sauer, wenn irgend jemand versucht, aus mir einen Narren zu machen. Was soll denn das hier heißen: ‹Ich schreibe diesen Brief am Ufer des Styx›?»

«Am Ufer des Styx?»

«Genau.»

«Zeig mal her ...»

«So ein Blödsinn. Wenn du ihn gelesen hast, wirf ihn in den Papierkorb.»

Oda begann den Tee zu schlürfen, den ihm die Volontärin gebracht hatte. Wakizaka las den Brief:

«Ich schreibe diesen Brief am Ufer des Styx. Mein Körper existiert nicht mehr. In der Welt der Sterblichen bin ich gestorben. Ich erhielt ein prächtiges Begräbnis. Meine Kollegen in der Firma, meine Freunde und meine Verwandten – alle haben mich verabschiedet. Sie haben ihr Bedauern über meinen Tod ausgedrückt. Doch ich wurde ermordet. Es war weder Selbstmord noch Unfall. Die einzigen, die das wissen, sind der Mörder und ich selbst. Unglücklicherweise habe ich den Täter nicht erkennen können. Er hat mich hinterrücks umgebracht. Meine Rachegelüste binden mich an das Ufer des Styx. Ich kann den Fluß nicht überqueren. Vielleicht glauben Sie, daß Tote keine Briefe schreiben können. Da liegen Sie falsch. Ich wußte das alles nicht, als ich noch sterblich war, aber es gibt vieles, das nicht wissenschaftlich erklärt werden kann. Geister und Gespenster existieren. Hier bei mir sind noch viele andere, denen es nicht möglich ist, den Fluß zu überqueren, denn sie haben bestimmte Dinge in der Welt der Sterblichen unvollendet gelassen, und nun quält sie das. Mein Geist hat sich mit einer Person in Verbindung gesetzt und sie dazu gebracht, diesen Brief für mich zu schreiben. Es ist möglich, daß es sehr lange dauert, aber meine Nachricht wird die Welt der Lebenden erreichen.»

Oda, der darauf wartete, daß Wakizaka den Brief zu Ende las, fragte: «Was meinst du? Hübsch, nicht wahr?»

«Das ist wirklich seltsam.»

«Seltsam? Verrückt ist das. Diese Verrückten machen mich fertig.»

Wakizaka las die Adresse auf dem Umschlag. Darauf stand lediglich der Name des Zeitungsverlags und «Stadtzentrum Tokio». Kein Hinweis auf Bezirk oder Straße. Natürlich war der Brief zugestellt worden. Auf dem Umschlag klebte eine abgestempelte Briefmarke. Der Absender lautete: Shiro Kureha, Okuzawa, Bezirk Setagaya, Tokio.

Oda meckerte immer noch: «Toll.»

«Ja, wirklich, aber welchen Grund könnte jemand haben, uns einen solchen Brief zu schicken?»

«Er will sich über uns lustig machen.»

Vielleicht. Aber Wakizaka hatte den Eindruck, daß es hier um mehr gehen mußte als einen einfachen Scherz. Ihm kam ein Gedanke, und er sah sich das Datum auf dem Poststempel an. Der Brief war in einem Ort am Meer namens Atami aufgegeben worden, der sich drei Zugstunden von Tokio entfernt befand, am 8. Februar. Wakizaka wußte, daß es jetzt bereits April war, aber er sah trotzdem auf den Kalender.

Manchmal brauchte die Post länger. Mitunter konnte ein Brief vier oder fünf Tage innerhalb des Stadtgebietes unterwegs sein. Aber von Atami aus waren zwei Monate eine sehr lange Zeit. Man mußte in Rechnung stellen, daß die Adresse der Zeitung nicht korrekt geschrieben worden war, aber trotzdem, zwei Monate…

Wakizaka erinnerte sich an das, was im Brief stand: «Es ist möglich, daß es sehr lange dauert.» Auf halbem Weg zum Papierkorb stockte seine Hand. Das Datum auf dem Poststempel hatte ihn mißtrauisch gemacht. War es nicht möglich, daß sie es hier mit etwas zu tun hatten, das nicht mit dem gesunden Menschenverstand erklärt werden konnte? Er griff nach dem Telefonbuch und blätterte die Seiten durch. Er fand den Namen der Absenderin: Shiro Kureha. Auch die Adresse stimmte. Wakizaka nahm den Telefonhörer ab und wählte.

Eine Frau meldete sich.

«Bin ich dort richtig bei Kureha?» fragte er.

«Nicht ganz … »

«Bin ich falsch verbunden?»

«Nein, Sie sind schon richtig, aber Kureha ist fortgezogen.»

«Wann war das?»

«Ende des letzten Monats.»

«Wissen Sie, wohin sie gezogen ist?»

«Ja, in eine Mietwohnung hier in der Nähe.»

«Können Sie mir ihre neue Telefonnummer sagen?»

«Ich glaube, sie hat gar kein Telefon.»

«Vielleicht kommt Ihnen die Frage merkwürdig vor: Ist Kureha-san bei guter Gesundheit?»

Es gab eine Pause. Dann sagte die Frau. «Ich habe gehört, daß ihr Mann gestorben ist.»

«Gestorben? Wissen Sie wann?» fragte Wakizaka aufgeregt.

Die Frau zögerte und fragte nach seinem Namen. Wakizaka sagte ihn ihr und fügte hinzu: «Ich wollte Kureha-san um einen Gefallen bitten. Ich wußte nicht, daß er gestorben ist.»

«Ich weiß es nicht genau», sagte die Frau. «Aber ich glaube, es war vor einiger Zeit. Drei Monate vielleicht.»

«Entschuldigen Sie bitte meine Neugier, aber kannten Sie die Kurehas?»

«Nein. Wir wissen nur das, was wir erfuhren, als wir dieses Haus gekauft haben.»

«Aha. Bitte entschuldigen Sie die Störung. Und vielen Dank für Ihre Hilfe.»

«Und, was hast du rausgefunden?» fragte Oda.

«Der Mann, der den Brief geschrieben hat, ist tot. Er starb vor drei Monaten.»

Oda starrte ihn an: «Ermordet?»

«Das konnte ich nicht herausfinden. Es ist wirklich zu dumm! Die Frau, mit der ich gesprochen habe, kaufte das Haus der Kurehas nach seinem Tod.»

«Reg dich nicht auf», sagte Oda. «Ereifere dich nicht. Wann immer der Mann gestorben ist, der Brief ist ein Scherz. Tote schreiben keine Briefe.»

«Ich rege mich nicht auf. Jedenfalls nicht sehr. Aber ist das nicht merkwürdig? Ich möchte wissen, was dahinter steckt.»

«Vergiß es. Laß es bleiben. Das ist Unsinn.»

«Kann sein. Aber der Brief hat zwei Monate gebraucht, um hier anzukommen. Wie erklärst du dir das?»

«Keine Ahnung, mein Lieber. Aber wenn du dich mit solchem Unsinn beschäftigst, verschwendest du nur deine Zeit.»

Wakizaka wollte widersprechen, schwieg dann aber.

Er wußte, daß Tote nicht an den Ufern des Styx sitzen und Briefe an Lebende schreiben. Vor allem gab es diesen Fluß namens Styx gar nicht. Er wollte vermeiden, daß seine Kollegen ihn für verrückt hielten. Aber trotzdem drängte ihn etwas, dieses Rätsel zu lösen. Als er am Abend das Büro verließ, steckte er den Brief in seine Tasche und suchte das Haus auf, das früher den Kurehas gehört hatte und in einem ruhigen Wohnbezirk lag.

Die neue Besitzerin hieß Kamimura. Auf Wakizakas Klingeln öffnete eine würdige 50jährige Dame. Sie war sehr bestürzt, als sie erfuhr, daß er der Mann war, der sie angerufen hatte.

«Unsere einzige Verbindung zu den Kurehas ist dieses Haus, das wir von ihnen gekauft haben», sagte sie. «Wenn Sie mehr wissen wollen, müssen sie Kureha-san persönlich fragen. Sie lebt ganz in der Nähe.»

Wakizaka begab sich zu dem nahegelegenen zweistöckigen Wohnhaus. An der Tür der letzten Wohnung im Erdgeschoß fand er den Namen «Kureha» auf ein kleines Stück Papier geschrieben, das an der Tür befestigt war.

Als er klingelte, hörte er sein Herz klopfen.

Eine Frau schob den kleinen Vorhang des Fensterchens in der Tür beiseite, so daß nur ein Augenpaar sichtbar wurde: «Wer ist da?»

Wakizaka sagte seinen Namen und den seiner Zeitung.

«Ich habe bereits eine Zeitung abonniert. Ich brauche keine andere.»

«Ich werbe keine Abonnenten. Ich habe vom Tod Ihres Mannes erfahren. Es gibt da etwas, das ich nicht verstehe...»

«Wie bitte?»

«Ja. Wissen Sie, Ihr Mann hat einen Brief an unsere Redaktion geschickt.»

«Mein Mann?»

«Ja.»

«Wovon sprechen Sie überhaupt?»

«Es stimmt doch, daß er vor drei Monaten gestorben ist?»

Sie antwortete nicht, aber ihre Augen, die ihn durch das Fenster ansahen, signalisierten Zustimmung.

«Nun – obwohl er tot ist, hat er einen Brief an unsere Redaktion geschickt.»

«Was?»

Wakizaka wiederholte das Ganze noch einmal. Er fragte sich, ob sie ihn wohl für einen Verbrecher hielt. Kureha-san – später erfuhr er, daß sie Reiko mit Vornamen hieß – sah sehr verstört aus und machte keine Anstalten, die Tür zu öffnen. Das war nicht überraschend, doch er gab nicht auf.

Nervös sagte er: «Ihr Mann starb vor dem 8. Februar. Aber wir haben einen Brief von ihm bekommen, der später datiert ist. Sehen Sie hier, bitte.»

«Das ist doch Wahnsinn», ihre Stimme stockte. «Sind Sie wirklich von der Zeitung?»

«Glauben Sie mir. Ich weiß, das ist verwirrend. Aber sehen Sie sich das hier einmal an.»

Wakizaka schob seine Visitenkarte und den Brief durch den Briefschlitz. Einige Sekunden verstrichen, dann hörte er ein Stöhnen hinter der Tür.

«Was ist los?»

Er hörte ein Ächzen. Er hielt den Atem an, und stirnrunzelnd erwartete er ihre Antwort.

Ihre Stimme klang dünn: «Dieser – dieser Brief...» Sie schien unfähig, weiterzusprechen.

«Ja, was ist damit?»

«Das kann nicht sein, das ist nicht möglich.»

«Kureha-san, öffnen Sie bitte die Tür.»

«Ist dieser Brief wirklich in Ihrer Redaktion angekommen?»

«Ja, wirklich und wahrhaftig. Aber bitte, öffnen Sie die Tür.»

«Ja. Gut...»

Die Kette wurde ausgehängt und schlug gegen das Schloß. Die Tür öffnete sich. Eine Frau, 27 oder 28 Jahre alt, lehnte an der Wand des Korridors. In der einen Hand hielt sie den Brief. Sie sah Wakizaka an, als er eintrat. Er warf einen Blick in die Wohnung. Schiebetüren aus Papier schlossen sich vor einem Raum, der offensichtlich im altjapanischen Stil eingerichtet war.

Kureha-san sank auf einen Stuhl neben einem kleinen Tisch. Dann las sie den Brief und schien zu vergessen, daß noch jemand anwesend war. Das Blatt nahm ihre ganze Aufmerksamkeit in Anspruch. Sie las es noch einmal.

«Kureha-san», sagte Wakizaka, «haben Sie eine Ahnung, was es damit auf sich haben könnte?»

«Was meinen Sie damit?»

«Der Inhalt. Das, was dort geschrieben steht. Wer hat das geschrieben?»

«Das ist unglaublich.»

«Bitte?»

«Mein Mann beging Selbstmord. Er kann unmöglich ermordet worden sein. All dieses Gerede vom Ufer des Styx. Irgend etwas stimmt da nicht...» Sie preßte die Lippen aufeinander und machte eine Pause. Dann sagte sie: «Aber es ist die Handschrift Ihres Mannes.»

Das ist doch Unsinn, dachte Wakizaka. Tote schreiben keine Briefe. Wenn das so wäre, würde die Sonne im Westen aufgehen, Männer würden Kinder bekommen und Feen würden herumspazieren.

«Kureha-san», sagte er. «Ist das wirklich die Handschrift Ihres Mannes?»

Sie nickte blinzelnd.

«Verzeihen Sie mir meine Neugier, aber wann ist er gestorben?»

«Am 15. Januar.»

«Und es war Selbstmord?»

«Ja. Er war in Atami. Er hat sich ins Meer gestürzt.»

«In Atami?»

«Ja.»

«Erzählen Sie mir bitte, wie es passiert ist.»

«Aber – bitte…»

Wakizaka drängte sie weiter.

Sie sprach sehr langsam. Shiro Kureha war der Direktor der Werbeabteilung bei Tozai Electric gewesen, einer bedeutenden Elektronik-Firma. Vor zehn Jahren hatte er Reiko geheiratet und war im Alter von 33 Jahren gestorben. Der 15. Januar war ein Feiertag gewesen. Am Abend des 14. waren sechs Mitarbeiter der Werbeabteilung zu einer Party nach Atami gefahren und wollten dort auch die Nacht verbringen. Sie taten das in jedem Jahr, um das Ende der Neujahrsferien zu feiern und Mahjong zu spielen. Am darauffolgenden Tag gingen sie dann Angeln oder auf den Golfplatz. In der Firma spielten alle Mahjong. Wer das Spiel nicht beherrschte, wenn er einen Posten in der Firma übernahm, der lernte es bald. Jeder, der in der Werbeabteilung arbeitete, mußte Mahjong spielen können.

Sie waren zu sechst: Abteilungsleiter Oba, sein Stellvertreter Sakamoto, die Angestellten Nakaya, Sada und Murai, und Kureha. Am 14. Januar kamen sie um sieben Uhr abends in Atami an. Zwei Stunden brauchten sie für das Baden und das Abendessen. Das Spiel begann um neun.

Um Mahjong zu spielen braucht man vier Personen. Die Gruppe bestand jedoch aus sechs Leuten. Das bedeutete, daß in jedem Spiel zwei von ihnen aussetzen mußten. Kureha erklärte, er habe Kopfschmerzen und wolle nicht spielen. Er sah blaß aus und schien seit der Abfahrt aus Tokio beunruhigt. Die anderen Teilnehmer haben dies bestätigt, als sie von der Polizei verhört wurden.

Oba fragte Kureha besorgt: «Geht es dir gut?»

«Ja, alles in Ordnung. Ich denke, ich bestelle mir einen Masseur aufs Zimmer.» Kureha verließ die anderen. Er teilte sich ein Zimmer mit Nakaya.

Es war immer noch eine Person zuviel, aber sie begannen zu

spielen. Sie zogen Karten, um zu bestimmen, wer aussetzen mußte. Oba zog die niedrigste und setzte die erste Runde aus.

Als die dritte Spielrunde beendet wurde, war es zwölf Uhr.

«Ich bin müde», sagte Oba. «Ich glaube, ich werde alt. Ich gehe auf mein Zimmer.»

«Geh nicht, solange du gewinnst», sagte Murai.

«Ich möchte morgen beim Golf gut in Form sein.» Und dann fuhr er fort: «Vielleicht sollte ich Kureha wecken, damit er mich ablöst?» Bis zu diesem Zeitpunkt hatten sie gar nicht an Kureha gedacht. Sie sagten nein. Wenn er dazukäme, würde es nur komplizierter. Die Männer wollten zu viert weitermachen.

Sie spielten bis um fünf Uhr morgens. Und sogar dann wollten die Verlierer noch weiterspielen, aber sie brauchten alle ihren Schlaf.

Als Nakaya in sein Zimmer trat, konnte er Kureha nirgendwo entdecken. Er war weder im Bad noch in der Toilette. Das Bett nahe des Fensters war zerwühlt. Dort mußte er wohl geschlafen haben.

Nakaya fragte sich natürlich, wo Kureha sein könnte, aber er war sehr müde. Er schlief ein und wachte erst wieder zum Frühstück auf. Kureha war nicht zurückgekommen. Nun machte sich Nakaya Sorgen. Hastig wusch er sich und eilte in den Frühstücksraum. Auch dort war Kureha nicht.

«Wo ist Kureha?» fragte er die Anwesenden.

«Ist er denn nicht bei dir?» fragte Sakamoto.

«Er war die ganze Nacht nicht in seinem Zimmer.»

«Seltsam», sagte Oba. «Ich habe mir Sorgen um ihn gemacht. Als ich in mein Zimmer ging, habe ich in seinem nachgesehen. Dort hat er laut schnarchend geschlafen.»

Sakamoto meinte, Kureha sei spazierengegangen. Oba war nicht damit einverstanden. Um fünf Uhr morgens war es viel zu dunkel gewesen. Irgend etwas mußte passiert sein.

«Vielleicht ist er zum Golfplatz gegangen», sagte Nakaya. Er nahm einen kleinen Schluck Kaffee und eilte in Kurehas Zimmer, um nach dessen Sachen zu sehen. Ein Anzug fehlte. Als Nakaya das den anderen mitteilte, kamen alle mit in das Zimmer, um es zu durchsuchen. Kurehas Mantel, sein Rasierzeug und seine Golfsachen waren immer noch dort. Seine Schuhe waren geputzt worden, wie das in japanischen Gasthäusern Sitte ist. Sie waren seitdem nicht mehr benutzt worden. Er konnte unmöglich barfuß fortgegangen sein. Wie sich jedoch später herausstellte, hatte er Holzpantinen angezogen, die neben der Gartentür des Gasthauses gestanden hatten.

Natürlich wurde an diesem Tag kein Golf mehr gespielt. Sakamoto blieb im Gasthaus, während die anderen nach Tokio fuhren. Bevor sie weggingen, verständigte Oba die Polizei, die mit einer Untersuchung begann. Oba sagte ihnen, daß er keine Erklärung für Kurehas Verschwinden habe, obwohl er in der letzten Zeit merkwürdig teilnahmslos gewirkt hatte, geradezu neurotisch, könnte man sagen.

Man sagte Reiko Bescheid. Sie kam noch am gleichen Tag um ein Uhr mittags in Atami an. Sakamoto holte sie am Bahnhof ab und fuhr mit ihr im Taxi zur Polizei. Oba, der sie dort erwartet hatte, versuchte Reiko zu beruhigen, aber sie hörte kaum auf das, was er ihr sagte. Sie war sehr in Sorge um ihren Ehemann und bat die Polizei: «Bitte, tun Sie alles, um ihn wiederzufinden...»

«Das versuchen wir ja. Deshalb müssen wir Ihnen einige Fragen stellen. Ist Ihnen in der letzten Zeit etwas Ungewöhnliches an Ihrem Mann aufgefallen?»

«Ich verstehe Sie nicht.» Reiko wurde blaß.

«Ich möchte Sie nicht erschrecken, Kureha-san. Aber ich muß Ihnen sagen – normalerweise werden solche Fälle von plötzlichem Verschwinden von zwei Umständen verursacht: Tod durch Mord oder Unfall oder Tod durch Selbstmord.» Er machte eine Pause, dann sagte er in dienstlichem Ton: «Können Sie uns weiterhelfen?»

Reiko meinte, daß diese beiden Möglichkeiten keineswegs die einzig denkbaren wären. Und wenn es schon keine andere Möglichkeit gäbe, dann wäre ein Unfall noch das wahrscheinlichste. Ihr Mann war möglicherweise spazierengegangen und in seinen Holzpantinen ausgerutscht. Er konnte von einem Auto angefahren worden sein, und der Fahrer hat sein Opfer irgendwohin verschleppt. Es gab schließlich genug verantwortungslose Autofahrer.

Doch der Beamte hatte sich bei den umliegenden Polizeistationen erkundigt. Nirgendwo war ein Unfallopfer gemeldet worden. Er sagte, daß bei Untersuchungen dieser Art eindeutige Informationen das Allerwichtigste seien.

«Ich weiß, wie Sie sich fühlen», sagte er. «Ich versuche nur, meine Arbeit zu tun. Ist es möglich, daß Ihr Mann einen Grund hatte, zu verschwinden oder Selbstmord zu verüben?»

«Selbstmörder hinterlassen normalerweise einen Brief, nicht wahr?» entgegnete Reiko mit fester Stimme.

«Normalerweise. Nicht immer. Manchmal handeln sie aus einem plötzlichen Drang heraus.»

«Ich kann nicht glauben, daß er sich umgebracht hat», sagte sie überzeugt.

Shiro Kureha und Reiko waren ein glückliches Paar gewesen. Zwar war er beruflich nicht so vorangekommen, wie er erhofft hatte, und nur ein Abteilungsleiter geworden. Doch auch wenn er mit einigen Dingen an seinem Arbeitsplatz unzufrieden gewesen war, so war das noch lange kein Grund für einen Selbstmord gewesen.

Sakamoto fügte hinzu, daß Kureha geringfügige Schwierigkeiten im Büro gehabt hatte, aber die hatten andere auch.

Schließlich kamen Neuigkeiten von einem Taxifahrer namens Maezawa. Um zwei Uhr am Morgen des 15. hatte er einen Mann mitgenommen, und zwar genau vor dem Gasthaus, in dem die Gruppe aus Tokio übernachtet hatte. Der Mann hatte einen Anzug getragen. Als er aus dem Wagen gestiegen war, hatte der Fahrer bemerkt, daß er Holzpantinen trug. Der Mann hatte Maezawa gebeten, ihn «irgendwohin» zu fahren.

«Irgendwohin? Was heißt das genau?»

«Irgendwohin eben», sagte der Fahrer.

Liebespaare ließen sich oft von einem Taxi herumfahren, aber bei einem Mann war das eine merkwürdige Sache. Trotzdem konnte kein Fahrer sich dagegen wehren.

«Möchten Sie lieber in die Berge oder ans Meer?»

«Das ist mir egal. Fahren wir ans Meer.»

Während er Richtung Ito fuhr, betrachtete der Fahrer seinen Gast durch den Rückspiegel. Er saß auf dem Rücksitz, gedankenverloren mit verschränkten Armen. Gelegentlich blickte er aus dem linken Fenster. Er schien auf nichts Besonderes zu achten. Es gab ohnehin nicht viel zu sehen, nur das schwarze Meer und die Positionslichter einiger Fischerboote.

Als sie in die Hauptstraße von Ito einbogen, schlug der Fahrer vor, umzukehren. Sein schweigsamer Passagier machte ihn unruhig. Doch der Mann befahl ihm, weiterzufahren.

«Hören Sie – geht es Ihnen gut?» fragte der Fahrer, als er sich nicht mehr länger zurückhalten konnte.

«Ich habe genug Geld.»

«Ich mache mir nicht um das Fahrgeld Sorgen.»

«Über was denn?»

«Ich möchte einfach nur gerne wissen, wohin Sie wollen.»

«Ich möchte herumfahren, das ist alles.»

«Aber – verdammt...»

«Wenn es Ihnen nicht paßt, lassen Sie mich aussteigen.»

Der Fahrgast schien zu einem Entschluß gekommen zu sein. Der Fahrer, ein einfältiger und selbstsüchtiger Mann, sagte irritiert: «Na gut, dann steigen Sie doch aus.» Er hielt an. Der Fahrgast bezahlte und stieg aus. Doch nun bedauerte der Fahrer beinahe, was er gesagt hatte. Aber der Fahrgast wartete nicht auf das Wechselgeld, sondern stolperte in die Dunkelheit, als sei er betrunken. Der Fahrer war besorgt, aber er wendete seinen Wagen und fuhr nach Atami zurück.

Maezawas Beschreibung seines Fahrgastes paßte auf Kureha. Alles deutete darauf hin, daß Kureha sich entschlossen hatte, Selbstmord zu begehen. Aber selbst Reiko hatte keine Ahnung, warum er so etwas tun sollte.

«Also wissen Sie gar nicht, ob Ihr Mann wirklich tot ist», sagte Wakizaka. «Wenn dieser Brief hier in seiner Handschrift geschrieben wurde, kann es doch sein, daß er noch am Leben ist.»

«Eine Woche später wurde seine Leiche am Strand angespült», sagte sie mit schwacher Stimme. «Nicht weit entfernt von Ito.»

Wakizaka starrte Reiko an. Dann stellte er sich selbst einige Fragen. Was konnte der Brief bedeuten? Falls der Poststempel korrekt war, war der Brief nach Kurehas Tod abgeschickt worden. Da aber Tote nun mal keine Briefe schreiben können, mußte ihn ein Lebender geschrieben haben.

«Kureha-san, sind Sie sicher, daß das die Handschrift Ihres Mannes ist?»

Sie sah sich den Brief noch einmal genau an, dann sprang sie auf, verschwand im anderen Zimmer und kam zurück mit einem Tagebuch. Sie öffnete es und zeigte es Wakizaka. Es war dieselbe Schrift wie im Brief. Wakizaka blätterte das Buch durch. Es war ein ganz normales Tagebuch, die Eintragungen begannen am 1. Januar dieses Jahres und endeten am 13.

«Darf ich es lesen?»

«Ja. Lesen Sie nur.»

Keine der Eintragungen war lang, aber sie waren vielsagend, besonders einige von ihnen.

«5. Januar – Ich bin es leid. Ich wurde hintergangen. Ich kann niemandem mehr glauben. Was soll ich tun?»

«8. Januar – Was ich befürchtet habe, ist passiert. Aber ich versuche, die gute Seite zu sehen. Seltsames Wesen. Ich werde benutzt. Aber das genügt nicht, um mich fertigzumachen. Ich werde diesen Menschen, die mich loswerden wollen, entgegentreten. Ich bin der einzige, der die Wahrheit kennt.»

«12. Januar – Jemand verfolgt mich. Ich möchte gerne glauben, daß dies nur in meiner Einbildung geschieht. Ich muß auf mich aufpassen. Es ist unglaublich, aber es geschehen eine Menge unglaublicher Dinge. Und wenn sie erst einmal passieren, dann ist es zu spät, etwas dagegen zu tun.»

«13. Januar – Die anderen Abteilungschefs und die leitenden Angestellten reden die ganze Zeit heimlich miteinander. Ich weiß nicht, wovon sie sprechen. Aber ich ahne es. Es geht um diese Angelegenheit. Eines Tages wird dieser Trick entdeckt werden.

Aber wenn es dann soweit ist, werden nicht die Verantwortlichen zur Rechenschaft gezogen. Es wird ein anderer sein müssen. Morgen findet die Feier in Atami statt. Aber ich habe keine Lust zu trinken. Unsere Buchführung ist wirklich toll. Nennt man das etwa ein «aufstrebendes Unternehmen»? Das ist ja lächerlich. Sie sind alle korrupt. Ich frage mich, was wohl passiert, wenn die Polizei davon erfährt.»

An diesem Punkt endete das Tagebuch. Am 14. war er nach Atami gefahren und hatte keine Zeit gefunden, eine Eintragung zu machen. Die Handschrift im Tagebuch und im Brief war die gleiche. Wakizaka wußte zwar nicht, wie man eine Handschrift identifizierte, aber wenn es sich um eine Fälschung handeln sollte, war sie perfekt.

«Sie sagten, Ihr Mann habe sich umgebracht», sagte Wakizaka. «Nach der Lektüre dieser Eintragungen würde ich sagen, daß es deutliche Hinweise darauf gibt, daß er ermordet wurde. Immerhin schreibt er hier, daß jemand hinter ihm her sei…»

«Ich habe das Tagebuch erst vor kurzem gefunden. Ich hatte vorher nicht den Mut, seinen Schreibtisch aufzuräumen. Ich ließ alles, wie es war. Dann, vor kurzem, entschloß ich mich, es doch zu tun. Als man seine Leiche fand, wußte ich noch nichts von diesem Tagebuch. Und die Polizei erklärte, es sei Selbstmord gewesen.»

«Und was glauben Sie jetzt?»

Sie senkte den Kopf: «Ich weiß nicht, was ich denken oder tun soll. Seitdem ich das Tagebuch gelesen habe, sind mir Zweifel gekommen.»

«Hat die Polizei eine Autopsie vornehmen lassen?»

«Ja.»

«Was kam dabei heraus»

«Daß er Meerwasser geschluckt hatte. Sie entschieden, daß es Selbstmord durch Ertrinken gewesen war. Und dann war da noch die Aussage, daß er neurotisch gewesen sei.»

«Wer hat diese Aussage gemacht?»

«Irgend jemand aus der Firma.»

«Wer?»

«Ich erinnere mich nicht.»

«Sie waren seine Frau – würden Sie sagen, er war neurotisch?»

«Seit dem Ende des letzten Jahres schien er beruflich sehr unzufrieden zu sein. Aber ich würde nicht sagen, daß er neurotisch war.»

«Er schreibt, daß jemand hinter ihm her sei. Hat er jemals davon gesprochen?»

«Ich kann mich nicht daran erinnern.»

«Er schreibt, in der Firma laufe etwas falsch. Hat er jemals mehr darüber gesagt?»

«Er hat sehr selten von seiner Arbeit gesprochen.»

«Haben Sie dieses Tagebuch jemandem gezeigt? Der Polizei oder jemandem in der Firma?»

«Ich wußte nicht, was ich tun sollte. Ich weiß es immer noch nicht. Was meinen Sie?»

Die meisten der dreizehn Eintragungen waren allgemeiner Art. Aber die vom 5., 8., 12. und 13. Januar waren auf jeden Fall sehr ungewöhnlich. Sie wiesen darauf hin, daß Kureha die Gefahr und den Tod gewittert hatte. Er hatte von einem Geheimnis in der Firma gewußt. Er war über seine Vorgesetzten empört und ahnte, daß ein Mitarbeiter dafür den Kopf hinhalten müßte.

Wakizaka wurde klar, daß der ganze Fall neu aufgerollt werden mußte. Gleichzeitig war ihm bewußt, daß dieser Fall ihn beruflich weiterbringen konnte. Er war es leid, am Schreibtisch zu sitzen und die Leserbriefseite zu redigieren. Er wußte, daß ein Journalist, der sich nicht um Neuigkeiten und das Schreiben von Artikeln bemühte, kein Journalist war. Und er wollte auf keinen Fall so enden wie sein Kollege Oda.

«Kureha-san, wären Sie so nett, mir diese Tagebücher zu leihen?»

«Was wollen Sie damit anfangen?»

«Ich möchte den ganzen Fall gewissenhaft untersuchen. Wenn die Polizei von diesem Tagebuch gewußt hätte, hätte sie vielleicht nicht so vorschnell die Selbstmord-Theorie akzeptiert.

Wie man es auch betrachtet, irgend etwas stimmt nicht mit dem Tod Ihres Mannes. Ich glaube, es hängt mit seiner Firma zusammen. Ich werde Ihr Vertrauen und die Tagebücher keinesfalls mißbrauchen. Ich möchte Sie nur bitten, unserer Zeitung zu vertrauen.»

«Möchten Sie einen Artikel darüber schreiben?»

«Das weiß ich noch nicht. Sollte es mir möglich sein, mehr über die Umstände des Todes Ihres Mannes herauszufinden, würde ich es natürlich gerne aufschreiben.»

«Ich weiß nicht, ob es richtig ist, all das in der Zeitung zu veröffentlichen.»

«Aber es geht hier um Mord. Sehen Sie... falls...»

Reiko antwortete nicht. Anstatt noch etwas zu sagen, überreichte sie Wakizaka das Tagebuch.

Am nächsten Tag war Kamei verantwortlich für die Leserbriefseite, und nachdem Wakizaka ihm die ganze Geschichte erzählt hatte, sagte er: «Das ist wirklich eine seltsame Geschichte. Aber sie hat nichts mit unserer Abteilung zu tun. Du solltest den Kollegen der Lokalredaktion davon erzählen und es ihnen überlassen.»

«Die Lokalredaktion?»

«Paßt dir das etwa nicht? Aber das hier ist die Abteilung für Leserbriefe, wir haben keine Zeit, uns um Geistergeschichten zu kümmern.»

«Na ja, aber...»

Kamei erklärte ihm, daß Tote keine Briefe schreiben. Aber immerhin war ein Mann gestorben, und der Brief war an die Redaktion geschickt worden. Außerdem gab es neue Erkenntnisse, die die Selbstmordtheorie in Zweifel zogen. Selbstverständlich lohnte es sich, den Fall zu untersuchen.

Wakizaka wollte nicht, daß sich irgendein anderer dieser Geschichte annahm. Er hatte gehofft, Kamei würde ihn mit weiteren Nachforschungen beauftragen. Aber möglicherweise war Kamei inzwischen so sehr an die Arbeit am Schreibtisch gewöhnt, daß er keine Lust hatte, mehr zu tun als unbedingt nötig. Er sah Wakizaka nur desinteressiert an.

Wakizaka ging an seinen Schreibtisch zurück, auf dem sich Briefe stapelten. Er fühlte sich sehr unglücklich. Es wäre besser gewesen, er wäre in dieser Provinzredaktion geblieben, statt sich mit dieser sinnlosen Arbeit herumzuplagen. Er hatte keine Ahnung, warum man ausgerechnet ihn in die Leserbrief-Abteilung versetzt hatte. Pech. Der Anblick der Briefstapel auf seinem Schreibtisch deprimierte ihn immer mehr. Ich bin nichts weiter als ein kleines Rädchen im Getriebe, dachte er wütend.

«Stimmt was nicht?» wollte Oda wissen.

«Dieser Brief, der gestern gekommen ist.»

«Was ist damit?»

«Ich habe die Adresse herausgefunden und einige Neuigkeiten.»

Oda nippte an seinem Tee, während er Wakizakas Erzählung zuhörte. Dann fragte er: «Er hat also in dieser Firma gearbeitet, richtig?»

«Kennst du irgend jemanden bei Tozai Electric?»

«Warum sollte ich dort jemanden kennen?»

Wakizaka seufzte: «Weil du ‹in dieser Firma› gesagt hast, dachte ich, du würdest vielleicht jemanden dort kennen.»

Oda schüttelte den Kopf: «Aber ich weiß von der Aufregung, die diese Firma verursacht hat.»

«Aufregung?»

«Liest du keine Zeitung?»

Wakizaka zog eine Grimasse.

«Es stand im Wirtschaftsteil.»

«Lese ich nie.»

«Das solltest du aber tun. Es ist der interessanteste Teil in der Zeitung. Ständig wird dort über Ernennungen, Morde, Erfolge berichtet – nichts von diesen Alltäglichkeiten.»

Oda verstummte. Wakizaka hatte sich noch nie für den Wirtschaftsteil interessiert. Er hatte weder Lust noch Geld, an der Börse zu spekulieren.

«Weißt du, wie die Aktien von Tozai Electric stehen?»

«Nein.»

«Bei Börsenschluß gestern lagen sie bei 135, also zehn Yen weniger als letzte Woche.»

«Tatsächlich?»

«Im letzten Jahr gab es dramatische Kursentwicklungen. Bis dahin lagen sie immer so um die 140 Yen. Doch dann Ende des Jahres stiegen sie plötzlich auf über 200. Weißt du warum?»

«Große Nachfrage?»

«Natürlich. Aber warum wohl?»

Wakizaka sah ihn gespannt an.

«Kurz nachdem die Börse eröffnet worden war», sagte Oda, «ging das Gerücht um, Tozai habe einen neuartigen Fernsehbildschirm entwickelt, dessen Herstellungskosten nur noch halb so teuer sein sollten. Das hätte bedeutet, daß die Produktionskosten von Farbbildschirmen drastig gesenkt würden. Zwar produziert Tozai diese Bildschirme nicht selbst, aber die großen Konzerne ordern die Teile bei ihnen. Es ist schon vorgekommen, daß Verbraucherverbände die TV-Hersteller wegen ihrer überhöhten Preise angegriffen hatten und die Preise deshalb leicht gefallen sind. Allerdings zu Lasten des Firmengewinns. Aber dieser neuartige Bildschirm wäre so billig zu produzieren, daß die Hersteller ihre Preise senken könnten, ohne ihren Gewinn zu reduzieren. Als die Börse öffnete, wurde sie von Kaufinteressierten überschwemmt. Die Kurse stiegen innerhalb eines Tages um 60 Yen. Einige Tage vorher hatte ich meine Tozai-Aktien verkauft, weil sie sich nicht im Wert geändert hatten. Als ich dann den Börsenbericht las, wurde mir schlecht.»

«Du spekulierst an der Börse?»

«Nur im kleinen.»

«Und dann, was ist dann passiert?»

«Am ersten Börsentag im neuen Jahr stürzten die Kurse ins Bodenlose. Es hatte sich herumgesprochen, daß die Gerüchte über das neuartige Produkt eine Lüge gewesen sind.»

«Warum wurde diese Lüge verbreitet?»

«Irgendein Spekulant wollte schnell das große Geld machen. So was ist schon öfter vorgekommen, meistens an Wochenenden. Börsenspekulanten sind seltsame Leute. Sie versuchen Geld zu machen, indem sie falsche Informationen verbreiten. Aber sie beherrschen sich, und benutzen nie die Zeit der Börsenruhe zwischen den Jahren. Deshalb sind so viele in diesem Fall darauf hereingefallen.»

«Wer hat denn die Falschmeldung verbreitet?»

«Es heißt, daß bestimmte Insider es wüßten. Aber es gibt keine Beweise. Nun ja, wegen dieser Geschichte ist Tozai in die Schlagzeilen geraten. Nach dem, was du gerade erzählt hast, scheint es so, als ob der seltsame Tod von Kureha damit zusammenhängt.»

«Da bin ich mir ganz sicher.»

«Wer weiß? Wenn er wirklich ermordet worden ist, dann ist es gut möglich, daß es da eine Verbindung gibt.»

«Kamei meint, ich soll das der Lokalredaktion überlassen.»

«Dann solltest du auf ihn hören. Die Kollegen aus der Lokalredaktion kennen sich mit solchen Sachen aus.»

Oda widmete sich wieder seiner Arbeit.

Um seine Ermittlungen fortzusetzen, würde Wakizaka nach Atami fahren müssen. Dazu brauchte er Kameis Erlaubnis. Aber er wollte auf jeden Fall vermeiden, daß dieser Fall in die Hände eines anderen geriet. Deshalb war er bereit, die Fahrtkosten aus eigener Tasche zu bezahlen. Falls er beweisen konnte, daß Kureha das Opfer eines Mordanschlags geworden ist, würde er Kamei für die Geschichten interessieren können. Der Chefredakteur würde beeindruckt sein und ihn in die Redaktion für Lokalnachrichten versetzen.

Vor drei Uhr nachmittags konnte Wakizaka sich nicht freimachen. Doch dann verzichtete er auf seine übliche Kaffeepause, rief ein Taxi und fuhr zum Presseklub der Börse. Dort suchte er Takegaki auf, einen Kollegen, der zur gleichen Zeit wie er eingestellt worden war und die Börsennachrichten betreute. Als Wakizaka den Klub betrat, sah Takegaki von seinem Börsenbericht auf und sagte: «Sieh mal an, wer da kommt.»

«Ich möchte dich etwas fragen. Kannst du kurz mit nach draußen kommen?»

«Ja, einen Moment noch, ich bin gleich soweit.»

Wakizaka wartete voller Neid darauf, daß sein Freund seine wichtige Arbeit beendete. Wakizaka bemitleidete sich um seinen langweiligen Job. Einige Minuten später sagte Takegaki: «Gehen wir.»

Als er seine Jacke überzog, fiel ein Päckchen aus seiner Innentasche. Ein Bündel Geld, ungefähr eine Million Yen, waren darin. Als sie ein nahegelegenes Café betraten, sagte Wakizaka: «Du scheinst ja viel Geld zu haben.»

«Das ist das Geld von jemandem, dem ich versprochen habe, einige Aktien zu kaufen. Ach übrigens, was macht deine Arbeit in der Leserbriefredaktion?»

«Ich habe genug und beneide dich um deine Arbeit.»

Takegaki sah zufrieden aus. «Was kann ich für dich tun?»

«Es geht um die Aktien von Tozai Electric.»

«Hast du dich entschlossen, zu spekulieren?»

«Nein. Aber ich habe gehört, daß zu Beginn dieses Jahres einige seltsame Dinge vorgefallen sind. Ich versuche, etwas darüber herauszufinden.»

«Ja, viele Leute sind betrogen worden.»

«Ich weiß ein wenig darüber Bescheid. Weiß man, wer die Falschinformationen verbreitet hat?»

«Nicht sicher, aber die Firma scheint selbst verantwortlich zu sein.»

«Wieso?»

«Als die Gerüchte über das neue Produkt die Runde machten, habe ich bei Tozai angerufen. Ich sprach mit jemandem aus der Werbeabteilung, der mir eine Menge vager Informationen vorsetzte.»

«Hast du sie überprüft?»

«Ja. Genau zu dem Zeitpunkt, als die Börse eröffnet wurde, kamen diese Gerüchte auf. Und sofort gab es Angebote für mehr als 300000 Anteile.»

Laut Takegakis Informationen hatten die Kurse von Tozai vor

etwa einem Jahr begonnen, kontinuierlich zu fallen. Es gibt keine direkten Erklärungen dafür, warum manche Aktien mehr gefragt sind als andere, es ist beinahe so wie bei Sportlern, deren Popularität ebenfalls Schwankungen unterworfen ist, obwohl ihre Leistungen im Vergleich zu anderen kaum verschieden sind. Keiner kennt sich da aus.

Vor einem Jahr waren die Kurse der Tozai-Aktien bei 160 Yen angelangt. Sie konnten sich wieder erholen oder auch nicht. Während der allgemeine Aktienmarkt anzog, verlor Tozai an Wert. Der einzige Grund dafür konnte das Ansehen der Firma sein. An einem normalen Börsentag kam es lediglich zu 40 000 bis 50 000 Transaktionen.

Dann machte ein Angebot über 30 000 Anteile zu jedem beliebigen Preis die Runde. Sofort war die gesamte Börse interessiert. Eine kleine, offenbar unabhängige Versicherungsgesellschaft namens Kanto-Versicherungen hatte das Angebot gemacht. Sogar die Experten, die den ganzen Markt überblickten, konnten nicht sofort herausfinden, wer hinter dem Angebot steckte.

Die Aktienkurse ergeben sich aus dem Verhältnis von Angebot und Nachfrage. Wenn viele Aktien zum Verkauf angeboten werden und nur wenige Angebote gemacht werden, sinken die Kurse und umgekehrt. Das Angebot, 30 000 Anteile zu jedem Preis zu kaufen, hatte das Ergebnis, daß der Wert der Tozai-Aktien um zehn Punkte anstieg. Wenn es nun keine weiteren Angebote gegeben hätte, wäre der Wert auch nicht weiter gestiegen, und das Geschäft mit den 30 000 Anteilen wäre nicht weiter aufgefallen. Aber, so erklärte Takegaki, es gab plötzlich noch einen anderen Interessenten, der 50 000 Aktien zu jedem Preis kaufen wollte.

«Das war um zehn Uhr. Normalerweise stecken hinter solchen Angeboten immer handfeste Interessen. Also habe ich bei der Versicherungsfirma Kanto angerufen. Sie sagten mir, sie hätten ihr Angebot im Auftrag eines Kunden gemacht. Als ich sie fragte, was noch dahinter steckte, blieben sie dabei. Große Unternehmen sind bekannt dafür, solche Geschäfte zu tätigen, aber bei einer so kleinen Gesellschaft wie Kanto war das doch sehr ungewöhnlich. Mir war klar, daß was im Busch war. Also habe ich die Firma angerufen.»

«Du hast bei Tozai angerufen?»

«Ja. Normalerweise gehen solche Geschäfte vom Firmenmanagement aus. Aber dort sagte man mir, es würde gerade eine Konferenz abgehalten, und deshalb nahm jemand aus der Werbeabteilung meinen Anruf entgegen. Normalerweise rufe ich in solchen Fällen direkt die entsprechende Abteilung an, um mich zu erkundigen, aber diesmal passierte alles am letzten Börsentag des Jahres – und der wird bereits gegen Mittag beendet. Es galt also, keine Zeit zu verlieren. Ich entschied mich deshalb, die Sache am Telefon zu klären. Aber mein Gesprächspartner verheimlichte mir etwas. Wir haben damit nichts zu tun – es muß jemand anderes dahinter stecken, hieß es.»

Als er sich dieses Gespräch in Erinnerung rief, sah Takegaki verärgert aus. Veränderungen der Aktienkurse einer Firma bedeuteten normalerweise, daß sich etwas im Geschäftsgebaren des betreffenden Unternehmens geändert hatte. Da er keine Zeit mehr hatte, versuchte Takegaki, direkt zum Thema zu kommen.

«Es klingt, als wolle ich mich entschuldigen, aber tatsächlich erwartete ich nicht viel. Sogar wenn ein Unternehmen kurz davor steht, ein neues Produkt auf den Markt zu werfen, wird das immer rechtzeitig angekündigt, um eine größtmögliche Öffentlichkeit zu erzielen. Doch mein Gesprächspartner sagte: ‹Es wird eine Pressekonferenz im neuen Jahr stattfinden, auf der das neue Produkt vorgestellt wird. Vorher kann ich Ihnen keine Einzelheiten mitteilen.›»

«Aber er hat von einem neuen Produkt gesprochen?»

«Er sagte, es würde eine Konferenz geben, auf der es vorgestellt würde. Das ist der Knackpunkt. Er sagte nicht, ein neues Produkt ist entwickelt worden. Deshalb gab es später noch Probleme.»

«Und die Aktienkurse?»

«Stiegen natürlich. Alle gingen davon aus, daß das neue Produkt eine wirkliche Neuigkeit sein würde, und die Aktienkäufer stürzten sich auf die Tozai-Anteile. Nach einem halben Tag waren dreieinhalb Millionen Anteile verkauft worden. Am Ende des Tages hatten 100 Millionen Anteile den Besitzer gewechselt. Das waren dreieinhalb Prozent des gesamten Aktienaufkommens von Tozai. Eine ganze Menge.»

«Und die Kurse sind um 60 Yen angestiegen?»

«Ja. Spekulanten wollen niemals zu spät kommen. Wenn sie erst mal heiß geworden sind, schreien sie in einem fort ‹kaufe› und ‹verkaufe›. Sie betrachten die Dinge niemals in Ruhe. Denn nichts hassen sie so sehr wie eine verpaßte Gelegenheit. Aber es dauerte nicht lange, und alle merkten, daß an dieser Geschichte mit dem neuen Produkt etwas nicht stimmte.»

«Es war eine Lüge?»

«Die Firma erklärte, sie hätte eine Konferenz organisiert, auf der das Produkt vorgestellt werden sollte. Nur so aus Spaß habe ich noch mal nachgefragt. Die Konferenz sollte in einem Hotel in Tokio stattfinden. Aber das war bald schon wieder vergessen. Am ersten Börsentag des neuen Jahres ging es nur noch um die üblichen Geschäfte. Mit anderen Worten, es war alles wieder so wie vorher.»

Takegaki schien davon wenig erbaut.

«Klingt so, als sei es dem Unternehmen darum gegangen, die eigenen Geschäfte anzuheizen.»

«Wir haben nachgefragt. Es hieß, es sei lediglich eine Konferenz angekündigt worden. Ansonsten wären keine Informationen nach draußen gegeben worden.»

«Und was war mit dem neuen Produkt?»

«Die Konferenz sollte am 6. Januar stattfinden. Dann hieß es plötzlich, sie müsse verschoben werden. Um weitere Mißverständnisse zu vermeiden, wie sie sagten.»

«Aber schließlich haben sie doch das Produkt angekündigt?»

«Nein. Auf unbegrenzte Zeit verschoben. Sie erklärten, sie hätten einen Fehler gefunden.»

«Sehr seltsam. Erinnerst du dich noch an den Namen des Mannes aus der Werbeabteilung?»

«Nein. Als ich mich noch einmal erkundigte, sagten sie, sie

hätten keine Ahnung, mit wem ich gesprochen habe. Sie baten um Entschuldigung, es sei alles ein Mißverständnis gewesen.»

«Hieß der Mann Kureha?»

«Ich erinnere mich nicht, weil ich in Eile war. Trotz allem gibt es keine Beweise dafür, daß die Sache von langer Hand geplant wurde. Aber derjenige, der dafür verantwortlich ist, dürfte lässig 150 Millionen Yen verdient haben.»

«Nicht schlecht.»

«Allerdings. Es wechselten 3 Millionen Anteile mehr als sonst den Besitzer. Zuerst wurden 800000 Anteile gekauft. Aber der Käufer verkaufte wieder. Möglicherweise hatte er bis zu diesem Zeitpunkt Tozai-Aktien heimlich aufgekauft, etwa 30000 bis 50000 Stück pro Tag. Als dann das Fieber ausbrach, hat er verkauft. Möglicherweise gab es noch einige kleinere Spekulanten. Der eine muß nicht die ganzen 3 Millionen Anteile verkauft haben. Aber er war sicherlich für zweieinhalb Millionen verantwortlich. Pro Aktie hat er 60 Yen verdient, insgesamt also 150 Millionen. In jedem Fall hat er mindestens 100 Millionen verdient.»

«Aber um zuerst kaufen zu können, muß er über Kapital verfügt haben», wunderte sich Wakizaka. «Er muß immerhin 350 Millionen ausgegeben haben.»

«Nein», sagte Takegaki. «Er hat sie auf Kredit gekauft. Natürlich hat er ein Grundkapital benötigt, aber nicht mehr als ein Drittel der Gesamtsumme.»

«Trotzdem ist das zuviel für einen einzelnen Geschäftsmann.»

«Ach was! Es gibt eine Menge Leute, die 100 oder 200 Millionen besitzen. Soviel ist das auch wieder nicht.»

Wakizaka seufzte: «Egal, ob ein einzelner oder eine Organisation dahinter steckt, gibt es keine Möglichkeit, denjenigen bei Tozai Electric ausfindig zu machen, der die 100 Millionen eingestrichen hat?»

«Immer langsam. Was ich dir hier erzählt habe, ist meine persönliche Meinung. Ich weiß nicht, ob wirklich jemand 100 Millionen in die eigene Tasche gewirtschaftet hat. Du darfst darüber nichts schreiben. Wie bist du überhaupt darauf gekommen? Ein Brief aus dem Jenseits?»

«Du hast es erfaßt. Sieh dir mal das hier an.»

Wakizaka gab ihm das Tagebuch.

Am nächsten Tag rief Wakizaka Kamei an und teilte ihm mit, daß er erkältet sei. Dann fuhr er nach Atami. Wenn er den Fall neu aufrollte, würde seine Lüge natürlich auffliegen. Aber damit wollte er sich erst befassen, wenn es soweit wäre.

In der Polizeistation in Atami sprach er mit Polizeichef Nojiri, der ihm sagte: «Ja, ich erinnere mich an diesen Fall. Aber ich glaube nicht, daß es sich um einen Mord handelt.»

«Haben Sie genügend Beweise für Ihre Selbstmordtheorie?»

«Es gab keine Hinweise auf einen Mord. Zum Beispiel hat er das Hotel aus eigenem Antrieb verlassen. Es hat keinen Anruf gegeben, der ihn dazu brachte.»

«Der Mörder könnte geplant haben, Kureha an einem bestimmten Ort zu treffen. Er könnte seinem Mörder vertraut haben und ohne Argwohn losgegangen sein. Nur weil er Meerwasser in den Lungen hatte, muß das noch nicht heißen, daß er aus eigenem Antrieb ertrunken ist.»

«Sicher. Aber wenn er vorgehabt hatte, jemanden zu treffen, wäre er nicht so planlos herumgefahren. Immerhin war es sehr spät. Er wäre wohl eher zielstrebig zu seinem Treffpunkt gefahren.»

«Vielleicht wollte er, daß es planlos aussah.»

Nojiri zuckte mit den Schultern und wunderte sich über Wakizakas Unnachgiebigkeit.

«Laut den Zeugenaussagen hatte er Probleme mit seiner Arbeit. Es ist sehr wahrscheinlich, daß er das Taxi verließ, um sich im Meer zu ertränken.»

«Was ist mit dem Tagebuch?»

Nojiri blickte ihn finster an: «Das sieht mir eindeutig nach einer schweren Neurose aus. Er schreibt, daß ihn jemand verfolgen würde.»

Wakizaka war überzeugt davon, daß der Polizist keine Lust hatte, den Fall neu aufzurollen. Wenn herauskam, daß es doch ein Mord war, würde der Fehler der Polizei, die auf Selbstmord bestanden hatte, ans Tageslicht kommen. Das konnte am ehesten vermieden werden, indem man sich auf die Selbstmordtheorie versteifte.

Nun zuckte Wakizaka mit den Schultern: «Wie wurde die Leiche identifiziert? Kurehas Leiche lag über eine Woche lang im Wasser. War es nicht schwierig, ihn zu identifizieren?»

«Der Körper war in Mitleidenschaft gezogen, sicher. Er wurde gegen Felsen gedrückt. Aber das Gesicht war noch gut zu erkennen. Die Autopsie ergab, das die Wunden dem Körper erst nach dem Tod zugefügt worden sind. Ein Kollege aus seiner Firma hat ihn identifiziert.»

«Hat seine Frau ihn nicht gesehen?»

«Sie konnte es nicht verkraften. Wir verließen uns auf seinen Kollegen. Er hieß Sakamoto.»

Wakizaka glaubte nicht, daß Kureha am Morgen des 15. Januar gestorben war, sondern daß er den Brief geschrieben hat und danach gestorben ist. Anders konnte er sich das Rätsel um den Brief nicht erklären.

«Hat Sakamoto gesagt, Kureha sei neurotisch gewesen?»

«Er war nicht der einzige. Auch andere haben das gesagt.»

«Gut. Sehen Sie sich diesen Brief an. Er wurde am 8. Februar abgestempelt. Er kam in unserer Redaktion vor einigen Tagen an. Was halten Sie davon?»

«Es hat lange gedauert, aber so etwas kommt vor.»

«Gut. Nehmen wir an, die Zustellung hat so lange gedauert. Trotzdem wurde er in Kurehas Handschrift abgefaßt. Was mag das bedeuten?»

«Es ist eine Fälschung. Außerdem ist da dieser Scherz mit dem Ufer des Styx.»

«Richtig. Tote schreiben keine Briefe. Aber ich glaube, daß das Aktiengeschäft etwas damit zu tun hat.»

«Das sehe ich ein.»

«Wäre die Wiederaufnahme der Untersuchungen möglich?»

«Nicht daß ich mir den Ärger vom Hals halten möchte, verstehen Sie mich richtig. Aber können Sie sich vorstellen, was so eine Wiederaufnahme mit sich bringt?»

«Aber Sie müssen doch zugeben, es sieht so aus, als ob irgend jemand bei Tozai Electric einen perfiden Plan ausgeheckt hat.»

Nojiri zögerte. «Nun ja, vielleicht...»

Wakizaka stand auf. Ihm blieb nur die Möglichkeit, seine Informationen in der Zeitung zu veröffentlichen, um die Polizei zum Handeln zu zwingen.

Zurück in Tokio rief er Takegaki an. Er bat ihn, die Kurse im Auge zu behalten und ihn darüber zu informieren. Dann fragte er: «Irgendwas Neues über den Fall, von dem wir gestern sprachen?»

«Ach so. Es ist viel Zeit seitdem vergangen. Deshalb ist es schwierig, etwas darüber herauszufinden. Es dauert seine Zeit.»

«Wann ist es denn soweit?» fragte Wakizaka ungeduldig.

«Ich brauche mindestens eine Woche.»

«Geht es nicht schneller?»

«Ich will's versuchen, Kumpel. Aber versprich dir nicht zuviel davon. Wenn du mich fragst, ist da nicht viel herauszufinden.» Takegaki blieb gelassen.

Wakizaka wußte warum. Aus Takegakis Perspektive hatte der Fall nichts mit finanziellen Transaktionen zu tun. Und etwas anderes interessierte ihn nicht. Wakizaka konnte ihn nicht antreiben. Aber er würde auch nicht aufgeben.

Am nächsten Tag ging er mit seinen Unterlagen zur Lokalredaktion. Der verantwortliche Redakteur, Takishita, rauchte seine Pfeife und hörte ihm zu. Nachdem er alles erzählt hatte, überreichte Wakizaka ihm das Tagebuch.

«Hm. Ein Brief aus dem Jenseits. Keine schlechte Schlagzeile. Wir können es ja mal versuchen.»

Takishita rief einen der Reporter, Fujimoto, und erklärte ihm alles: «Finden Sie heraus, wer diesen Brief geschrieben hat. Vielleicht gibt es da jemanden im Büro, dem Kurehas Witwe leid tut und seine Handschrift nachgemacht hat. Dort dürfte es eine Menge Papier mit Kurehas Handschrift darauf geben.»

Wakizaka und Fujimoto besuchten Reiko Kureha. Wakizaka war sehr aufgeregt, er ahnte, daß er bald am Ziel sein würde. Noch am gleichen Tag stellte die Lokalredaktion fest, daß alles, was Wakizaka herausgefunden hatte, stimmte. Für den Anfang brachten sie einen Artikel über einen mysteriösen Brief, der an die Redaktion geschickt worden war, zitierten aus dem Tagebuch und brachten beides in Zusammenhang mit den Kursentwicklungen der letzten Zeit. Am Ende des Artikels befand sich dann der vage Hinweis, daß es sich um einen Mordfall handeln könnte. Das war der erste Schuß.

Auf dem Weg zu Reiko Kureha sagte Fujimoto zu Wakizaka: «Ich glaube, der Chef hat recht, was diesen Brief vom Ufer des Styx betrifft. Ich wette, Oba hat ihn geschrieben. Er ist der einzige ohne Alibi. Er könnte zum Telefon gegangen sein, um Kureha nach draußen zu bitten. Dann könnte er ihn im Taxi verfolgt haben. Was dieses Aktiengeschäft betrifft, so war Oba in einer Position, die es ihm ermöglichte, Kureha vorzuschreiben, was er zu sagen hätte, wenn jemand von der Presse anrief.»

Wakizaka stimmte zu. Alles, was sie nun noch herausfinden mußten, war, warum der Brief so spät angekommen war.

Reiko Kureha war nicht zu Hause. Die Nachbarin wußte nicht, wohin sie gegangen sein könnte. Wakizaka und Fujimoto warteten auf sie bis Mitternacht.

«Vielleicht besucht sie ihre Eltern», sagte Fujimoto. «In jedem Fall haben Sie schon einige Informationen von ihr bekommen. Warum schlachten wir die nicht erst einmal aus?»

«Ja. Aber – lassen Sie uns noch ein wenig warten. Sie können ja schon mal zurückgehen und mit dem Schreiben anfangen.»

«Gut.» Fujimoto ging.

Wakizaka blieb allein im Dunkeln zurück. Reiko kam erst kurz vor ein Uhr zurück. Die Anwesenheit von Wakizaka überraschte sie.

Er rief: «Kureha-san, ich bin es – Wakizaka.»

«Oh, Sie haben mich aber erschreckt.»

«Das tut mir leid. Ich wollte Ihnen nur mitteilen, daß der Artikel morgen in der Zeitung sein wird. Wie sich herausgestellt hat, ist Ihr Mann das Opfer eines unsauberen Aktiengeschäfts geworden.»

«Wer war es?»

«Nun, wir sind zwar sicher, was das Aktiengeschäft betrifft, aber es gibt noch einige offene Punkte, den Tod Ihres Mannes und den Brief betreffend.»

«Es wird also in der Zeitung stehen?»

«Jawohl. Der Artikel wird in diesen Minuten geschrieben.»

Reiko seufzte und bat Wakizaka ins Haus. Wakizaka erklärte ihr, was er herausgefunden hatte. Sie sprachen darüber bis gegen drei Uhr.

«... und deshalb müssen wir eine Fortsetzung schreiben. Und dazu brauchen wir Ihre Unterstützung.»

Reiko nickte.

«Ich rufe in der Redaktion an», sagte Wakizaka und hörte, daß der Artikel bereits gedruckt wurde. Er sagte es Reiko, und sie lächelte.

Dann sagte sie plötzlich: «Sie haben mir erzählt, daß Sie noch immer rätseln, warum der Brief so spät abgestempelt wurde. Soll ich es Ihnen erklären?»

«Erklären?»

«Ja. Zuerst habe ich meine eigene Adresse auf den Brief geschrieben, mit Bleistift. Dann, als er angekommen ist, habe ich sie ausradiert und die Adresse der Zeitung draufgeschrieben. Zwei Monate später habe ich ihn dem Mädchen am Empfangspult in ihrem Redaktionsgebäude übergeben.»

Wakizaka schwieg.

«Mein Mann hat Selbstmord verübt. Schuld daran war ein Mitarbeiter Ihrer Zeitung namens Takegaki. Er hat das Gerücht verbreitet, Tozai Electric hätte ein neues Produkt entwickelt, und deshalb stiegen die Kurse der Tozai-Aktien an. Natürlich gab es Leute mit viel Geld, die das ausnutzen konnten. Obwohl Takegaki der Drahtzieher war, sah es so aus, als ob alles der Fehler meines Mannes gewesen sei. Er war ein sanfter Mensch, und diese Schande machte ihm so sehr zu schaffen, daß er sich schließlich in einer dunklen Nacht das Leben nahm. Seine Kollegen in der Firma hatten schon recht damit, daß er neurotisch war.»

Wakizaka brachte kein Wort heraus. Vor seinem geistigen Auge sah er das Geldbündel vor Takegaki auf dem Boden liegen.

«Ich entschloß mich, meinen Mann zu rächen», fuhr Reiko fort. «Ich schrieb das Tagebuch und schickte den Brief ab. Ich wußte, daß man mich nicht ernst nehmen würde, wenn ich nicht sorgfältig war. Also fuhr ich nach Atami und schickte mehrere Briefumschläge ab. Dann suchte ich mir denjenigen mit dem deutlichsten Poststempel aus. Mein Mann hat schrecklich viel Pech gehabt. Hätte er bloß nicht den Hörer abgenommen, als Takegaki ihn anrief! Das einzige, was der von ihm wissen wollte, war, ob die Firma plane, demnächst eine Konferenz abzuhalten, um ein neues Produkt vorzustellen. Mein Mann hat ihm das bestätigt. Und das hat man ihm vorgeworfen. Er hat ständig wiederholt, wie sehr es ihm leid getan habe...»

Wakizaka konnte noch immer nichts sagen. Am liebsten hätte er laut geschrien: «Ihr dummer Ehemann ist nicht der einzige, der vom Pech verfolgt wurde!»

Aber ihm fehlte die Kraft dazu.

Tadao Sohno
Rekonstruktion eines Gesichts

Tadao Sohno (geboren 1928) wurde, wie D. H. Lawrence, als Sohn eines Bergmanns geboren. Aber aus der starren Klassengesellschaft Japans auszubrechen ist nicht leicht, doch Sohno absolvierte die Schule mit Bravour, nannte sich selbst einen «Mann der Literatur» und arbeitete als Lektor in der angesehenen Society of Mystery Writes in Tokio. Schließlich schrieb er nicht nur Essays über das Genre, sondern auch eigene Geschichten. So gewann er Preise, weil seine Stories lebensechte Charaktere und spannende Rätsel-Plots vereinten. Später nahm er erotische Elemente in seine Geschichten auf, und seine Leser waren begeistert. Sohno ist heute ein sehr populärer Schriftsteller.

Was ist Abfall? Die Reste toter Dinge. Dinge, die alt geworden sind, aber einst nützlich und begehrt waren. Sie sind verbraucht, häßlich geworden. Also sterben sie. Altpapier, löchrige Schuhe, alte Unterhosen, Fruchtschalen, verdorbenes Gemüse, leere Dosen, verwelkte Blumen – all diese Dinge sehen so aus, als hätten sie zuerst leiden und dann sterben müssen.

Natürlich empfindet das der Durchschnittsbürger nicht so. Wenn er irgendeinen Müllhaufen sieht, der aus dreckigen, schmierigen Dingen besteht und darauf wartet, von Müllautos wegtransportiert zu werden, wendet er sich ab. Doch bei Tajiro war das anders.

Für ihn hatte Abfall eine besondere Bedeutung. Immer wenn er seinen Kran langsam vom Abfallhaufen zum Trichter lenkte, besah er sich jedes Stück Müll mit echter Zuneigung. Ja, ja – nun werde ich dich verbrennen. Es wird nichts von dir übrigbleiben als hübsche, saubere Asche, schien er zu denken, wenn er den Müll in den Trichter fallen ließ. Seit fünf Jahren betrachtete der nun 45jährige Torio Tajiro den Abfall aus seiner gläsernen Kranführerkabine. Manchmal stimmte es ihn traurig, schöne, glänzende, scheinbar neue Dinge, die offenbar aufgrund eines Irrtums auf der Müllkippe gelandet waren, der Verbrennungsanlage zuzuführen. Doch nicht einmal in seinen schlimmsten Alpträumen hatte er sich vorstellen können, eines Tages einen menschlichen Schädel in diesem Haufen zu finden.

Doch da war er, eingeklemmt zwischen den Zinken des Greifarms, die Zähne zu einem Grinsen entblößt und mit leeren Augenhöhlen, die ihn anstarrten. Das kann doch nur ein Spielzeugschädel sein, dachte Tojiro einen Moment lang. Aber nein, dazu sah er einfach zu schrecklich aus. Tajiro stoppte den Kran und sprang aus dem Führerhaus.

Der Telefonanruf von der Tamagawa-Müllverbrennungsanlage wurde in der Polizeistation Ikegami entgegengenommen. Zufällig waren die beiden Detektive Miyawaki und Ban anwesend. Sie sollten den Fall untersuchen.

Zuerst kletterten sie in die Kranführerkabine und vergewisserten sich von dort aus, daß es sich bei dem Gegenstand nicht um ein Spielzeug oder ein Modell handelte. Dann bereiteten sie alles vor, um den Schädel aus dem Müll zu bergen. Sie legten eine alte

Tür über die Trichteröffnung und ließen den Inhalt des Greifarms darauf fallen. Der Schädel war in einer braunen Papiertüte gewesen, die wiederum in eine Plastiktüte gestopft worden war. Die Papiertüte war kaputt gegangen und der Schädel vom Greifarm erfaßt und rausgezogen worden. Offenbar war er mit der Tüte zusammen irgendwo vergraben gewesen, denn es klebte noch immer etwas trockene Erde an ihm. Es war ganz zweifellos ein menschlicher Schädel. Die Überreste einer weichen Masse befanden sich noch immer im Innern der Schädelhöhle. Die Detektive schlossen daraus, daß er noch nicht sehr alt sein konnte. Auf jeden Fall handelte es sich hier um ein Verbrechen.

Der Müll, der sich zusammen mit dem Schädel im Greifarm befunden hatte, bestand ausschließlich aus Küchenabfällen – Papier, Früchte, Gemüsereste. Das alles hatte sicherlich überhaupt nichts mit dem Schädel zu tun, wurde aber sichergestellt. Der Schädel wurde in einen leeren Benzintank gelegt, der in der Nähe herumgelegen hatte.

Üblicherweise durfte der Müll sich auf dieser Kippe drei Tage lang ansammeln. Der Schädel war in der mittleren Schicht des Müllbergs gefunden worden. Das bedeutete, daß er wahrscheinlich am Vortag hier angekommen war. Bei ihrer Befragung schüttelten die Besatzungen der Müllwagen nur verwundert den Kopf. Sie hatten keine Ahnung, woher der Schädel kommen konnte.

«Diese Müllfahrzeuge pressen den Müll mit großer Kraft zusammen», sagte Detektiv Miyawaki. «Es ist ein Wunder, daß die Knochen nicht zerquetscht worden sind.»

Einer der Müllwerker war anderer Meinung: «Nein. Es stimmt zwar, daß die Sachen zusammengepreßt werden, aber es handelt sich ja vor allem um weiche Dinge.»

Ein anderer Arbeiter fügte hinzu: «Ja, genau. Und so harte Gegenstände wie Schädel zerbrechen nicht so leicht.»

«Wahrscheinlich haben Sie recht.»

«Moment mal...» Einer der Fahrer schien sich an etwas zu erinnern. «Ich frage mich, ob das nicht diese Tüte gewesen ist, die ich neben einer der Müllsammelstellen liegen sah. Ich dachte nur daran, daß solche Tüten manchmal von Hunden weggeschleift werden, und wollte sie schon liegen lassen. Aber dann dachte ich: Zum Teufel, ich kann sie auch gleich mitnehmen. Ich bin mir ziemlich sicher, daß es die gleiche Tüte ist.»

«Sie war nicht kaputt?»

«Sie hatte ein kleines Loch im Boden. Ich dachte mir, daß es die Hunde waren. Aber ich konnte nicht sehen, was sich darin befand.»

«Wo war das?»

«Bei der Müllsammelstelle bei Minemachi in Chofu.»

Miyawaki schrieb die Adresse in sein Notizbuch.

An einer Straßenecke im noblen Wohnbezirk Denenchofu befindet sich ein ruhiges Haus, das von einer Hecke umgeben ist. Auf dem Schild am Tor steht der Name Goro Koike. Nur wenige Leute wußten, daß Goro Koike ein Fachmann für Schädelkunde war. Obwohl er ein normaler Bürger zu sein schien, war er doch ein inoffizielles Mitglied des Polizei-Instituts für Verbrechenskunde. Genauer gesagt gehörte er der Abteilung für Wissenschaftliche Forschung und gerichtsmedizinische Untersuchungen dieses Instituts an. Er war 35 Jahre alt und noch immer nicht verheiratet. Obwohl es ungewöhnlich war, hatte er seine Hausarbeit einer Haushälterin anvertraut. Sie hieß Sono Takiguchi und kam täglich. Seine Eltern waren beide gestorben, er hatte keine Geschwister oder andere Verwandten und schien ganz allein auf der Welt zu sein.

Als Detektiv Miyawaki klingelte, bellte der Wachhund. Die alte Sono Takiguchi kam langsam zur Tür und führte Miyawaki ins Wohnzimmer. Gleichzeitig erschien auch Koike. Er war groß, gut gebaut und trug kurzes Haar. In seinen Augen war ein Glitzern, und sein strenger Mund ließ ihn sehr entschlossen und ruhig wirken. Er bot Miyawaki einen Stuhl an und setzte sich selbst auf das Sofa auf der anderen Seite des Kaffeetischchens. Dann begann er, seine Lieblingspfeife Marke Dunhill zu stopfen.

«Doktor Koike», sagte Miyawaki, während er einen quadratischen Karton auspackte, «ich nehme an, daß Ihnen mein Vorgesetzter schon von dieser Sache erzählt hat?»

«Ja.» Koike zündete ein Streichholz an und hielt es an die Pfeife.

«Hier ist der Schädel.»

Miyawaki breitete ein Stück Papier auf dem Tisch aus und stellte den Schädel darauf. Koike runzelte die Stirn und betrachtete ihn durch den dicken Rauch seiner Pfeife. Takiguchi brachte ein Tablett mit eisgekühltem Tee. Miyawaki nahm einen Schluck davon.

«Ein schwieriger Fall», erklärte er dann. «Ohne zu wissen, was sich darin befand, hat ein Müllmann diese Tüte zusammen mit dem Schädel an einer der Müllsammelstellen abgeholt. Wir haben einige Ermittlungen angestellt. Aber wir fanden keine Spur, bis auf den Schädel hier. Wir wissen nicht, wie wir ihn identifizieren könnten.»

«Wo wurde er gefunden?»

«Wir nehmen an, in der Nähe von Minemachi in Chofu. Aber nicht einmal da sind wir sicher.»

«In der Zeitung war noch von einer anderen Tüte die Rede.»

«Ja. Der Schädel befand sich in einer Papiertüte und diese wiederum in einer Plastiktüte.»

«Auch darauf keine Spuren, nehme ich an?»

«Nein. Keine der Tüten war besonders gekennzeichnet.»

«Aber Sie denken, es handelt sich um einen Mordfall?»

«Eine andere Erklärung gibt es nicht. Aber wir befinden uns in einer Sackgasse. Sie sind unsere letzte Hoffnung – Sie könnten sich an einer Rekonstruktion der Gesichtszüge des Schädels versuchen.»

Koike nickte. «Hm, nun gut, wenn es so aussieht, werde ich mein Bestes tun.»

«Vielen Dank. Es tut mir leid, daß ich Sie bei diesem heißen Wetter um einen solchen Gefallen bitten muß.»

Eine Weile sprachen sie noch über andere Dinge und tranken ihren Tee. Dann verbeugte sich Miyawaki und ging.

Der Begriff der «Gesichtsrekonstruktion» war kein wissenschaftlicher Ausdruck. Koike hatte ihn vor fünf Jahren geprägt. Er bezeichnete einfach nur die Methode, mit der man die Verteilung von Fleisch und Haut an einem Schädel rekonstruiert, um die Identität eines Toten herauszufinden. Einige solcher Restaurationsversuche waren auch schon geglückt. Koike hatte mittlerweile mehr als einhundert Versuche durchgeführt. Die Methode der Gesichtsrekonstruktion war im Bereich der Verbrechensaufklärung etwas Neues. Koikes Verdienst war es, sie etabliert zu haben.

Nachdem der Beamte gegangen war, brachte Koike den Schädel in sein Labor im Kellergeschoß. Obwohl der Raum recht klein war, wurde er von einer Klimaanlage gut gekühlt.

Nachdem er den Schädel auf einem Ständer befestigt hatte, setzte sich Koike auf einen Stuhl und sah ihn an. Bevor er mit seiner Arbeit begann, wollte er sich mit dem Geschlecht, dem Alter und bestimmten Besonderheiten seines Forschungsgegenstands vertraut machen.

Auf diese Weise fand er folgendes heraus:

1. Der Gesichtsbereich des Schädels ist relativ klein. Von der Seite betrachtet sind Scheitelhöcker, Jochbogen, Kieferbogen, die anderen Knochenvorsprünge sowie Stirnglatze und Stirnbogen nur wenig ausgeprägt. Angesichts dieser Merkmale wie auch der Form des Scheitelbeins und der spezifischen Art des Fäulnisprozesses konnte man darauf schließen, daß es sich um den Schädel einer Frau handelte.

2. Die Tatsache, daß die Zahnabschürfungen sich auf den Zahnschmelz beschränkten und noch nicht auf das Zahnbein übergegriffen hatten, wiesen darauf hin, daß die Frau zum Zeitpunkt ihres Todes etwa 22 Jahre alt gewesen sein mußte.

3. Obwohl der größte Teil des Gewebes verschwunden war, befanden sich noch eine kleine Menge der Hirnhaut und wenige winzige Klümpchen der Hirnmasse in der Schädelhöhle. Dies deutete Koike dahingehend, daß der Schädel in relativ trockener

Erde vergraben gewesen sein mußte, und zwar über eine Zeitspanne von vier oder fünf Monaten.

Ausgehend von diesen Beobachtungen, begann er, die Schädeloberfläche mit Lehm zu bekleben. Da der Schädel die Grundform des Kopfes darstellte, würde er auf diese Weise am Ende der Wahrheit ziemlich nahe kommen. Ein eckiges Gesicht würde auf diese Weise kaum zu einem runden werden, genausowenig würden sich längliche Gesichtszüge verkürzen lassen.

Die schwierigen Bereiche waren diejenigen, wo es keine Knochenstruktur als Ausgangspunkt gab: die Augen, die Nase, der Mund und die Ohren. Das Auge selbst und der fleischige Sack, der es enthält, erforderten größte Vorsicht. Die Spitze des Nasenbeins wies darauf hin, ob die Nasenoberfläche geradlinig oder nach außen oder innen gebogen war. Der Zwischenraum zwischen der Spitze des Nasenbeins und der Grundlinie des oberen Bereichs der Nasenhöhle bestimmten die Höhe der Nase.

Es gab mehr als 30 wichtige Punkte, von denen ausgehend Umfang und Form von fleischigen Bereichen wie den Wangen bestimmt wurden. Immerhin gab es gesichertes Datenmaterial über die durchschnittliche Dicke solcher Gesichtsbereiche bei verschiedenen Altersstufen inklusive Abweichungen. Indem er diese Informationen auswertete, konnte Koike allmählich in allen Gesichtspartien Lehm anbringen.

Er verließ sich nicht ausschließlich auf statistische Daten, sondern beachtete gleichzeitig bestimmte morphologische Gesetzmäßigkeiten. Intuition spielte ebenfalls eine wichtige Rolle. Zum Beispiel kam es vor, daß er eindeutig das Gefühl hatte, ein Gesicht müsse dünn und hohlwangig gewesen sein. Anders ausgedrückt, sein Einfühlungsvermögen spielte immer auch eine große Rolle, wenn er, ausgehend von toten weißen Knochen, ein einstmals lebendiges menschliches Gesicht rekonstruierte.

Koike unterbrach seine Arbeit, zündete sich eine Pfeife an und betrachtete seine unvollendete Arbeit durch die Spiralen des Pfeifenrauchs. Seine Gefühle waren andere als die eines Bildhauers, der sich der Freude an seiner eigenen Kreativität hingeben kann, obwohl auch seine Gefühle etwas damit zu tun hatten. Der

Versuch, ein Gesicht zu rekonstruieren, das ein Schädel einst besessen, nun aber für immer verloren hatte, war ein seltsames Vergnügen.

Angesichts der kaum schiefen Zähne, der allgemeinen Sanftheit und der geraden Nase kam Koike zu dem Schluß, daß die junge Frau ein sehr hübsches Gesicht gehabt haben mußte. Er sprach sie freundlich an: «In was für eine Situation bist du nur geraten, um auf diese Art zu enden? Die Polizei sagt, du seist ermordet worden. Wenn das so ist, wird es dir keine Ruhe lassen. Doch warte noch ein Weilchen. Wenn ich meine Arbeit beendet habe, wird es möglich sein, dich zu identifizieren und den Mörder zu entlarven.»

Als er seine Arbeit zu 70 Prozent vollendet hatte, fiel Koike in eine tiefe Depression. Er sagte sich, daß es falsch war, versuchen zu wollen, dem menschlichen Gesicht bestimmte Regeln aufzuzwingen. Jedes Gesicht war einzigartig, genau wie ein Fingerabdruck. Die kleinste Abweichung in der Persönlichkeit konnte zwei Brüder total verschieden aussehen lassen. Je nachdem, ob ein Mensch fröhlich, düster, grausam, warmherzig, kalt oder ernst war – es schlug sich nieder in der Ausprägung der Muskulatur und der sie umschließenden Haut. Die Phrenologie allein konnte diese zahlreichen Variationsmöglichkeiten nicht erklären. Auch der Gesundheitszustand wirkte sich sehr stark auf das Äußere eines Gesichts aus. Nur ein Gott konnte sich anmaßen, alle physischen und psychologischen Einflüsse zu berücksichtigen, die zu einer exakten Gesichtsrekonstruktion nötig waren. Was Koike hier versuchte, kam ihm plötzlich gleichermaßen anmaßend wie lächerlich vor.

Er warf den Lehm zu Boden, schloß die Tür hinter sich ab und verließ sein Labor. Drei Tage lang lief er unruhig im Haus herum und sah fern. Dank ähnlicher Erlebnisse in der Vergangenheit wußte er, daß er auf diese Weise seine Zweifel bezwingen konnte und langsam wieder zu seiner Arbeit zurückfand. Die Zeitungen räumten dem Fall viel Platz ein. Die Polizei erklärte, daß sie ihr

Heil in der Wissenschaft suchen müsse, und das hieß natürlich bei Doktor Goro Koike. Als er dies las, vermutete Koike, daß er früher oder später vom Institut für Verbrechenskunde zur Eile angetrieben werden würde.

Doch statt dessen bekam er Besuch von einem Mitglied des Instituts. Eine junge Frau übergab ihm eine Visitenkarte, auf dem der Name Yoshie Sudo und die Berufsbezeichnung «Forschungsassistent, gerichtsmedizinische Abteilung, Polizei-Institut für Verbrechenskunde» zu lesen war. Er bat sie in sein Wohnzimmer.

«Ich soll mich wohl mit der Rekonstruktion beeilen?» fragte er.

Sie lachte: «Ich fürchte, so ist es.»

Obwohl man sie nicht gerade hübsch nennen konnte, hatte sie immerhin eine sehr blasse Haut und schöne helle Augen, die unter geschminkten Augenlidern hervorsahen. Ihr eher flaches Gesicht verursachte beim Betrachter das seltsame Gefühl, eine Frau anzusehen, die auf dem Rücken lag. Leicht vorspringende Zähne gaben ihrem Mund einen spitzen Ausdruck, wie es beim Küssen vorkommt. Sie trug einen kurzärmeligen dunkelblauen Pullover, und ihre Arme waren weiß und weich. Unter der Bluse konnte er ihre vollen Brüste erkennen, die kein Zeichen von Künstlichkeit erkennen ließen. Einige Sommersprossen auf beiden Nasenflügeln verliehen ihrer Attraktivität einen zusätzlichen Reiz. Sie war durch die sommerliche Hitze gelaufen. Als sie sich den Schweiß von Nase und Stirn tupfte, war Koike endgültig von ihrer aufreizenden Erscheinung verwirrt.

Er war ein gesunder Mann Mitte Dreißig und lebte allein. Wenn er sich sexuell abreagieren wollte, ging er da hin, wo die Liebe käuflich war. Aber das kam selten vor. Im Zimmer war es kühl. Doch es war nur natürlich, daß Koike angesichts dieser überaus attraktiven jungen Frau, die aus der Sommerhitze zu ihm hereingekommen war, ein leichtes Kitzeln im Unterleib verspürte.

«Aber ich bin noch wegen etwas anderem gekommen», sagte sie.

«Wie meinen Sie das?»

«Man erwartet von mir, daß ich regelmäßig hierher komme, um die Grundbegriffe der Gesichtsrekonstruktion zu erlernen.»

«Tatsächlich? Will denn die forensische Medizin eine neue Abteilung gründen?»

«Vielleicht später einmal. Im Moment gibt es keine Pläne. Mir wurde nur aufgetragen, bei Ihnen soviel wie möglich zu lernen.»

«Nun, das einzige Problem dabei dürfte die Errichtung einer Forschungsabteilung sein», sagte Koike, während er sich seine Pfeife anzündete. «Im Moment basiert diese Arbeit zu 40 Prozent auf wissenschaftlicher Erkenntnis und zu 60 Prozent auf meiner persönlichen Kreativität. Ich versuche mein Bestes, dieses Prozentverhältnis umzukehren.» Er zog an seiner Pfeife. «Doch Sie sind hergekommen, um zu lernen. Es wäre falsch von mir, Ihnen von vornherein zu raten, es bleiben zu lassen. Ich habe meine Arbeit eine Zeitlang unterbrochen, weil ich unzufrieden damit war. Vielleicht finden wir nun einen neuen Zugang dazu.»

Er stand auf und führte sie in sein Labor.

Yoshie Sudo, die wissenschaftliche Assistentin, schien nicht überrascht zu sein angesichts der zahllosen Schädel, die auf den Regalen standen.

«Haben Sie mit all diesen Schädeln gearbeitet?»

«Ja. Jeder von ihnen wurde irgendwo gefunden und konnte nicht identifiziert werden. Ich habe versucht, sie zu rekonstruieren, aber wenn es nicht möglich war, sie zu identifizieren, habe ich den Lehm wieder abgekratzt.»

«Aber einige haben Sie identifizieren können?»

«Wenige. Manche wurden schließlich akzeptiert.»

«Akzeptiert? Es ist ja wohl besser, wenn man die Menschen ordentlich begräbt.» Yoshie sprach von den Schädeln als Menschen. «Das hier sind doch alles Menschen, die niemals ihre letzte Ruhe finden können. Und Sie leben mitten unter ihnen. Macht Ihnen das keine Angst?»

«Nein. Solche Worte wie letzte Ruhe und so weiter bedeuten

mir nichts. Das hier sind nur Knochen. Aus kalkhaltigen Substanzen. Nicht mehr wert als ein Stück Dreck.»

«Das ist nicht wahr», widersprach Yoshie. «Das ist nicht bloß Dreck. Solange sie diese menschliche Form haben, können sie lieben und hassen. Sie können Freude, Zorn und Trauer empfinden. Nur können sie ihren Gefühlen keinen Ausdruck verleihen.»

«Sie reden, als hätten Sie Verwandte unter diesen Schädeln», entgegnete Koike lachend. «Aber wie man weiß, sind Frauen oft abergläubisch. Das macht nichts. Wie ich schon sagte, basiert unsere Untersuchungsmethode ohnehin zur Hälfte auf Unwissenschaftlichkeit.»

«Ist das der Schädel, an dem Sie gerade arbeiten?» Sie betrachtete den auf dem Ständer befestigten Schädel.

«Ja.»

«Ist diese Halterung nicht viel zu fest gezogen?»

«Ich weiß nicht.»

«Es sieht so aus, als würde es ihm an den Schläfen weh tun», sagte sie und begann die Halterung vorsichtig zu lockern.

Vielleicht war es nur Einbildung, aber Koike hatte den Eindruck, daß der Schädel nun erleichtert aussah.

«Sie sind sehr nachdenklich für ein so junges Mädchen», sagte er und schüttelte bewundernd den Kopf. «Vielleicht werden Sie sich in dieses Thema gut einarbeiten können.»

«Schmeicheln Sie mir nicht», sagte sie, und ihre Zungenspitze erschien zwischen ihren Lippen. «Anstatt hier herumzustehen und zu reden, sollten wir besser mit dem Unterricht beginnen.» Und sie holte einen Bleistift und ein Notizbuch hervor.

«Unterricht?» sagte Koike. «Nun gut. Wir beginnen also heute mit der Geschichte der Techniken der Gesichtsrekonstruktion.»

Es existierte kein Lehrbuch. Koikes Aufzeichnungen mußten genügen. Er las ihr daraus vor, und sie schrieb eifrig auf, was er ihr vortrug. Als sie sich nach Einbruch der Dunkelheit auf den Heimweg machte, begleitete er sie nicht.

Am nächsten Tag kam Yoshie kurz nach Mittag wieder. Er

hielt ihr einen Vortrag über die allgemeinen Schädelstrukturen und über bestimmte Ausprägungen, anhand deren Alter und Geschlecht bestimmt werden konnten. Manchmal fühlte Koike sich seltsam. Aber er war keineswegs krank. Die Ursache waren der unbeschreibliche Duft von Yoshies Körper und das weiße Stück Haut, das der leicht geöffnete Pullover an ihrem Hals freiließ.

Doch sie war ja kein Barmädchen, sondern Mitglied eines wissenschaftlichen Instituts der Polizei. Er durfte nicht versuchen, sich ihr zu nähern. Also biß er die Zähne zusammen und versuchte, seine wachsende Aufregung niederzukämpfen.

«Doktor Koike? Was ist eigentlich mit der Projektionsmethode?» fragte Yoshie eines Tages gegen Ende der Unterrichtsstunde.

«Nun, es gibt diese Methode.»

«Können Sie sie mir erklären?»

Koike erklärte, um was es ging: Von einem nichtidentifizierten Schädel wurde ein Foto gemacht. Dann wurden die Fotos von vermißten Personen des gleichen Geschlechts und Alters vergrößert und auf das Foto des Schädels projiziert. In wenigen Fällen hatte dies zum Erfolg geführt, die Fotografien paßten zusammen, und eine Identifikation wurde möglich.

«Können Sie mir diese Methode demonstrieren?»

«Demonstrieren?» Koike war erstaunt.

«Ja. Projizieren Sie ein Foto von mir auf das des Schädels, an dem sie gerade arbeiten.»

«Käme Ihnen das nicht seltsam vor?»

«Überhaupt nicht. Ich mache mir keine Gedanken über solche Dinge. Wie Sie bereits einmal gesagt haben, diese Schädel sind nur Knochen... aber man sollte sie achten.»

«In Ordnung. Wenn Sie es möchten. Natürlich wissen Sie, daß es nie eine exakte Übereinstimmung zwischen dem Kopf einer lebenden Person und einem Schädel geben kann. Aber Sie sind eine junge Frau. Das wird die Demonstration erleichtern.»

Er machte einige Porträtaufnahmen von Joshie und von dem Schädel.

«Wann werden Sie die Fotos entwickeln und übereinander projizieren?» fragte sie, während sie sich ihm mit einer aufreizenden Körperbewegung näherte.

Er legte seine Hände auf ihre Schultern und antwortete abwesend: «Bald. Aber warum benutzen Sie dieses aufregende Parfüm? Beklagt sich denn keiner dieser langweiligen Kerle im Institut darüber?»

«Soll ich die Wahrheit sagen?» fragte Yoshie, blickte ihn mit ihren glänzenden Augen an und lächelte verführerisch. «Ich benutze es nur, wenn ich hierher komme.»

«Wirklich?»

Er nahm an, daß sie ihn aufziehen wollte, aber er war sehr verwirrt.

«Ich habe noch ein anderes Geheimnis», sagte sie mit sanfter Stimme. «Wenn Sie mich ein Stückchen auf dem Heimweg begleiten, werde ich es Ihnen verraten.»

«Natürlich...»

«Das würde mich sehr glücklich machen.»

«Gehen wir also.»

Als sie eine Abkürzung durch den Tamagawa- Park nahmen, um am Ufer des Flusses entlang zu gehen, war die Sonne bereits untergegangen und ein kühler Wind aufgekommen. Sie gingen den Fluß entlang und setzten sich schließlich ins Gras.

«Nun, was ist das für ein anderes Geheimnis?»

«Ich arbeite nachts in einer Bar.»

«Ah, und wie paßt das mit der Arbeit im Institut zusammen?»

«Das ist ja tagsüber. Ich bin eine Art weiblicher Jekyll und Hyde. Sind Sie jetzt böse mit mir?»

«Es ist nichts dabei, eine Bardame zu sein. Aber Sie sind jung. Sie müssen finanzielle Gründe dafür haben, daß Sie so hart arbeiten.»

«Denken Sie darüber, wie Sie wollen. Aber vielleicht möchten Sie einmal in die Bar kommen und sehen, was für eine charmante Bardame ich sein kann. Das würde mir gefallen.»

«Sehr gern. Wo ist die Bar?»

Sie gab ihm eine Streichholzschachtel, auf die der Name der Bar gedruckt war.

«Aber», sagte sie, «solange wir unsere täglichen Unterrichtsstunden durchziehen müssen, bleibt alles beim alten. Schneien Sie einfach mal rein, wenn wir den Unterricht beendet haben. Okay?»

Beim Sprechen war sie plötzlich in diesen Nachtklubjargon verfallen, der Koike gar nicht gefiel. Er steckte die Streichholzschachtel in seine Tasche.

Zwei roh aussehende, betrunkene Männer näherten sich und begannen zu grölen: «Oh, wie schön! Das ist ja reizend, ein Liebespärchen im Gras. Dürfen wir zugucken, wie ihr's treibt?»

Koike stand auf und nahm Yoshie bei der Hand. Sie gingen zur Uferstraße zurück. Zuerst riefen die Betrunkenen ihnen noch einige Obszönitäten hinterher, doch dann gaben sie es auf.

Am dritten Tag kamen sie endlich auf den Schädel zu sprechen, an dem Koike gerade arbeitete. Nachdem er ihr alles erklärt hatte, beschrieb er Yoshie die Gründe für seine Depression. Eine Weile saß sie da und kaute auf ihrem Bleistift. Dann hob sie den Kopf und sagte: «Doktor Koike, haben Sie die Projektion durchgeführt?»

«Nein, der Film ist noch nicht entwickelt.»

«Diese Frau sieht mir sehr ähnlich.»

«Das stimmt, sie sieht Ihnen ähnlich.»

«Also, warum nehmen wir nicht mich als Modell?»

«Aber es ist das Gesicht einer anderen.»

«Es muß ja nicht mein genaues Ebenbild werden. Hier, berühren Sie meine Wangen, fühlen Sie, wie meine Zähne angeordnet sind.»

Sie nahm seine Hand und führte sie an ihr Gesicht. Er berührte ihre Wangen, ihre Stirn, ihre Schläfen. Er hatte die seltsame Gewißheit, daß ihre Knochen denen des Schädels sehr ähnelten. Natürlich war das nur eine zufällige Übereinstimmung. Doch selbst die winzigsten Unebenheiten der Zähne waren die gleichen. Es war erstaunlich.

«Sie sind ihr sehr ähnlich», stimmte er zu.

«Sehen Sie. Diese Frau muß ein Gesicht wie ich gehabt haben. Warum nehmen Sie nicht mich als Vorlage und beenden Ihre Rekonstruktionsarbeit?»

«In Ordnung. Es ist was dran an dem, was Sie sagen.»

Und wie er mit seiner Hand über ihr Gesicht strich, konnte er sich nicht mehr länger beherrschen.

«Yoshie», erinnerte er sich später gesprochen zu haben, «ich will dich.» Und dann war alles nur noch ein einziger Rausch.

Sie stieß ihn nicht fort, sondern schlang die Arme um seinen Hals. Ihre Küsse waren so wild wie die von Tieren, die sich ineinander verbissen hatten. Der Kellerraum war verschlossen. Niemand konnte sie stören.

Er riß ihr die Kleider vom Leib und zog sich selbst in Windeseile aus. Ihre vollen Brüste hoben und senkten sich, die Brustwarzen wurden hart vor Verlangen. Ihre willigen Hüften, ihr heißer Bauch, ihr wohlgeformter Hintern und die kräftigen Schenkel – alles an ihr brannte heiß wie Feuer.

Er umarmte sie von hinten, preßte und rieb ihre Brüste. Yoshie atmete rasend schnell. Sie drehte sich um, so daß sie auf ihrem Rücken unter ihm lag, und er stürzte sich auf sie.

Die lange zurückgehaltenen Leidenschaften brachen hervor. Er drang in sie ein, und die Wollust strömte aus ihm hervor, während sie stöhnte und sich ihm entgegenbog. Ihre weißen Schenkel klammerten sich um seine braunen Beine. Und mit jenem tausendfach verstärkten Gefühl, das man spürt, wenn man von der rauhen Zunge einer Katze abgeleckt wird, erreichten die beiden den Höhepunkt.

Am nächsten Tag erschien Yoshie nicht im Labor. Auch am folgenden Tag kam sie nicht. Drei Tage lang wartete Koike geduldig. «Vielleicht ist sie zu verwirrt», dachte er. Er war viel zu schüchtern, um einfach im Institut anzurufen und nach ihr zu fragen. Aber am vierten Tag hielt ihn nichts mehr zurück, und er rief an. Falls man ihm sagen würde, daß ihr Studienaufenthalt beendet war, würde er sie in der Bar aufsuchen. Doch dorthin wollte er wirklich nur gehen, wenn es unbedingt sein mußte.

Yuzo Kawamata, ein alter Freund von ihm in der forensischen Abteilung, nahm seinen Anruf entgegen. «Oh, der Schädeldoktor», sagte er. «Wie geht es dir? Hast du die Rekonstruktion beendet? Man hat uns schon danach gefragt.»

«Ich bin fast fertig. Aber deshalb rufe ich nicht an. Yoshie Sudo ist nicht mehr zu mir gekommen. Sie kam aus deiner Abteilung. Ich habe ihr noch gar nicht alles beigebracht.»

«Yoshie Sudo? Nie gehört.»

«Hör auf mit dem Unsinn! Eine Assistentin aus deiner Abteilung. Du hast sie selbst zu mir geschickt.»

Kawamata war der Leiter der Abteilung, er war über alles unterrichtet.

«Du träumst wohl», sagte er. «Bei uns gibt es keine weiblichen Assistenten. Das mußt du doch wissen.»

Koike verschlug es die Sprache.

«Erzähl mir trotzdem von ihr», sagte Kawamata.

Doch Koike legte auf. Er kannte die Witze von Kawamata. Es war ihm klar, daß er diesmal keinen Scherz gemacht hatte. Aber wer war Yoshie? Warum sollte eine junge Frau sich der Gefahr aussetzen, eine falsche Identität anzunehmen?

Er ging zum Kleiderschrank und holte die Streichholzschachtel aus seiner Jackentasche. Auf der Schachtel befanden sich die Abbildung eines roten Manhattan Cocktails und der Name des Etablissements: *Bar Floydie*. Die Adresse lautete 1-3-5, Kamata.

Koike nahm den Zug nach Kamata und fand die Bar, nachdem er einen Polizisten und einige Ladenbesitzer gefragt hatte, in einer kleinen Straße, in der sich viele ähnliche Lokale befanden. Der Name klang fremdartig und vielversprechend. Die Bar hingegen war ein trister Ort. Die gemalten Buchstaben *Floydie* blätterten von der billigen Kunststofftür ab. Obwohl er dachte, daß es wahrscheinlich zu früh war, ging Koike hinein. Wie er befürchtet hatte, standen die Stühle noch auf den Tischen. Ein Mann mit langen Koteletten, wahrscheinlich der Barkeeper, wischte den Fußboden.

«Tut mir leid, mein Lieber – wir haben noch geschlossen. Vielleicht kommen Sie später noch mal vorbei?»

«Ich möchte Sie etwas fragen.»

Der Mann sah ihn finster an.

«Hier arbeitet doch ein Mädchen namens Yoshie Sodu, nicht wahr? Eine Bardame?»

«Keine Ahnung, ich weiß nicht, welche Namen sie sich geben, wenn sie hier arbeiten.»

«Yoshie Sodu ist ihr richtiger Name.»

«Ich kenne keine, die so heißt.»

Koike zog die Streichholzschachtel hervor und zeigte sie dem Mann.

«Sind die von hier?»

«Ja, na und?»

«Erinnern Sie sich immer noch nicht an ein Mädchen mit diesem Namen?»

«Ich arbeite noch nicht lange hier. Was vor meiner Zeit hier los war, weiß ich nicht.»

«Wie heißt die Besitzerin dieses Lokals?»

«Sie ist im Augenblick nicht hier.»

«Dann komme ich später wieder.»

Koike verbrachte einige Zeit in einem Café und kam später wieder. Nun, in dem schummrigen Licht, sah das Lokal schon mehr wie eine Bar aus. Eine fette Frau, ungefähr 50 Jahre alt, nickte ihm zu. Es war die Chefin.

«Sind Sie der Mann, der nach Yoshie gefragt hat?»

«Ja. Ist sie da?»

«Was haben Sie denn mit ihr zu tun?» fragte sie kühl.

«Ich habe mit ihr zusammengearbeitet. Sie hat mich eingeladen, einmal vorbeizukommen, wenn ich Zeit habe...»

«So?» Sie sah ihn abschätzig an. «Sie ist verschwunden. Arbeitet nicht mehr hier.»

«Was? Seit wann denn?»

«Seit einiger Zeit. April, seit mehr als vier Monaten. Aber setzen Sie sich doch hin, dann können wir uns besser unterhalten.»

Sie führte Koike zu einem Ecktisch.

«Was trinken Sie? Ein Bier?»

Koike nickte. Der Barkeeper brachte ein Bier, zwei Gläser und einen Teller mit kleinen Sandwiches. Die Chefin schenkte zwei Gläser ein, stieß mit ihm an und trank aus. Dann erzählte sie.

Am Abend des 20. April hatte es sehr stark geregnet. Ein junger Mann, der die Bar schon einmal besucht hatte, saß mit Yoshie zusammen. Er trank nicht wenig. Zwei Flaschen Bier und drei Highballs hatte er schon intus. Als er aufstand, um fortzugehen, sagte er, er habe seine Brieftasche im Büro vergessen. Die Chefin bat um eine Sicherheit für die unbezahlte Rechnung, aber der Mann hatte nichts Wertvolles bei sich. Er trug einen Pullover, Hosen und ein Barett. Als er gefragt wurde, wo sich sein Büro befände, sagte er in Kamata. Die Chefin schlug vor, mit ihm dorthin zu gehen, um das Geld zu holen. Aber der junge Mann entgegnete, das Büro werde erst wieder am nächsten Morgen geöffnet. Es könne aber jemand mit in seine Wohnung kommen, denn dort hätte er noch Geld. Seine Wohnung befand sich nahe der Ikegami-Bahnlinie. Es half alles nichts, Yoshie mußte ihn begleiten.

Weder er noch sie wurden jemals wiedergesehen.

Yoshies persönliche Habe befand sich noch immer im ersten Stock der Bar, aber es war nichts von besonderem Wert dabei. Sie war eine von den Mädchen gewesen, das von Bar zu Bar zieht, und nicht viel besaß. Sie hatte sogar über der Bar gewohnt und sich einen nicht unerheblichen Betrag von der Chefin geliehen.

Der junge Mann muß wohl ein Agent gewesen sein, der Bardamen anwirbt. Er hat diese Geschichte mit dem vergessenen Geld erfunden, um Yoshie aus dem *Floydie* zu locken. Dann hatten die beiden sich abgesprochen, und der junge Mann hatte Yoshie überredet, beide Schulden unbezahlt zu lassen.

Die Chefin war zur Polizei gegangen, aber unter diesen Umständen wurden keine ernsthaften Untersuchungen begonnen. Sie mußte das Geld abschreiben.

Koike rührte sein Bier nicht an. Er zahlte und ging, und antwortete nicht auf die Fragen der Chefin: «Wo haben Sie sie getroffen? Ich will mein Geld zurück haben. Sagen Sie mir, wo sie jetzt ist!»

Im Zug nach Hause saß Koike mit geschlossenen Augen, und nur ein einziger Gedanke ging ihm durch den Kopf. Er hatte begonnen, darüber nachzudenken, nachdem Kawamata ihm mitgeteilt hatte, daß es in seinem Büro keine Frau namens Yoshie Sudo gab. Doch nun wurde diese Idee zur Gewißheit. Als er zu Hause ankam, begann er sofort damit, die Fotos von Yoshie und dem Schädel zu entwickeln.

Er verschloß die Tür des Labors und legte sich zwei Tage lang auf sein Bett, aß nichts und weigerte sich, auszugehen. Am zweiten Tag zwang ihn das drängende Klingeln des Telefons dazu, aufzustehen. Es war ein Anruf aus dem Institut, man fragte nach, wann die Rekonstruktion des Gesichts endlich abgeschlossen sei. Koike versprach, innerhalb von 24 Stunden fertig zu sein. Der Anruf weckte ihn aus seiner Lähmung. Er erinnerte sich daran, wie Yoshie darauf bestanden hatte, daß er ihr Gesicht als Modell nehmen sollte. Er wußte nun, warum sie ihm in ihrer sterblichen Hülle erschienen war.

In seinem Labor rekonstruierte er das Gesicht der Frau anhand seiner Erinnerungen und des Fotos. Er überzog die Oberfläche des Kopfes mit einer Folie und malte sie an. Das Ergebnis kam dem Abbild einer lebendigen Frau sehr nahe.

Als Detektiv Miyawaki die Nachricht erhielt, daß die Rekonstruktion beendet sei, eilte er zu Koikes Wohnung. Koike erklärte dem Beamten, das Gesicht sehe für ihn aus wie das einer Frau, die in einem Nachtklub arbeitet. Man müßte also herausfinden können, aus welcher Bar in Ota Ward innerhalb der letzten vier bis fünf Monate eine junge Frau verschwunden war. «Wenn diese Frau identifiziert worden ist, muß der Mann, der zuletzt mit ihr zusammen war, der Mörder sein.»

«Junge, Junge, das klingt präziser als bei Sherlock Holmes. Falls das stimmen sollte, komme ich mal vorbei, um ein paar Unterrichtsstunden zu nehmen.»

«Quatsch!»

Detektiv Miyawaki schrieb es den üblichen rauhen Umgangsformen von Koike zu, daß dieser so brüsk reagierte.

Eine Woche später suchte der von der Sommerhitze total verschwitzte Beamte Koike wieder auf und erklärte ihm, daß er mit seinem Verdacht recht gehabt hatte und der Fall nun aufgeklärt sei.

Nicht wirklich überzeugt von Koikes Verdacht, hatten die Polizisten ihre Arbeit begonnen. In der Polizeistation von Kamata erfuhren sie, daß ein Mädchen aus der Bar *Floydie* als vermißt gemeldet worden war. Die Polizei von Kamata kümmerte sich nicht besonders um diese Angelegenheit, weil sie davon ausging, daß es sich hierbei wieder einmal um die übliche Flucht einer Bardame vor irgendwelchen Unannehmlichkeiten handelte.

Detektiv Miyawaki nahm das rekonstruierte Gesicht mit in die Bar, wo die bestürzte Chefin es wiedererkannte. Sie identifizierte das Gesicht eindeutig als das von Yoshie Sudo. Anschließend fahndete die Polizei von Ikegami und Kamata nach einem jungen Mann, auf den die Beschreibung der Barbesitzerin paßte. Es dauerte nicht lange, und sie hatten ihn gefunden.

Er wurde verhört und bekannte sich schuldig. Yoshie war betrunken gewesen und hatte ihn praktisch gezwungen, die Rechnung zu bezahlen. Doch er fühlte sich ungerecht behandelt, verließ den Zug bereits in Ondakesan und zog Yoshie in eine dunkle Gasse, wo er sie erwürgte. Dann zog er sie hinter einen Shinto-Tempel und verging sich an ihrer noch warmen Leiche. Danach warf er sie in einen offenen Müllcontainer. Doch plötzlich wurde ihm klar, daß man ihn sehr leicht mit der Leiche in Verbindung bringen konnte. Deshalb holte er sein Taschenmesser hervor und schnitt der Toten den Kopf ab.

Das tat er sehr sorgfältig, um sich nicht mit Blut zu besudeln. Dann nahm er eine Papiertüte und eine Plastiktüte aus dem Müllcontainer und steckte den abgeschnittenen Kopf hinein.

Dann zog er die Leiche nackt aus und bedeckte sie mit Erde. Den Kopf und die Kleider vergrub er an verschiedenen Orten. Es war reiner Zufall, daß er den Kopf ausgerechnet in der Nähe einer Müllsammelstelle vergraben hatte. Irgendwann mußte ein Hund die Tüten wieder ausgegraben haben. Die Polizei untersuchte daraufhin das Gebüsch hinter dem Shinto-Tempel und fand dort das schädellose Gerippe.

Doch Miyawakis Neugier war noch nicht ganz befriedigt. «Sicher», sagte er zu Koike, «die Rekonstruktion des Gesichts ist ausgezeichnet gelungen. Aber ich möchte gerne wissen, wie du das geschafft hast. Es ist einfach unglaublich.»

«Ich muß leider zugeben, daß ich es nicht auf wissenschaftliche Art erreicht habe. Sondern durch einen Traum.»

«Einen Traum?»

«Ja. In drei aufeinanderfolgenden Träumen habe ich das gleiche Gesicht gesehen.»

«Merkwürdig.» Miyawaki stand auf und betrachtete die Schädel auf den Regalen. «Dann könnte man fast sagen, daß dir ein Geist erschienen ist.»

«So könnte man sagen. Doch es war keine bösartige Erscheinung, eher eine anklagende.»

«Wenn du meinst. Nun, es gibt viele Dinge, die nicht wissenschaftlich erklärt werden können. Und jetzt ist der Fall also abgeschlossen.»

«Sie wird mich nicht mehr heimsuchen. Sie ruht nun in Frieden.» Und irgend etwas in Koikes Stimme klang so, als würde er bedauern, sie nicht mehr wiedersehen zu dürfen. Doch Miyawaki gehörte nicht zu den Männern, die solche feinen Untertöne wahrnehmen.

Wer Geistergeschichten kennt, weiß, daß dies nichts Ungewöhnliches ist: die Rache eines Geistes, der mit einem Schädel verbunden ist. Doch der vibrierende weibliche Körper, den Koike umarmt hatte, das Parfüm, der Schweiß, die Säfte – das konnten keine Träume gewesen sein oder gar übernatürliche Phänomene. Wer war die Frau? Warum entschloß sie sich zu einer solch merkwürdigen Methode, um die Identität des

Schädels zu enthüllen? Diese nagenden Fragen beschäftigten Koike weiter. Der einzige Hinweis, den er verfolgen konnte, war die extreme Ähnlichkeit dieser Frau mit der toten Yoshie Sudo. Waren die beiden Zwillinge gewesen? Schwestern? Doch als er Miyawaki danach fragte, hörte er, daß Yoshie alleinstehend gewesen war, genauso wie er, Koike, auch.

Eines Tages waren die Zweifel in Koikes Kopf verschwunden. Die Zeitungen machten viel Aufhebens um den Fall, aus zwei Gründen: Zum einen wegen des ungewöhnlichen Erfolges der selten angewandten Methode der Gesichtsrekonstruktion. Zum anderen wegen des Gerüchts, daß der Mörder von Yoshie auf die gleiche Art auch schon andere Frauen ermordet und vergraben habe. Das Foto von Akiyo Sato, der Ehefrau des Mörders, der übrigens Akira Sato hieß, wurde in einer der wöchentlich erscheinenden Frauenzeitschriften abgedruckt. Obwohl sie eine Sonnenbrille trug und ihren Kopf gesenkt hielt, erkannte Koike sofort, daß sie seine Besucherin gewesen war.

Er fand heraus, daß sie im zweiten Stock eines billigen Mietshauses wohnte, in einer Seitenstraße von Minemachi in Chofu. Als Koike dort ankam, war die Tür fest verschlossen. Er klingelte und hörte Geräusche im Innern. Er klingelte mehrmals wieder. Schließlich fragte eine Stimme: «Wer ist da?»

«Ich bin es, Koike.»

Sie gab keine Antwort. Vielleicht dachte sie darüber nach, wie sie sich verhalten sollte, und ob sie vielleicht besser so tat, als kenne sie ihn nicht.

«Sie haben nichts zu befürchten», sagte Koike. «Ich weiß jetzt Bescheid, aber ich habe niemandem davon erzählt. Wenn Sie es verlangen, werde ich auch weiterhin schweigen. Bis an mein Lebensende. Ich wollte Sie nur fragen, warum Sie zu mir gekommen sind, anstatt zur Polizei zu gehen. Deshalb bin ich gekommen.»

Schließlich begann sie zu sprechen: «Ich möchte gerne darüber sprechen, aber nicht hier. Gehen Sie, und warten Sie unten auf der Straße auf mich. Ich komme gleich hinunter.»

«In Ordnung.»

Koike ging nach unten. Die Nachmittagssonne brannte auf die verlassene Straße herab. Zikaden zirpten einschläfernd. Koike hörte ihrer Geschichte in einem klimatisierten Café in der Nähe des Bahnhofs von Ondakesan zu.

Akiyo Sato war die 23jährige kinderlose Witwe des Mörders Akira Sato. Als sie ihre Sonnenbrille abnahm, sah er die ihm wohlvertraute kleine Nase und die Sommersprossen.

«Sie wollen wissen, warum ich nicht zur Polizei gegangen bin?» Ihre Stimme klang gequält. «Ich frage mich, ob ein Mann überhaupt verstehen kann, wie eine Frau sich fühlt, wenn sie herausfindet, daß ihr Ehemann ein Mörder ist.» Sie blickte Koike aus kalten, gefühllosen Augen an. «Auch wenn man weiß, daß er so lange weitertöten wird, bis er gefaßt wird, ist er doch der Ehemann.»

Eine Weile schwieg sie, dann sprach sie weiter, und es klang, als wolle sie sich selbst Mut machen: «Vor einem schrecklichen Mörder wie diesem muß die Welt geschützt werden. Aber man sollte soviel Nachsicht mit ihm haben, ihn davor zu bewahren, von seiner eigenen Frau angezeigt zu werden. Das wollte ich berücksichtigen, darüber habe ich lange nachgedacht.»

Koike schwieg.

«Als ich las, daß die Polizei unfähig war, den Schädel zu identifizieren, und Sie beauftragt hatte, eine Gesichtsrekonstruktion zu machen, habe ich mir einen Plan zurechtgelegt.»

Koike wußte, daß er hier nicht der Frau gegenübersaß, die er kennengelernt hatte. Aber er wünschte sich, Yoshie Sudo würde wieder zurückkommen.

«Wie haben Sie herausgefunden, daß Ihr Mann der Mörder war?» fragte er.

«Das müssen Sie doch längst gelesen haben.»

«Ich möchte es aus Ihrem Mund hören.»

«Nun, es ist furchtbar, aber...» Und sie erzählte ihm die folgende Geschichte.

Ihr Mann Akira war ein pathologischer Sadist, auch wenn es ihm niemand ansah. Er kam mit allen Leuten gut aus. Nur Akiyo kannte sein Geheimnis. Jedesmal, wenn sie miteinander schliefen, erregte er sich so sehr, daß er sie zu würgen begann. Nur wenn sie sich wehrte und ihn schlug, kam er wieder zur Besinnung. Und sofort entschuldigte er sich bei ihr. Nachdem dies einige Male passiert war, begann Akiyo zu vermuten, daß ihr Mann etwas mit bestimmten Sexualdelikten zu tun haben könnte. Sie war völlig verstört, als sie durch eigene heimliche Nachforschungen herausfand, daß er in einer Erziehungsanstalt gewesen war, weil er in der Schule ein Mädchen vergewaltigt hatte. Wenig später las sie von dem schrecklichen Schädelfund in den Zeitungen und von der Leiche einer jungen Frau, die vier oder fünf Monate lang gleich in ihrer Nachbarschaft vergraben worden war.

Kurz zuvor war etwas passiert, an das sie sich noch gut erinnerte.

Eines Nachts im April, als die Kirschblüten in voller Pracht standen, sagte Akira zu ihr: «Du hast mir etwas verheimlicht. Ich habe herausgefunden, daß du noch eine Schwester hast, vielleicht sogar eine Zwillingsschwester.»

«Wovon redest du denn? Du weißt genau, daß ich niemanden habe, außer meiner Tante und meinem Onkel in Osaka.»

«Kann sein, aber heute nacht werde ich in Kamata ein Mädchen treffen, das genauso aussieht wie du.»

«Wo in Kamata?»

«In einer Bar mit dem Namen *Floydie*, gleich hinter der Bahnstation. Das Mädchen heißt Yoshie. Sie arbeitet dort.»

«Ich habe noch nie von ihr gehört.»

«Hm, vielleicht ist es eine zufällige Ähnlichkeit.» Er schüttelte den Kopf. «Aber es macht mich verrückt, wenn ich daran denke, daß du vielleicht eine Jekyll-und-Hyde-Nummer für mich inszenierst und eine Doppelrolle spielst.»

«Über so etwas solltest du keine Scherze machen. Und denk dir nicht irgendwelche komischen Sachen aus, bloß weil wir uns ähnlich sehen.»

«Hör bloß damit auf! Eine von euch reicht mir vollkommen. Wenn ich mich anderweitig betätigen will, suche ich mir eine andere Sorte Frau.» Er lachte sie aus, und ihre Unterhaltung war beendet.

Wenn die Frau, deren Schädel man gefunden hatte, in der Zeit der Kirschblüte ermordet worden war, dann paßte dies zeitlich zusammen. Zwar gab es keine Verbindung zwischen den beiden, doch für Akiyo gab es mehr als nur einen leisen Verdacht.

An einem Regentag, zehn Tage nach ihrem Gespräch über das Barmädchen, kam ihr Ehemann stockbetrunken nach Hause. Er benahm sich sehr seltsam. Was auch immer sie zu ihm sagte, seine Antworten machten keinen Sinn. In der Küche wusch er sich wieder und wieder die Hände, und ständig inspizierte er mit großen starren Augen seine Hose und seinen Pullover.

Kurz darauf ging Akiyo in die *Bar Floydie*, um mit der Besitzerin zu sprechen. Sie gab sich als Freundin von Yoshie aus, nahm sich aber vor, einen Fehler einzugestehen, falls das Mädchen doch da sein sollte. Um anonym zu bleiben, trug sie eine Sonnenbrille und schminkte sich sehr stark.

Akiyos Verdacht wurde bestätigt. Die Besitzerin erzählte ihr, daß Yoshie in der Regennacht des 20. April die Bar in Begleitung eines jungen Mannes verlassen hatte. Sie war nie mehr zurückgekommen. Die Beschreibung des Gastes paßte auf ihren Ehemann. Am 20. April war er betrunken nach Hause gekommen und hatte sich seltsam benommen.

«Auf diese Weise haben Sie also herausgefunden, daß Ihr Mann ein Sexualmörder ist. Das erklärt alles. Aber was wollen Sie nun tun?»

«Mein ganzes Leben ist verpfuscht.»

«Lassen Sie sich nicht entmutigen. Die Yoshie Sudo, die ich kennengelernt habe, hat nicht klein beigegeben.»

«Was soll ich tun?» Sie senkte den Kopf. «Ich muß noch darüber nachdenken. Und ich kann mich nicht entscheiden.»

«Na gut. Aber können wir uns nicht trotzdem wiedersehen. Wenn du dich entschieden hast?»

Sie antwortete nicht.

«Bitte – willst du mir das nicht versprechen?»

«Ja.»

«Wenn du soweit bist, melde dich. Ich werde auf dich warten.»

Tage vergingen, ohne daß sie von sich hören ließ. Hatte sie sich entschieden? Am dritten Tag konnte Koike nicht mehr länger warten. Doch nachdem er das Mietshaus betreten hatte, stellte er fest, daß das Schild mit dem Namen «Sato» von der Tür entfernt worden war.

«Sie ist ausgezogen», sagte der Hausmeister. «Kein Wunder bei so einem Ehemann. Alle wußten es. Ich habe keine Ahnung, wohin sie gezogen ist.»

Koike ging langsam die Treppen hinunter und trat wieder in das gleißende Sonnenlicht des Nachmittags. «Sie wird nie mehr zurückkommen», dachte er. «Vielleicht wäre es besser eine Geistergeschichte geblieben.»

Gedankenverloren ging er weiter. Das durchdringende Geräusch der zirpenden Zikaden begleitete ihn.

Bildnachweis

Vorsatzabbildungen: Yoshitoshi (1839–1892); Seite 13: Hirosada (um 1865); Seite 29: Gakutei (1786–1868); Seite 57: Zeshin (1807–1891); Seite 87: Uchinari (um 1820); Seite 99 und Seite 123: Hiroshige (1797–1858); Seite 161: Hakuin (1686–1769); Seite 171: Hokutei (um 1820); Seite 193: Sadahide (1686–1769); Seite 225: Kuninao (1793–1854).

Janwillem van de Wetering

«Seine Helden sind eigensinnig wie Maigret, verrückt wie die Marx-Brothers und grenzenlos melancholisch: Der holländische Krimiautor **Janwillem van de Wetering**, der mitten in den einsamen Wäldern des US-Bundesstaats Maine lebt, schreibt mörderische Romane als philosophische Traktate.»
Die Zeit

Der blonde Affe
(thriller 2495)

Der Commissaris fährt zur Kur
(thriller 2653)

Eine Tote gibt Auskunft
(thriller 2442)

Der Feind aus alten Tagen
(thriller 2797)
«Unter den sehr persönlichen und skurrilen Kriminalromanen des Janwillem van de Wetering ist dies gewiß das persönlichste und skurrilste.»
FAZ

Inspektor Saitos kleine Erleuchtung
(thriller 2766)

Die Katze von Brigadier de Gier
Kriminalstories
(thriller 2693)

Ketchup, Karate und die Folgen
(thriller 2601)
«... ein hochkarätiger Cocktail aus Spannung und Witz, aus einfühlsamen Charakterstudien und dreisten Persiflagen.»
Norddeutscher Rundfunk

Massaker in Maine
(thriller 2503)

rororo thriller

Kuh fängt Hase *Stories*
(thriller 3017)

Outsider in Amsterdam
(thriller 2414)

Rattenfang
(thriller 2744)

Der Schmetterlingsjäger
(thriller 2646)

So etwas passiert doch nicht!
Stories
(thriller 2915)
»Das reinste Buffet an schmackhaften Kriminalgeschichten.» Norddeutscher Rundfunk

Ticket nach Tokio
(thriller 2483)
«Dieses Taschenbuch macht süchtig: einmal nach weiteren Krimis von Janwillem van de Wetering und nach Japan.»
Südwestfunk

Tod eines Straßenhändlers
(thriller 2464)

Der Tote am Deich
(thriller 2451)

3021/2

Schwarze Beute

Schwarze Beute 1
(thriller 2735)
Mit Geschichten von Friedrich Glauser, Ruth Rendell, Michael Molsner, Janwillem van de Wetering. Georges Simenon, Fritz Mierau, Frank Göhre u.v.m. und ein Interview mit Maj Sjöwall über ihre gemeinsame Arbeit mit Per Wahlöö.
«... dieser Band ist seit Jahren das bestgemachte, witzigste und spannendste Buch zum Thema Kriminalität und Kriminalliteratur.»
Süddeutsche Zeitung

Schwarze Beute 2
(thriller 2802)
Mit einem Drehbuch von Raymond Chandler, einem Insekten-Thriller von Per Wahlöö und einem Comic mit Texten von Dashiell Hammett. Außerdem Beiträge von Richard Hey, Alfred Döblin, Felix Huby, Fred Breinersdorfer, -ky, Irene Rodrian u.v.m.

Schwarze Beute 3
(thriller 2888)
Texte von Michael Molsner, Colin Dexter, Gertrude Stein, Jean Vautrin, Sjöwall/ Wahlöö u.v.m.

Schwarze Beute 4
(thriller 2933)
Neues von und über Dashiell Hammett, Ed McBain, -ky, Hansjörg Martin, Frank Arbau, Pinkerton, Malefizschenk und andere Fälle, Täter und Autoren.

Schwarze Beute 5
(thriller 2969)
Frischer Wind im Sowjet-Krimi, heiße Stories aus Afrika, Arizona und

rororo thriller

Amsterdam. Geschichten von Jean Genet, Doris Gercke, Christine Grän, Detlef Blettenberg, Tony Hillermann u.v.m.

Schwarze Beute 6
(thriller 3000)
Die neue Ausgabe des thriller-Magazins präsentiert neue Stories, berichtet über Fälle, Täter und Autoren mit Beiträgen von Detlef Blettenberg, Uta-Maria Heim, Yasutaka Tsutsui, Shotaro Yasuoka, Charles Willeford, Peter Zeindler u.v.m.

Band 1 - 5 herausgegeben von Norbert Klugmann und Peter Mathews.
Band 6 herausgegeben von Janwillem van de Wetering.

Serientäter

Larry Beinhart
Kein Trip für Cassella
(thriller 2873)
Ausgezeichnet mit dem «Edgar» 1986.
Zahltag für Cassella
(thriller 2932)
Bei Privat Eye Tony Cassella steht eine Steuerprüfung an. Genau in dem Augenblick, als er genügend Beweismaterial gegen den Justizminister persönlich zusammen hat...

Bob Cook
Die Marionettenspieler
(thriller 2946)
Herbie Feigl, Lehrer an einer Provinzschule verschwindet während seines Urlaubs spurlos und mit ihm sechs Bücher des österreichischen Bundespräsidenten aus seinem Gepäck... Ein neuer Fall für Professor Michael Wyman, Es-MI 6-Agent.
Sprengstoff für die Downing Street
(thriller 2978)

William Krasner
Auf dunklen Straßen
(thriller 2928)
«... ein finsterer, milieusicher erzählter, bitter realistischer Roman, der den litarischen Vergleich auf hoher Ebene ohne weiteres standhält.» Heinrich Vormweg im Westdeutschen Rundfunk
Blackout
(thriller 2936)
Tod eines Bohemien
(thriller 2938)
Am Tatort wimmelt es von zwielichtigen Künstlergestalten, gescheiterten Intellektuellen und Möchtegern-Bohemiens. Nur der Mörder ist nicht zu entdecken...
Die letzte Tat des Mr. Goodman
(thriller 2937)

3024/2b

rororo thriller

Jerry Oster
Kältesturz
(thriller 2953)
Winter in New York. Der Schnee hat die Stadt im Griff und nicht nur ein paranoider Killer läuft frei herum...

Jean-Bernard Pouy
Verdammte Ferien!
(thriller 2896)
Mit Fünfzehn ist man heilfroh, wenn man die Schule hinter sich und die Sommerferien vor sich hat. Dieses Gefühl verläßt Marcel recht schnell, als er in ein Zugunglück gerät und eine Tote auf ihm liegt...
Volle Dröhnung
(thriller 2856)

Detlef Wolff
Zwölf Jahre zuviel
(thriller 2912)
Carl-Heinrich Heugen ist kein Mensch mit einwandfreiem Charakter. Aber seine Frau hat der Spezialist für chemische Kampfstoffe wirklich nicht ermordet....